계몽사상가들의 눈에 비친

유교문명

고바야시 타이치로 저
김경용 역주

Confucianism

박영story

일러두기

1. 이 책은 일본의 미술사학자 고바야시 타이치로(小林太市郎)의 『중국사상과 프랑스』(支那思想とフランス, 東京: 弘文堂, 1939)를 우리말로 옮기고 주석을 단 것이다.

2. 원저자 고바야시는 이 책을 대중적 취향에 맞추려는 의도에서 각주를 상세하게 다는 것을 지양하였다. 책의 말미에 각 장별 참고문헌을 제시하고 있기는 하지만 본문 내용을 보완하거나 근거가 될 각주를 상당 부분 생략해 버렸다. 다행히 이 책의 출간 이전에 저자가 쓴 논문 「18세기 프랑스에서의 中國觀과 프랑스 사상계에 미친 중국의 영향(상·하)」(十八世紀の佛蘭西に於ける支那觀と其國思想界に及ぼせる支那の影響(上·下)」, 『支那學』第8卷 第2·3號, 1936년 4월·6월)에 비교적 상세한 각주가 달려 있는 것을 발견하였다. 이것을 참고로 하여 본래 이 책에는 생략되어 버린 각주 내용을 아쉬우나마 복원해 내었다. 원저에 달린 주석과 두 논문으로 복원해 낸 주석의 내용은 아무래도 전문연구자에게 필요할 만한 것이기 때문에 미주로 처리하였고, 이 번역서에 실린 각주는 모두 본 역주자의 것이다.
   미주는 1) 2) 3) 등으로, 각주는 역주1 역주2 역주3 등으로 구분하여 표기하였다.

3. 원저의 표현에 충실하게 번역하려고 했으나 의미가 상통하기 어려운 경우에 역주자 나름대로 의역하였으며, 그 사유를 명기할 필요가 있을 때에는 각주로 제시하였다.

4. 중국에는 세습적 귀족제도가 없다는 점에 비상한 관심을 보였던 계몽사상가들의 사상적 내력을 헤아리는 데 도움을 줄 논문(합리적 차등주의와 교육 및 시험제도에 대한 歐美 지식인들의 인식)을 권말에 부록으로 실어 놓았다.

서_序

　　이 책의 목적은 근세에 중국사상이 유럽사상에 미친 영향의 세계사상사적 의의_{意義}를 분명히 밝히는 데 있다. 그것은 앞서 출판된 『중국과 프랑스 미술공예』에서^{역주1} 같은 시기에 중국미술이 유럽미술에 미친 영향을 살펴봄으로써 동서문명 교류 역사에서 하나의 계기를 드러내고자 했던 것과 마찬가지이다.

　　개괄적으로 말해서, 동양과 서양의 문화는 각기 다른 중심축을 돌며 발달해왔다고 한다. 그러나 오래 전부터 양자 사이에는 끊임없이 교섭이 있었고 서로 영향을 주고 받았다. 물론 각기의 문화나 사상의 참으로 독창적인 장점은 상대방과는 전혀 다른 곳에 깊숙이 간직되어 있다고 생각한다. 그렇지만 상호간에 영향을 미친 자취를 볼 때, 각자의 장점은 장점으로서 제 나름의 의의를 가지면서도, 결국 문화는 하나라는 감상_{感想}에 이르지 않을 수 없다.

　　그것은 어떠한 문화도 인간의 문화요, 어떠한 사상도 인간의 사상일 뿐이기 때문이다.

저 자

1　『支那と佛蘭西美術工藝』, 東京: 弘文堂, 1937.

서론 緒論

　　사상은 사회통제 수단의 하나이다. 사상을 통제하는 힘은 곧 사회를 통제하는 힘이나 마찬가지이다. 어떤 사회에서든 하나의 사상이 그 사회를 압도할 필요가 있다. 같은 사회 안에서 여러 사상이 서로 다투면, 그 사회는 분열의 위기에 빠지지 않을 수 없다. 하나의 사상이 직접적으로 효력을 미치는 범위는 곧 어디까지가 그 사회인지 한정한다고도 말할 수 있다. 개개의 사회는 각기 특이한 하나의 사상으로써 결집하느냐에 따라서 개별적으로 생존하고 존속할 수 있는 것이다.

　　그러나 개개 사회의 사상이라고 해도 단순히 순수하게 그 사회에 독보적인 것만은 아니다. 그 안에는 각각의 사회가 갖는 독특성을 뛰어넘는 보편적으로 타당한 요소도 역시 포함되어 있다. 그것은 각 사회가 할거·대립해도 그 제각기의 사회를 형성하는 것은 역시 같은 인간성을 가진 인간이기 때문에 그렇다. 그러므로 개개의 사상 안에는 그것을 낳은 사회의 특이한 부분과 모든 인간에 대해서 유효한 보편적 요소가 병존하는 것이다.

　　예를 들면 중화민국 성립 이전 중국사회를 지속적으로 통제한 것은 유교사상인데, 그것은 주공周公이 정했다고 하는 예법을 궤범軌範으로 하고 있다. 그런데 이 예법은 중국사회에 특수한 것이어서 다른 나라에서는 그대로 타당하기 어려운 규정이 많이 있다. 하나의 예를 들자면, 부모를 위해서 3년상을 지키는 일은 중국사회를 통제하기 위해서는 매우 중요한 것이었다고 할 수 있지

계몽사상가들의 눈에 비친 유교문명

만, 그것을 모든 인간이 보편적으로 행하지 않으면 안 되는 일이라고 말하기는 어렵다. 그런데 유교는 또 한편으로, "자기의 마음으로 성찰해 보아서 속이지 않고 성실하며, 자기가 바라지 않는 것을 남에게 시행하지 않는 것, 즉 충서忠恕"라는 것을 가르쳤다.[역주2] 이게 단지 중국사회뿐만 아니라 보편적으로 모든 사회에서 모든 사람들이 실천해야 할 사항이라는 것은 분명하다.

또 다른 예로 기독교의 원죄사상이나 세례사상은 기독교사회 이외의 다른 사회에서도 통용된다고 말하기 어렵다. 이는 기독교의 통제를 받는 사회에 특수한 것들이다. 그러나 "부모를 존경하라", "도둑질 하지 말라"는 등의 기독교계율은[역주3] 보편적이며 어떠한 사회에서도 모든 사람들이 지켜야 할 일임에 틀림없다.

이렇게 모든 구체적인 사상 안에는 그것을 배태하고 또 길러낸 사회 그 자신을 통제하기 위해 필요한 특수한 부분과, 모든 인간에게 적용될 보편적 요소가 혼재하는 것이다. 왜 그런지 간단하게 모두 설명할 수는 없지만, 먼저 고찰해야 할 것은 서로 모여 사는 사회생활이 인간생활의 본원적인 형태라는 점이다. 사람은 집단으로 결집하지 않으면 생존할 수 없다. 이는 인류의 원시시대부터 오늘에 이르기까지 변치 않는 진리이다. 자연의 악조건이나 맹수에 대처하여 곳곳에서 무리지어 살아온 인간은 오늘날 각각의 결집 집단 사이에 열띤 생존경쟁을 계속하고 있다. 결속이 느슨해진 사회는 항시 곧바로 멸망할 위험에 노출되기 마련이다. 개인이 임의로

---

2 子曰: " … 忠恕違道不遠, 施諸己而不願, 亦勿施於人. … "(『중용』 제13장).
   子貢問曰: "有一言而可以終身行之者乎?" 子曰: "其恕乎! 己所不欲, 勿施於人."(『논어』 「위령공」).
3 『구약성경』 「출애굽기」 20장 12절·15절; 「신명기」 5장 16절·19절.

사회를 형성한 경우는 없다. 처음부터 가장 강력한 단결의 형태, 즉 사회가 있었기에 인간은 오늘날까지 존속·발전할 수 있었던 것이다. 그러므로 각 사회가 강력해서, 그 사회에 통제가 이완되지 않는 것은 인간의 생존을 위해서 불가결한 첫 번째 조건이 아닐 수 없다. 그래서 어느 정도 진보한 사회에서, 사상은 그 사회에 대한 통제의 기초이며 가장 유효한 수단인 동시에 그 사회를 가장 현저하게 표현하는 것이기 때문에, 그것이 근본적으로 사회적으로 조성된 것이라는 점과 그것의 기본 목적이 그 사회의 통제 이외에 다른 데에 있는 것이 아니라는 점은 지극히 당연하다. 그렇지만 사회 상호간에 투쟁이 지나치게 격심해져서 극단적으로 되는 것도 폐해가 아닐 수 없다. 사회 간 경쟁이 자연스럽고 불가피하다고는 해도, 그것을 어떤 수단으로든 완화하고 견제하여, 각 사회 사이의 상호관계가 투쟁이 아닌 친화를 염원하도록 조정되는 것은 개개 사회의 발전을 위해서도 매우 바람직하다. 그래서 이런 목적을 위해 각 사회의 사상 안에는 모든 인간을 대상으로 하는 보편적 요소가 출현하고 성장하는 것이다. 애당초, 전 인류가 하나의 사상을 갖게 되는 것은 도저히 바라기 어렵다. 이 점은 사회 간 투쟁 때문에 인류가 소멸할지도 모른다고 두려워하지 않는 것과 마찬가지이며, 그러한 극단적인 현상은 인간에게 있어서 생각하기 어렵다. 어떤 때에는 대지를 휩쓸어 버릴 기세로 외적에 맞서다가도, 또 어떤 때에는 그 기백을 돌려서 보편적 인류문명의 광채를 발하는 것이 사회의 위대한 사명이 아니고 무엇이랴. 이렇게 각 사회의 사상 안에는 그 사회의 통제를 목적으로 하는 특수한 요소와 모든 인간을 위한 보편적 요소가 병존하는 것이다.

이렇게 병존하기 때문에 하나의 사상이 다른 사상에 영향을 미칠 수 있게 된다. 각기 가지고 있는 보편적 요소가 서로 잡아 끌 때, 사상 사이에 영향을 주고받는 일

이 일어나는 것이다. 그 결과는, 대체적으로 양자가 각각 상대방의 보편적 요소를 획득하는 동시에, 각기의 특수한 부분 가운데에서 두드러지게 낯선 점들을 제거하거나 수정하는 데에 이르는 것이 보통이다. 이렇게 해서 여러 종류의 다양한 사상이 순차적으로 거듭해서 영향을 주고받아 거기서부터 차츰 보편적 요소가 짙은 사상이 형성되어 가는 진화과정이 있을 수 있다. 그러나 실제로는 이런 순서와 반대 방향으로, 이 진화에 대한 반동으로서 사상의 특수한 경향이 전반적으로 강화되는 격변도 자주 나타난다는 것을 잊어서는 안 된다. 또한 하나의 사상이 다른 사상과 오랫동안 접촉하지 않고 있을 때에는, 가지고 있는 보편적 요소가 점차 줄어들고 증발해 버리는 것을 면하기 어려울 것이다. 다만 특출한 사상가가 나타나 그의 힘으로 보편성이 풍부하고 왕성한 사상이 홀연히 그 사회에 생겨나는 것도 생각할 수는 있다. 그러나 실제로 이러한 천재가 출현한다고 해도 역시 다른 사상이 주는 자극에 의존하는 것이 통상적인 듯 하다.

이제 동양과 서양 그 역사의 실제에 있어서 각기의 사상이 상호 영향을 주고받은 자취를 살펴보자. 그럼으로써, 우리는 앞으로 서술할 17·18세기의 유럽사상에 미친 중국의 영향이 어떤 위치를 차지하며 어떤 의의를 가지고 있는지에 관해서 적절한 예비지식을 마련할 수 있을 것이다.

차례 次例

그림 차례

계몽사상가들의 눈에 비친 유교문명

중국사상과
유럽사상의 개요

1

중국사상과
유럽사상의 개요

중국사상의 개요

은殷나라나 서주西周의 사상은 오늘날 명백히 밝히기 어렵다. 그것에 대한 연구자료도 부족하지만, 사실 당시에는 아직 대사상大思想의 전개가 시작되지 않았을 것이다. 그저 인간사와 자연현상 사이에 모종의 상관이 있다고 하는 주술적인 점복사상이 그 시기에 아주 성행했다고 생각되는데, 이는 모든 원시사회나 고대사회에 공통적인 것이다. 다만, 중국에서 특히 이 "관계의 사상"이 후대에 체계적으로 위대한 발전을 이룬다는 것은 주목해야 할 점이다. 춘추·전국시대에 이르러 이미 사색의 맹아가 싹틀 상황이 되었는데, 세상의 분란을 멈추기 어려운 형세가 출현하게 되자 어떻게 그것을 다스려야 할 것인가, 어떻게 해야 이상사회를 건설할 수 있을 것인가 하는 문제가 절실하게 논의되어, 비로소 제자백가의 사상이 발흥하게 되었던 것이다. 그 중 가장 두드러진 것은 공자가 연 유가의 사상으로, 그 요체는 주周나라의 예법을 부흥하여 사람이 모두 충서忠恕를 행하면 이상적인 국가사회를 실현할 수 있다는 데 있다. 즉, "많은 사람들이 스스로 돌이켜 보아 성실하고, 자기가 당하고 싶지 않은 일을 남에게 시행하지 않게 된다면, 세상에 다스려지지 않는 것은 없다. 그러나 그것만으로는 한 나라를 형성하여 그 나라를 지속적으로 통제하기에 불충분하다. 국가가 성립하고 또 존속하기 위해서는 일정한 제도·습속이 있어서 나라에 대한 통제가 유지되어야 한다. 그러기에는 주례周禮로 복귀하는 것이 최선의 길이다." 공자는 이렇게 생각했던 것이다. 따라서 그의 사상에는 주례를 이상으로 삼고 거기로 돌아가려고 하는 특수하고 중국적인 부분과 충서를 강조하는 보편적 요소가 함께 담겨 있다고 말할 수 있는데, 이 보편적 요소가 후세에, 특히 송대 유가의 사상에 심화되고 널리 전개되어 결국 전 세계 사상계에 현저한 영향을 미치게 된 것이다.

이 점에 대해서는 뒤이어 자세히 설명하겠지만, 여기에서 주목해야 할 것은 공자사상이 매우 현실적이고 상식적이고 합리적인 특징을 갖는다는 점, 말하자면 신비적인 특징을 갖지 않는다는 점이다. 대개, 하나의 사상을 강하게 주장할 경우, 그 기반을 신神의 계시에서 구하는 것이 사회적으로 편하고 보통이지만, 공자는 그렇게 하지 않았다. 괴怪·력力·난亂·신神을 말하지 않는 것이 그가 견지한 바이고, 은밀을 추구하거나 불가사의 한 일을 행하는 것과는 거리가 멀었다.[역주4] 그가 주례를 이상으로 하고 그것을 따르려고 한 것도 결코 신비적인 근거에 바탕을 두고 있는 게 아니라, 단지 그것이 성대한 문명이었고 하夏·은殷 2대의 예법보다도 잘 갖추어진 것이기 때문이었다.[역주5] 즉, 현실의 여러 제도 중에 주대周代의 제도가 가장 완비된 것이기 때문에 그것을 부흥시킴으로써 천하를 다스리려고 한 것이다. 또한 충서를 행하는 것도 신의 계시 내지는 은총 때문에 그러는 것이 결코 아니다. 그것은 자신한테서 나오는 것이다. 각자 사람의 노력에 달린 것이다. 그리고 누구도 그 힘이 부족한 자는 없다. 충서를 행하는 힘은 만인에게 갖추어져 있다. 따라서 이것 하나로써 천하만사를 꿰뚫을 수 있다. 즉, 그것을 도덕의 근본으로 삼을 수 있다고

---

4 子不語怪·力·亂·神(『논어』「술이」).
　　子曰: "素隱行怪, 後世有述焉, 吾弗爲之矣. … "(『중용』 제11장).
5 子曰: "周監於二代, 郁郁乎文哉! 吾從周."< … ○尹氏曰: "三代之禮至周大備, 夫子美其文而從之.">
　　(『논어집주』「팔일」).
　　子曰: "吾說夏禮, 杞不足徵也; 吾學殷禮, 有宋存焉; 吾學周禮, 今用之, 吾從周."(『중용』 제28장).

　　　　　　계몽사상가들의 눈에 비친 유교문명

말하는 것이다.^{역주6}

이처럼 현실에 기반을 두고 충서를 바탕으로 하여 주례로 돌아가는 것이 공자의 근본사상이었는데, 중국사상의 주류인 유교의 현세적·상식적·합리적인 기본 경향이 확립된 것, 즉 종교 및 도덕의 근거를 신비에서 구하지 않고 현실에 둔 바, 보편적으로 유통될 수 있는 기본적 주장이 확립된 것은 세계사상사에서 가장 위대한 사실의 하나이며, 이때부터 중국사상은 전 세계에 커다란 영향을 미치게 될 사상으로서의 역정, 그 첫 걸음을 내딛었다고 말할 수 있다.

공자 이후 유가사상은, ① 한편으로는 점점 합리적으로 궁리를 바탕으로 전개되어 갔는데, 공자사상이 지닌 중국풍의 특수한 요소, 즉 극기복례克己復禮의 생각을 강조한 자하子夏·자유子游의 일파에 있어서도 "예禮를 존숭하는 것은 그 의義를 존숭하는 것이다. 그 의義를 잃고 그 수數를 늘어놓는 것은 축사祝史의 일이다"라고^{역주7} 말하는 것처럼, 예禮의 형식보다도 오히려 그 의의를 중시하는 주장이 나타나고, 또한 "천리天理를 멸滅하고 인욕人欲을 궁구한다"고^{역주8} 하는 것처럼, 극기복례를 거부함으로써 천리에 등지려는 사상도 주장하게 된다. 단, 여기서 말하는 천리의 리理는 "리理는 나뉜다"는 정도의 의미로, 송대의 신유학자들이 말한 리理와는 근본적으로 다른 것이라고 생각되지만, 어쨌든 예禮를 이렇게 해석해보려는 시도가 나타났다는 것은 주목할 만한 일이다.

② 이와는 달리 공자사상 가운데에 보편적 요소, 즉 충서의 사상은 맹자에 이르러서 충서를 행하는 것이 사람의 본성이라고 주장하게 되었다. 여기에서 사람이 무엇 때문에 충서를 행하게 되는가, 왜 그것을 행할 수밖에 없는가 하는 점에 관해서 하나의 해석이 가해지게 되었다. 그래서 이로부터 사람의 성性은 선하다는 맹자의 성선설이 전개된 것인데, 이 성선설에 관해서 맹자는 사단四端이라는 것을 주장하였다. 즉 모든 사람에게는 남에게 숨길 수 없는 마음, 사람에게 나쁜 일이 가해지면

---

6 顏淵問仁. 子曰: "克己復禮爲仁. 一日克己復禮, 天下歸仁焉. 爲仁由己, 而由人乎哉?"(『논어』 「안연」).
子曰: " … 有能一日用其力於仁矣乎? 我未見力不足者. … " 子曰: "參乎! 吾道一以貫之." 曾子曰: "唯." 子出. 門人問曰: "何謂也?" 曾子曰: "夫子之道, 忠恕而已矣."(『논어』 「이인」).

7 禮之所尊, 尊其義也, 失其義, 陳其數, 祝史之事也(『예기』 「교특생」).

8 人化物也者, 滅天理而窮人欲者也(『예기』 「악기」).

참지 못하는 마음이 있다.^{역주9} 그것을 측은지심惻隱之心이라 한다. 이로부터 수오지심羞惡之心·사양지심辭讓之心·시비지심是非之心도 역시 모든 사람에게 갖춰진다.

측은지심이 인仁의 실마리이고, 수오지심은 의義의 실마리이고, 사양지심은 예禮의 실마리이고, 시비지심은 지智의 실마리이다. 따라서 사람의 몸에 사지四肢가 있는 것처럼 인성人性에 자연적으로 존재하는 이 사단을 확충하면 저절로 인의예지가 된다.^{역주10} 인의예지는 외부로부터 사람에 들어와서 갖춰지는 것이 아니라, 오히려 인성에 본래 있는 것이다. 예를 들면 자기가 하고 싶지 않은 일을 다른 사람에게 시행하는 짓을 하지 않는다는 것, 곧 인仁도 사람이 외부로부터 억지로 강요당하여 무리하게 하는 게 아니라 오히려 인성에 본래 갖춰져 있는 바, 타인에게 감출 수 없는 마음이 확충된 것 바로 그것이다. 그러므로 사람의 본성은 곧 선하다고 주장하는 것이다.

그런데 여기에서 눈여겨 봐야 할 것은, 도덕의 근거를 신비에서 구하지 않은 공자의 현실주의를 맹자도 역시 잘 견지해서 인의예지의 기초를 인성 안에 설정하여 그것을 어디까지나 자연적인 것으로 해석했다는 점이다. 만약, 인성이 악하다고 한다면, 선은 외부로부터, 즉 자연적 인간 이외의 어떤 것으로부터인가 들여오지 않으면 안 된다. 그러므로 성악설에서는 선의 기초를 결국 일종의 신비적 창작에 두기 쉬운 것이 되어버린다. 맹자가 성선설을 주장한 것도 일면에 있어서는 도덕의 기초를 현실의 자연 밖에 두지 않으려는 유교 본래의 상식적 요구에 깊이 뿌리박고 있는 것이라고 생각할 수 있다.

단, 맹자는 "자신의 성性을 알면 곧 하늘을 안다"고 말하고,^{역주11} 성性의 기초를 「천天」에서 구하려는 용의를 가지고 있었던 듯하다. 그러나 여기서 말하는 「천」이 초자연적인 신을 의미하는 게 아니라는 것은 말할 나위도 없다. 그것은 오히려 성性도 역시 그 일부분으로서의 대자연을 막연하게 가리키는 것인 듯한데, 결국 맹자에 있어서는 이 점이 아직 명료하지 않다. 이 점에 관해서 유교사상을 어느 정도 전개

---

9 孟子曰: "人皆有不忍人之心."(『맹자』 「공손축상」).

10 惻隱之心, 仁之端也; 羞惡之心, 義之端; 辭讓之心, 禮之端也; 是非之心, 智之端也. 人之有是四端也, 猶其有四體也. … 凡有四端於我者, 知皆擴而充之矣(『맹자』 「공손축상」).

11 孟子曰: "盡其心者, 知其性也. 知其性, 則知天矣."(『맹자』 「진심상」).

시킨 것은『중용』의 작자, 한층 더 적절히 말하면 그 앞부분 및 후반부의 작자였다.

주자가 나누어 정한「중용장구」의 제1장과 제20장 이하는 오늘날 한대漢代의 저작으로 간주하고 있다. 그런데 유교사상은 여기에서 일종의 자연적 우주관을 향하여 비약적인 전개를 이루었다.『중용』의 이 부분에 의하면,「천」의 명命을 성성이라 하고, 성性에 따르는 것을 도道라 이르는데,^{역주12} 성性에 따르려면 성誠하지 않으면 안 된다. 자기를 돌아보아서 거짓되지 않고 충忠해야만 한다. 그렇게 해서 "지극히 성誠하여야 비로소 자기의 성性을 다 할 수 있다. 또 능히 자기의 성性을 다하면 곧 사람들의 성性을 다 할 수 있고, 능히 사람들의 성性을 다 하면 곧 만물의 성性을 다 할 수 있고, 능히 만물의 성性을 다하면 곧 천지의 화육化育을 도울 수 있다. 그리함으로써 천지의 화육化育을 찬贊하며 천지와 함께(參) 할 수 있다"^{역주13}고 말하는 것이다. 이는 인간이 성誠으로써 천지와 더불어서 함께 할 수 있다는 것을 주장한 것인데, 그래서 천지만물의 대본大本이 무엇인가 하면, 그것은 곧 중中이다. '중'이라는 것은, 즉 희노애락이 아직 발發하지 않은 상태인데, 성性의 본래 바탕이 그곳에 있다는 것이다. 그러므로 요컨대 만물에 모두 성性이 있고, 그것은 본래 중中 곧 정靜이지만, 성誠으로써 그 작용을 다 할 때는 그 발한 것이 모두 절도에 맞아 만물이 생육한다. 그것을 화和라 하고, '화'는 곧 천하의 달도達道이다.^{역주14} 그래서 사람이 자기의 성性에 따라서 충서 내지 인의예지를 행하는 것도 우주 만물의 바른 조화적 발전의 한 경우로서 이해되는 셈이니, 여기서부터 비로소 유가의 도덕설에 우주론적 근거가 부여되는 데 이르렀던 것이다. 바꿔 말하면 이제 유가사상은 공자의 우연적인 직관에 의한 가르침으로서가 아니라, 일종의 광대한 자연적 우주관의 일부로서 합리적으로 해석하게 되었던 것이다.

유교사상이 이러한 방향으로 발전하도록 두드러지게 자극한 것은 두말할 것 없이 도가道家에서 전개되어 왔던 세계관의 영향이었다. 도가사상은 본시 비사회적인

---

12 天命之謂性, 率性之謂道(『중용』제1장).

13 唯天下至誠, 爲能盡其性; 能盡其性, 則能盡人之性; 能盡人之性, 則能盡物之性; 能盡物之性, 則可以贊天地之化育; 可以贊天地之化育, 則可以與天地參矣(『중용』제22장).

14 喜怒哀樂之未發, 謂之中; 發而皆中節, 謂之和. 中也者, 天下之大本也; 和也者, 天下之達道也. 致中和, 天地位焉, 萬物育焉(『중용』제1장).

특징을 갖는다. 따라서 그것은 궁극적으로 비사상적이기도 하다. 바꿔 말하면, 인간의 행복이 사회생활 가운데에 존재하는 게 아니며, 또한 사색의 탐구에 의해서도 파악되지 않는다는 것, 그것을 인간에게 경고하는 것이다. 도가사상은 지교智巧를 이탈하여 사회의 밖에서 소요유逍遙遊하라고 권하는데, 사상 및 사회의 속박으로부터 초탈한 인간은 자연스레 대자연 속에 안겨 그와 합체된다. 그 경지에 있어서는 이미 사상적 시비, 사회적 이해 없이 모든 만물이 가지런하게 되어, 사람은 자연의 조화에 쉴 수 있다.^{역주15} 그곳에 행복이 있는 것이다. 대자연, 즉 "도道"의 개념은 도가사상의 근본을 형성하는 것인데, 본래 그 "도"란 무엇인가를 지혜와 기교로써 설명하는 것이 불가능하다. 그것은 단지 황홀恍惚로서, 보아도 보이지 않고, 들어도 들리지 않고, 만져도 만질 수 없는 것이다.^{역주16} 인식을 초월하는 것이다. 그러나 억지로 말한다면, "혼돈되이 이루어진 것이 있으니 천지가 생기기도 전부터 있었다. 적寂하고 막寞하구나! 홀로 서서 바뀌지 않는다. 두루 다니는데 위태롭지 아니 하니 천하의 어미라 할 만하다"고^{역주17} 하는 것과 같은 것으로, 그윽하게 만물의 으뜸(宗)처럼 보인다고 할 수밖에 없는 그런 것이다.^{역주18} 이처럼 분석적이기보다는 종합적이고, 부분 증험적이기보다는 전체로서 긍정적인 일종의 자연적 세계관이 도가에서 발달했던 것인데, 오로지 부지런하게 인의仁義를 행할 것을 주장하는 유가의 가르침보다도 답답한 사상·사회의 구속을 떠나 직접 대자연과 합치하는 것을 권하는 노장老莊의 설설說 쪽이 일반인으로서는 더 매혹적이었다.

이와 대항할 필요에서 그 "도道" 사상의 내용을 유교에 채용해 들여서, 인의仁義를 행하는 것도 역시 우주의 화和에 합치하는 것이며, 사람은 성성誠으로써 천지와 더불어서 함께 할 수 있다고 설명함으로써 유가의 도덕설에 보편적인 세계관의 기초를 부여한 것은 곧 『중용』의 내용 가운데에 한대의 것으로 추정되는 부분을 지은 인물이었다.

---

15 是以聖人和之以是非, 而休乎天鈞, 是之謂兩行(『장자』「제물론」).
16 道, 視之不可見, 聽之不可聞, 搏之不可得(『노자』 제47장 왕필주).
17 有物混成, 先天地生. 寂兮寥兮, 獨立不改. 周行而不殆, 可以爲天下母. 吾不知其名, 字之曰道, 强爲之名曰大(『노자』 제25장).
18 道, 沖而用之, 或不盈, 淵兮似萬物之宗(『노자』 제4장).

이리해서 그 시기에 유교는 단순히 어떤 특정한 사회 구성원뿐만 아니라 널리 만인이 좇아서 지켜야 할 보편적인 도덕설과 그것의 기초인 자연적인 세계관과 또 이에 더해서 중국사회에 대한 통제를 유지하는 데에 충분한, 완비된 예제禮制의 구상 등을 포괄하기에 이르렀다. 이리하여 상당히 광대하고도 복잡한 중국 문명사회의 통일을 짊어지는 데 충분할 만큼 두드러지게 풍부하고 폭넓고 강력하고 위대한 사상체계로서의 실질을 획득하게 된 것이다. 이렇게 성숙된 유교를 채용하여 국가의 사상으로 삼음으로써 이후 2천 년간의 중국사회를 위해 가장 적절한 통일의 원칙을 확립한 것, 그것이 곧 한나라(漢朝)의 사상정책이었던 것이다.

그런데 진보하지 않으면 침체되고 쇠퇴하여 결국은 박력을 잃게 되는 게 모든 것의 통상적인 행태인데, 특히 대승불교처럼 위대한 사상체계가 중국에서도 성행하게 됨으로 인해서, 국가의 중추로서 안정되었던 유교의 사상적 활력이 크게 감쇄되는 것을 저지할 수 없는 형세에 당면하게 되었다. 그래서 유교에 대승불교의 보편적 요소를 채용해 들임으로써 유교의 갱생을 꾀하려는 기획이 필연적으로 나타나게 되었는데, 이미 당대唐代 이고(李翶, 772-841)의 「복성서復性書」 속에서 그 단서를 명백하게 인지할 수 있다. 그러나 대승불교 안의 보편적 요소를 유교 안으로 충분히 흡수하고 주도면밀하게 합리화 하여 그것을 비할 데 없이 보편적인 사상으로 성립시킴으로써 후대에 세계적으로 유포될 만한 사상으로 대성大成시킨 것은 정이천(程伊川, 1033-1107)과 주희(朱熹, 1130-1200)를 대표로 하는 송대의 이학理學이었다. 그러나 물론 대승불교가 가지고 있는 보편적 요소가 모두 남김없이 송대의 유학에 흡수된 것은 아니다. 공자로부터 맹자를 거쳐 『중용』에 이르는 유교의 사상적 발전이 성性에 관한 논의를 중심으로 해서 전개되었다는 것은 앞에서 말하였는데, 송대 유학이 대승불교로부터 채택한 것도 역시 주로 성性에 대한 논의, 즉 불성론佛性論이었다.

원래 인도사상의 근본적인 요구는 고통을 벗어나는 데 있고, 생로병사라는 현상계의 고통을 없애기 위해서는 이 세계의 허망함을 깨달아 무차별하고 평등한 우주의 본체에 합일하지 않으면 안 된다는 것을 그 근본 설說로 하고 있다. 사상진보의 자취로부터 본다면, 사회종교가 내세우는 기괴한 여러 신에 대한 회의, 즉 합리사상에 눈을 뜬 것은 일찍이 베다시대였다는 것을 알 수 있다. 예를 들면, 『리그베다』 중에는 인드라 신의 존재를 부정하고 그것에 대한 찬탄의 어리석음을 지적하는 시詩

가 있고, 또한 같은 책에 수록된 다른 시에는 암소 10마리에 인드라를 팔아 버린다고도 서술하고 있다. 이는 회의懷疑인데, 이렇게 싹튼 보편적 합리사상을 적극적으로 추구推究한 결과, 우주에는 애초에 유·무, 생·사, 낮·밤 등 일체의 차별이 없이 오로지 "일一"(하나)인 것 이외에는 존재하지 않았고, 또한 이 "일"(하나)은 자기 자신의 힘으로 유무를 산출한다는 생각에까지 당시 인도인은 도달했던 것이다. 여기에서 일찍이도 현상적 차별세계의 연기緣起를 설說한 방향과 이 세계가 곧 무차별 평등세계의 본체에 다름 아니라는 것을 강조하는 경향 등, 후에 모든 인도철학을 관통하는 두 주류의 발단이 열렸다는 데에 가장 주목해야 한다. 후자의 경향은 브라만시대에 "아트만"(我) 사상을 전개하기에 이르렀는데, 이는 나의 자아원리인 동시에 또한 우주의 원리로서, 나는 곧 우주와 일체라는 것이다. 이 "아트만" 사상은 인도 고래古來의 사회종교를 유지하고 있던 바라문으로부터 생겨났던 게 아니라, 태평세에 한가함을 누릴 수 있었던 왕족들의 사적인 사상이 지극히 인간적이고 보편성을 가진 사상으로 발달했던 것인데, 평화 속에서 지적 교양이 화려하게 개화된 다음 『우파니샤드』(Upanisad) 시대에 대성大成한 것이다. 즉, 『우파니샤드』에 의하면, 한 덩어리의 흙을 알면 그로써 일체의 토기를 알고, 한 조각의 구리(銅)를 안다면 그로써 일체의 구리그릇을 분변하게 된다는 것이다. 그처럼, 현상세계가 제아무리 천차만별이라고 하더라도 모두 "아트만"이 드러난 것에 지나지 않는다. 우주의 일체 만유萬有는 그 본원으로 돌아가면 유일무이의 "아트만"이 되고 개개의 특수한 차별 내지 그런 의식은 소멸한다. 호랑이, 사자, 벌, 모기 등 기타 모든 것이 실재의 거대한 바다로 돌아갈 때는 모두 하나로 합하고, 이 실재의 바다가 곧 일체를 이루는 본질인데, 이것이 곧 "아트만"인 것이다. 이게 "절대아"인데, 인간·동물·초목 등이 전부 이것에 의해서 드러나고 또 이것으로 귀일한다. 그러므로 사람이 그 개개의 소아小我를 멸해서 이 「절대아」에 명합冥合하고 몰입할 때, 이미 생사고락이 없고 무차별·무식無識·무심無心·무변無變·무화無化 등의 해탈을 얻는다고 말하는 것이다.

이런 『우파니샤드』의 아트만 사상을 가지고 소승불교의 불신론佛身論을 비약·발전시킨 것이 곧 대승의 불성론인데, 이것에 의하면 부처의 법신法身은 우주의 본체 바로 그것이고, 또한 바수반두(Vasubandhu, 世親)의 『불성론』에서도 말하는 것처럼 일체 중생 모두가 불성을 가지는 것이 된다. 바수반두 이후에 아스바고오샤(Aśvaghòsa,

馬鳴)의 『대승기신론』에도 이 같은 불성론을 강조하고 있다는 것은 주지의 사실이고, 또한 같은 시기(AD 5세기 경)에 샤라마티(Sāramati, 堅慧)는 『구경일승보성론究竟一乘實性論』에서 일체 중생에 여래장如來藏이 있고 그 성성은 부처에 있어서건 중생에 있어서건 무차별하다고 하였고, 『대승법계무차별론大乘法界無差別論』에서는 보살심菩提心의 청정항상淸淨常恒으로써 오염된 것에 물들지 않고, 부처에서든 중생에 있어서든 차별이 없게 된다는 것을 말하고 있다. 즉, 우주의 본체인 불성은 만물의 근원이고, 만물은 불성을 갖추고 있지 않은 것이 없다. 그리고 사람은 보살심을 일으켜 불성에 귀일하는 것에 의해서 절대무차별의 경지에 빠져들어, 차별세계의 고통과 우환으로부터 해탈할 수 있다고 말하는 것이다.

이 불성론이 대승불교의 한 요소로서 중국에 전해져 왕성하게 논의되었던 것인데, 예를 들면 천태종의 형계담연(荊溪湛然, 711−782)도, "만법萬法이 곧 진여眞如이고 진여가 곧 만법이라면 티끌 하나 안에도 진여의 체體를 구비하지 않은 것은 없다. 물 없이는 물결이 존재하지 않으므로, 물결에 청탁의 구별은 있지만 습한 성질에 있어서는 어떠한 물결도 같다. 따라서 무정無情의 무생물에도 역시 불성을 갖추고 있지 않은 것은 없다"고 말하고 있다.

이 같은 불성론은 유가의 성설性說을 발전시키는 데에 매우 적절하였다. 즉, 『중용』에, "자기의 성性을 다 할 수 있으면, 곧 사람들의 성性을 다 할 수 있고, 사람들의 성性을 다 할 수 있으면 곧 만물의 성性을 다 할 수 있고, 만물의 성性을 다 할 수 있으면 그럼으로써 천지의 화육化育을 돕게 된다"는[역주19] 성설性說, 즉 성性의 기초를 천지에서 구하고 그것을 천지에 확충하여, "나의 성性에 따르는 것이 곧 천지의 화육을 돕는 소이所以이다"라는 성설性說로 정돈된 발전은 불성론의 자극과 영향으로 말미암아 눈부신 실현을 보았던 것이다. 이 발전에 대해서는, 물론 앞서 말한 이고李翶로부터 특히 정이천을 거쳐 주희에 의해 집대성된 학설의 전개를 살펴보지 않으면 안 되지만, 그것은 본시 여기에 서술해야 할 한계를 넘기 때문에, 지금으로서는 단지 송대 성리설의 대요를 개괄적으로 서술하여 불성론의 영향을 분명히 보여주는 데 그치고자 한다.

---

19 能盡其性, 則能盡人之性; 能盡人之性, 則能盡物之性; 能盡物之性, 則可以贊天地之化育(『중용』 제22장).

정자나 주자에 의하면, 성性은 곧 리理이다. 그리고 리理는 요·순으로부터 보통 사람에 이르기까지 하나이다.[역주20] 천지의 리理는 하나뿐이며 둘을 용납하지 않는다.[역주21] 또한 리理는 태극이며 삼라만상이 아직 드러나기 이전의 혼연으로 존재하는데, 천지만물은 리理의 발전으로 생겨나며 리理가 발전해 나가는 당연의 길을 도道라 한다.[역주22] 그러므로 리理라는 것은 당연·본연 내지는 자연의 리理를 가리키는 것인데, 우주의 모든 것이 전부 그것에 의탁하여 존재한다. 있어야 할 이유 없이 존재하는 것은 없기 때문이다. 모든 개물個物은 리理에 의해서 존재하는데, 그 기氣가 흩어지면 개물의 존재가 사라지고 천지의 리理로 귀일한다. 이 우주의 원리인 리理가 사람한테 있는 것을 가리켜 성性이라고 하는 것이다. 즉, 성性이라는 것은 사람이 「천」으로부터 얻은 리理인 것이다.[역주23] 그러므로 사람이 성性의 스스로 그러함에 따라서 인의예지신仁義禮智信을 행하는 것은 곧 리理의 당연한 발전이고 천지의 스스로 그러한 길(道)일 따름이다. 리理 없이 행해지는 것은 결코 없다. 무엇인가 신비적이고 불가지적인 명령에 의해서 행해지는 것은 없고, 당연히 그렇게 되어야 할 스스로 그러한 리理에 좇아서 그것이 행해지는 것이다.

소위 송대의 성리학, 특히 주희 학설의 근본을 아주 간단하게 요약하면 이상과 같은데, 여기에 이르러서 공자의 천명설天命說에 불확실한 단서를 풀고 『중용』의 성설性說에 이르러 점차 명료하게 되어가고 있던 유가사상의 한 경향, 즉 그 도덕설에 일종의 자연적 세계관의 기초를 부여하려는 요구가 비로소 유감없이 만족되었다고 말할 수 있다. 그리고 이렇게 자연적 세계관의 원리로서 주자가 세운 리理의 사상에 앞서 말한 대승불성론의 소설所說이 많이 채용되었다는 것은 더 말할 필요가 없을 것이다.

---

20 程子曰: "性卽理也, 理則堯舜至於塗人一也. … "(『맹자집주』 「고자상」 주자주).
　　性卽理也. 天以陰陽五行化生萬物, 氣以成形, 而理亦賦焉(『중용장구』 제1장, 주자주).
21 天道者, 天理自然之本體, 其實一理也(『논어집주』 「공야장」 주자주).
22 凡言道者, 皆謂事物當然之理(『논어집주』 「학이」 주자주).
　　道者, 事物當然之理(『논어집주』 「이인」 주자주).
23 性者, 人所受之天理(『논어집주』 「공야장」 주자주).
　　性者, 人所稟於天以生之理也(『맹자집주』 「등문공상」 주자주).

그러나 이런 사실 이상으로 주의해야 할 것은 정자·주자가 도입한 리理의 사상 그 자체이다. 리理라는 말은 옛날 『예기』 「악기」의 "천리를 멸하고, 인욕을 궁구한다" 등에서도 볼 수 있듯이, 유가에 있어서 결코 정자나 주자가 처음으로 사용한 것은 아니지만, 「악기」에서 말하는 리理는 송대 성리학의 리理와는 다르다. 성리학의 리理는 천지만물이 있어야 할 당연의 리理, 즉 우주의 원리인 것이다. 도가道家 내지 대승철학에 있어서도 종래에 우주의 근본을 이렇게 명확하게 지적한 것은 아니었다. "도"라 이르고 "아트만"이라 말해도, 본래의 그것을 말로서 표현하는 것일 뿐 매우 막연한 것이고 사람이 사고할 수 없는 것이다. 이에 반해서 리理는 사람이 사유할 수 있는 것이다. 그것은 마땅히 그러하게(당연), 본시 그러하게(본연), 스스로 그러하게(자연) 있어야 할 보편적인 리理를 가리킨다. 정자·주자는 이것으로써 도덕과 그 밖의 모든 것의 원리로 삼았던 것이다. 이 점이야말로 그들의 학설이 세계적으로 유리사상唯理思想의 최고봉임을 보여주는 것이다. 세계의 어떠한 철학도 정주학程朱學만큼 비합리적이거나 신비적인 요소를 명확하고 말끔하게 모두 배제한 것은 없다. 그것은 원시적 사회종교의 잔해인 괴·력·난·신에의 망령된 믿음에 대해 보편적 합리사상의 완전한 승리를 실현시킨 것이라고 말할 수 있다. 공자도 이미 괴·력·난·신을 말하지 않는다고 하고, 은밀한 것을 찾고 괴이한 짓을 행하는 것을 나는 하지 않는다고 말하고 있지만, 그의 태도는 단지 귀신을 경원시한다는 정도의 것이었다.[역주24] 정자·주자에 이르러서야 비로소 공자의 이러한 실제적인 마음가짐을 비약적으로 발전시켜 학설로서의 유리사상唯理思想을 완성시켰던 것이다.

주자에 의해서 성리학이 집대성된 이후 유가사상은 완전히 면목을 갱신하여 지극히 보편적인 것이 되고 (불교로 인한 침체를 넘어) 새롭게 활력을 얻어 더욱 오랫동안 지배적인 중국사상으로 계속 군림하고 있다. 그간에 때로는 왕양명과 같이 이설異說을 제창하는 자도 있었지만 대체로 성리학이 계속 번성하여, 특히 모든 역대 왕조가 과거科擧에 정주학을 채택했기 때문에 정주학은 말하자면 중국 문인의 상식이 되었다. 그래서 17세기 말 이후 중국에 들어간 예수회 선교사가 활발히 유럽에 소개한 중국사상도 역시 오로지 이러한 성리학 사상이었다. 그리고 정자·주자의 성리

---

24 樊遲問知. 子曰: "務民之義, 敬鬼神而遠之, 可謂知矣"(『논어』 「옹야」).

학은 보편적이고 합리적이어서 어떤 사회의 사람에게든 널리 이해될 수 있는 성질의 것이었기 때문에, 특히 이런 보편적 사상을 절실히 요구하고 있던 당시에 당연히 유럽 각국의 사람들에게 열렬히 환영받아 곧바로 유럽사상에 현저한 영향을 미치게 되었던 것이다. 이에 대해서는 나중에 소상하게 서술할 것인데, 세계의 모든 사상 가운데 가장 광범위하게 퍼져나간 것으로서, 정신을 취급하는 것은 정신세계를 가장 합리적으로 해석한 정자·주자의 이학理學이고 물질을 취급하는 것은 물질세계를 철저하게 합리적으로 해석한 서양의 과학사상이라는 것을 여기에서 지적해두고 싶다.

불교가 동양 각국에서는 한때 풍미했지만, 그 이외의 지역에 미친 영향은 거의 없었다고 말해도 좋을 것이다. 기독교가 궁극적으로는 일본과 중국 등지에서 현저하고 본질적인 발전을 이룰 전망이 없었다는 것은 오늘날 이미 명백해진 사실이다. ^{역주25} 오로지 유가의 이학理學만이 일시에 동양에 군림한 것은 말할 것도 없고, 멀리 서양의 여러 나라에서도 성행하여 서양 도덕사상의 근본을 갱신할 수 있었던 것인데, 그 영향이 넓게 뻗치고 또 깊게 미친 장관에 대하여 어깨를 견줄 수 있는 자격은 오로지 서양의 근세 과학사상만이 가지고 있을 뿐이다.

이상은 17세기 말부터 18세기에 걸쳐 본격적으로 유럽에 소개되기 이전까지, 중국사상 특히 중국의 보편적이고 합리적인 사상이 어떻게 전개되어 왔는지를 일별한 데 불과하다. 그런데 이와 관련해서 부언해 두고 싶은 것은 중국사상의 이런 발전에 따라 나타난 중국논리의 특징과 그리고 역시 이와 무관하지 않은 중국미술의 특성이다.

본연적 리理는 당연히 절대보편적이지만, 서로 다른 사상을 모체로 하여 발전된 논리에는 여러 가지가 있을 수밖에 없다는 것도 역시 당연의 리理라고 말할 수 있다. 서양의 고전적 과학의 논리는 삼단논법이고, 인도사상에는 일종의 "조건의 논리"라고 말해야 할 것이 수반하는 데 비해서, 중국에서는 대비 또는 대응으로써 추론하는 중국 특유의 논리가 있다. 그것을 간단하게 설명한다면, 공간의 등질성·균일성은 서양식 고전과학이 성립하는 데에 기초가 된 근거의 하나인데, 삼단논법도

---

25 이 책의 저자 고바야시가 한국에서의 기독교 융성을 목격했다면 매우 특이한 현상으로 여겼을 것이다.

　　　　　　　　계몽사상가들의 눈에 비친 유교문명

역시 이런 공간 안에서 비로소 시행될 수 있는 것이다. 왜냐하면 3단으로 전개하는 장소인 공간이 이질적이라면, 1단에서 설정된 명제가 2단의 장소에서도 유효한지 벌써 불확실하고 1단의 명제 및 2단의 명제가 3단의 장소에 있어서 유효한지 어떤지도 역시 알기 어려운 까닭에, 등질적 공간이 아니라면 삼단논법은 효력이 없다는 것이 명백하기 때문이다. 이렇듯 삼단논법은 서양의 물질적 과학사상에 특수한 것이며, 균질공간 개념을 갖지 않는 다른 사상에는 삼단논법의 논리가 희소하거나 아주 미약한 까닭을 이해할 수 있다. 또한 인도사상은 앞서 말한 것처럼 우주의 본체인 "아트만" 내지 "진여"로부터 차츰 허망한 차별세계가 나타나고, 또한 이 차별세계가 점차 또는 갑자기 무차별의 본체에 귀일하는 전변轉變을 설명하는 것을 그 본연의 일로 삼기 때문에, 그 논리는 당연히 이 전변의 조건을 분명히 밝히는 것이지 않으면 안 된다. 예를 들면 무명無明 때문에 업業이 생기고 업 때문에 괴로움이 있다고 말할 때, 무명은 곧 업의 조건이고 업은 곧 괴로움의 조건으로서 설명되고 있는 것이다. 또한 미혹을 없애서 열반할 수 있다고 설명될 때, 미혹을 없애는 것이 곧 열반할 수 있는 조건이 된다는 것이다.

그런데 중국사상에서는 원시적 사유에 공통적인 특징인 인간사와 자연계가 대응적으로 연관되어 있다는 사상이 후대까지도 그 기본으로 되어 있고, 도덕의 기초를 천지, 즉 대자연에서 구하려 한다는 생각도 결국은 이런 대응사상으로부터 나온 것이기 때문에, 이런 대응 내지 대비라고 하는 것이 중국사상의 논리에 근간이 되고 있다. 예를 들면 "성誠은 하늘의 길이고, 그것에 성誠하려는 것은 사람의 길이다"라고[26] 설명할 때, 양자의 관계는 명백히 대비의 관계이다. 비단 인간사와 자연계에 관련된 경우뿐만 아니라, 모든 추론은 대부분 대비로써 진척시킨다는 것이 중국사상의 특징이다. 또한 "배움을 좋아하는 것은 지知에 가깝고 힘써 행하는 것은 인仁에 가깝다"고[27] 하거나 "대도大道는 일컬을 수 없고, 대변大辯은 말이 없다"고[28] 하는 것처럼, 그 예를 들자면 한이 없다. 이러한 대비의 논리는, 이 논리를 펴기 위해서 굳이 균질공간을 필요로 하지 않으며, 제아무리 다른 사물 내지 세계에 걸쳐

---

26 誠者, 天之道也; 誠之者, 人之道也(『중용』 제20장).
27 子曰: "好學近乎知, 力行近乎仁, 知恥近乎勇. … "(『중용』 제20장).
28 夫大道不稱, 大辯不言(『장자』 「제물론」).

서도 자유자재로 시행되어 그것들을 관련시킬 수 있다는 것을 특징으로 한다. 단지 이러기 위해서는, 대비되는 것들 사이에 일종의 예정된 조화, 곧 도道라고 할 만한 것이 있으면 된다. 바로 여기에 중국논리의 요점이 존재하는 것이다. 이런 논리의 존재가 중국인에게는 오히려 별다르게 인식되지 않았지만, 이런 종류의 논리에 익숙하지 않으면서도 논리적 사변에 예민한 유럽의 학자 가운데는 그것을 접하고서 경이를 느꼈던 자들까지 있었던 것이다. 그 중에 대표적인 인물이 라이프니츠가 아니었는가 생각한다.

다음으로, 중국에 있어서 인간사의 기초를 자연에서 구했던 동시에, 자연 또한 두드러지게 의인화되어 인간에게 호응하는 것으로서 친숙해지게 되었다. 그러므로 중국미술에 있어서 자연은 단순한 외부세계로서 묘사된 것이 결코 아니다. "가슴 속의 산수山水를 그린다"고 말하는 것도 언덕과 골짜기에 심성이 있기에 먼저 그것이 가슴 속으로 들어갈 수 있는 것이며, 또한 가슴 속의 것이 산수로써 표현될 수 있는 것이다. 이렇게 자연이 인간적인 마음을 가진 것으로서 친밀감을 가지고 다뤄지는 것은 중국미술의 모든 분야에 걸쳐서 현저하며, 단순한 문양 같은 것에조차도 동물이나 화초가 생생하게 가련한 마음을 가진 것으로 표현되고 있는 것은 서양미술에서는 전혀 볼 수 없는 점이다. 유럽 각국에서 문양의 근간은 늘 기계적인 기하학적 도형(mechanical drawing)일 뿐이었다. 그래서 딱딱한 기하학적 문양에 익숙한 유럽인들이 처음으로 중국공예의 자유롭고 청신하고 생기로 가득 찬 문양을 보았을 때, 그것을 찬탄하고 그것을 모방하려고 노력했다는 것은 알 만한 사람은 다 아는 사실이다. 이 점에 있어서 중국의 미술사상이 유럽의 미술사상에 준 영향도 매우 깊고 본질적인 것이었다.

또한 자연에 심성이 있고 영혼이 있다고 생각했기 때문에, 정원을 꾸미는 데 있어서도 자연의 신령神靈을 발현하여 그것을 강조함으로써 나의 심령心靈과 자연의 심령의 회합을 즐긴다고 하는 것이 중국인의 상념이었다.

잡초를 베고 굳은 나무를 잘라 내고 불을 질러 그것을 태워버리니, 멋들어진 나무가 서 있고 고운 대나무가 나타나고 기이한 암석이 드러났다. 그 속에서 바라보면, 산은 높고 구름은 떠다니고 계곡물은 흐르고 날짐승ㆍ들짐승ㆍ물고기들은 노닐어 모두 한가로이 솜씨를 선보이고 재주를 뽐낸다. 이 언덕 아래에 베개를 베고 자리에 누우면, 이내 청량한 모습 눈으로 헤아리고, 물 흐르는 소리 귀로 헤아리고, 한가롭게 빈 것은 정신으로 헤아리고, 조용하게 고요한 것은 마음으로 헤아린다.[역주29]

이는 고무담鈷鉧潭에 조성된 정원을 묘사한 유종원(柳宗元, 773–819)의 글인데, 이렇게 나무ㆍ암석ㆍ시냇물ㆍ새ㆍ물고기 등에서 자연의 영성을 느끼고, 자기의 정신과 마음을 거기에 결합시켜 천지만물의 심오함에 참여하는 것, 이게 바로 고금을 통하는 중국 자연정원의 이상인 것이다. 그런데 서양인은 기하학적 무늬로써 화단이나 잔디밭을 구획하는 것을 정원조성이라고 생각하고 있었으므로 이런 유현幽玄한 중국정원을 처음 보았을 때 매우 경탄하고, 그 교훈으로 그들의 정원조성법을 완전히 바꾸기에 이르렀던 것이다.

지금까지 서술한 것처럼 중국사상이 발전한 자취를 회고해 보면, 먼저 알게 되는 것은 그것의 종합적인 점이다. "중국문화는 하나"라고 하는 것은, 그에 정통한 학자들이 일치해서 생각하고 있는 점이다. 사실 앞에서 관찰한 것처럼, 중국에서는 세계관과 도덕관이 서로 무관하게 별개로 존재할 수 없듯이, 서로 관계없이 존재하는 것은 없다. 양자는 서로 밀접하게 관련되어 있어서, 하나를 알지 못하고서는 도저히 다른 것을 이해하기 어렵다. 정치도 역시 도덕을 기준으로 하여 그것에 따라 운용된다는 것, 적어도 사상으로서는 그렇게 되어 있다는 것, 그리고 "인仁에 의거하고 예藝에 노닌다"는[역주30] 말대로 먼저 인격을 수양하여 천지에 참여하는 경지에 도달할 때 비로소 예술도 또한 가능하다는 것 등을 생각해 보면, 중국에서는 도덕

---

29 刈穢草 伐去惡木 烈火而焚之 嘉木立 美竹露 奇石顯 由其中以望 則山之高 雲之浮 溪之流 鳥獸魚之遨遊 擧熙熙然迴 巧獻伎以效 玆丘之下枕席而臥 則清泠之狀 與目謀 瀯瀯之聲 與耳謀 悠然而虛者 與神謀 淵然而靜者 與心謀(「鈷鉧潭西小丘記」).

30 子曰: "志於道, 據於德, 依於仁, 游於藝"(『논어』 「술이」).

사상과 정치사상과 예술사상이 각기 분리되어 있는 게 아니라 단지 하나의 중국사상만이 존재한다는 것을 깨달을 수 있을 것이다. 이는 다음에 서술하는 것처럼 서양사상에는 현저하게 분리적 경향이 있다는 점과 대비할 때 흥미진진한 본질적 대조를 이루는 것이다.

서양사상의 개요

유럽의 역사는 기원전 2~3천 년으로 거슬러 올라가 인도-게르만족 각 분파가 유럽에 정착한 것을 시발점으로 하여 시작한다고 보는 게 타당하다. 왜냐하면, 이른바 서양문화 내지 서양사상의 근간을 이루는 것은 바로 그들의 사상이며, 풍부한 동양 각 문화의 영향을 깊고도 강력하게 끊임없이 받았으면서도 여전히 유럽사상의 한 구석에서 그 전통을 끊임없이 유지하며 특색 있는 존재로서 서양문화를 지속·발전시켰던 것도 바로 그들이었기 때문이다.

물론 유럽에 정착할 당시에 인도-게르만족 각 분파가 어떤 사상을 갖고 있었는지 오늘날 명확하게 밝히기는 어렵다. 그러나 시대를 초월한 본질의 문제로서, 유럽에 온 그들의 본래 사상적 경향이 어떠한 것이었는지는 최근에 비약적으로 발전한 북방 게르만족 고대문화의 연구를 기준으로 하고, 여기에 역시 인도-게르만족의 한 분파인 그리스인 고유의 사상이 보여주는 바와 타키투스(C. Tacitus: 54-117, 로마의 사학자) 등이 기술한 게르만 습속이 가르쳐 주는 바 등을 참조하여 고찰한다면 대략 그것을 드러내어 밝힐 수 있을 것이다.

이런 고찰의 결과에 의하면, 그리스-게르만 사상 본래의 특징은 철저한 개별적 자유주의에 있고, 종합보다도 분리로 향하는 경향이 현저히 강하다고 생각된다. 그 때문에 그리스에 있어서도 게르만 지역에 있어서도, 동양 각국에서 보이는 것과 같은 강대한 국가의 발달이 전혀 없었다. 그리스에서는 거대국가의 성립 대신에, 아테네, 스파르타, 코린트처럼 각기의 도시국가(Polis)가 오랫동안 병존하고 있었다는 것은 주지의 사실이다. 게르만 지역에서도 역시 로마인의 소위 키비타스(Civitas)라는 정치단체의 분립상태가 오래 지속되었고, 그곳에 넓은 영토를 가진 국가의 성립을 보게 된 것은 겨우 기원후 수세기경이며 그것도 소위 민족대이동기의 격렬한 투쟁에 대처할 필요가 있었기에, 그리고 로마제국을 통해서 동양식 거대국가체제의 영향을 받은 것 때문이었다. 또한 이런 폴리스나 키비타스의 내부에 있어서도 개별 자유주의의 분리적 경향은 강하게 작용하고 있었기 때문에, 이들이 정치단체를 운영한다는 것은 곧 공인된 구성원인 자유민 전체의 회의를 의미했다. 따라서 단체의 운용에 관여할 만큼 비상시가 아닌 경우에는 보통 제각기 사람들이 극히 자유롭게 개별적으로 행동할 뿐만 아니라, 그 단체에 대한 권리, 즉 개인의 의정권議政權과 거기에 부여된 의무, 즉 외적에 대하여 단체를 방위한다는 의무가 명확히 규정되어 있어서, 단체의 권위로써 불필요하게 개인의 자유를 속박하지 않도록 충분한 주의가 기울여지고 있었던 것이다. 이러한 규정이 곧 서양사상에 고유한 "법률"의 단서가 되었다는 것은 두말할 필요가 없다.

이러한 법률로써 집단과 개인과의 관계를 합리적으로 규정한다는 것에서부터 이미 원시적 사회종교의 분리·해체를 인지할 수 있다. 원시사회에서는 집단으로부터 이탈한 개인의 존재를 종교적 권위를 빌어 용납하지 않는 게 보통이었다. 그러나 그리스-게르만인은 사회종교를 종교와 법률로 분리함으로써, 그때까지 종교의 통제력을 가지고 비합리적으로 강제하고 있던 집단과 개인과의 관계를 합리적으로 재조직했던 것인데, 여기에서 서양사상에 있어서 최초로 보편성을 가진 합리적 창작을 인지할 수 있는 것이다.

하지만 세계사상에 대한 게르만인의 공헌은 그로써 중단되고, 이후는 서양에서 그리스인만이 보편적 합리사상을 눈부시고 화려하게 전개해 갔다고 볼 수 있다. 이는 물론 그리스인의 지능이 뛰어나게 우수한 데에도 기인한 것이겠지만, 또한 지리적 환경 때문에 그들이 동방의 풍부한 각 문화와 끊임없이 접촉하여 그 영향을 윤택하게 받고 있었다는 점도 고려하지 않으면 안 된다. 결국 지금 서술한 것과 같이 정치에서 유리된 사회종교의 잔해로부터 다시 보편성·합리성을 가진 과학적 세계관의 맹아를 발전시켰던 중심세력은 서남아시아 문화와의 접경지대에 살면서 그 지역의 상이한 문화를 접하며 자타自他의 여러 가지 종교사상을 비교·검토하여 그 불합리한 면을 찾아낼 수 있었던 그리스인 바로 그들이었던 것이다. 고대에 탈레스 (Thales, B.C. 624-545)나 아낙시만드로스(Anaximandros, B.C. 610-546) 등의 이오니아학파에서 시작하여, 헤라클레이토스(Heracleitos, B.C. 540-?), 아낙사고라스

(Anaxagoras, B.C. 500－428), 레우킵포스(Leukippos, B.C. 480－?), 데모크리토스 (Domokritos, B.C. 460－370) 등에게서 두드러지게 발전된 그들의 자연적 우주관을 규명하거나 유클리드(Eukleides, 기원전 3세기경)의 기하학 속에서 근대과학의 단서를 탐구하여 그리스인의 공적을 밝히는 것은 본시 이 책의 과제가 아니다. 단지 지적해 두고 싶은 것은, 그들이 창시한 세계관은 처음부터 매우 분리적이었다는 것, 즉 그것은 종교 내지 도덕의 기초로서 인간사에까지 깊이 관련되는 세계관은 아니었다는 점이다. 단순히 자연의 제 현상을 합리적으로 설명하는 것으로서 분리시킨 세계관에 불과한 것이었다. 그 목적이 이렇게 명확하게 분리되고 한정되어 있었으므로, 그것은 후에 자연현상을 설명하는 데 있어서는 필적할 만한 게 없을 정도로 우수한 근대과학으로 발전하는 구상을 부여하고 그 길을 열 수 있었던 것인데, 자연을 모든 인간적인 요소로부터 분리시켜 단순히 연장延長으로, 어떤 물질 및 균질적인 공간을 조성하는 것으로 파악했다는 것, 바로 여기에 그리스 과학의 위대한 업적이 존재한다고 생각할 수 있다. 이렇게 철저하게 분리시킨 비인격적 물리적 세계관이야말로 그리스사상 나아가 서양사상이 세계에 기여한 가장 위대한 보편적 창작이라고 할 수 있다. 이는 앞서 말한 분리적 법률사상과 함께 서양문화의 강렬한 성격을 잘 드러내는 것이며 불멸의 가치를 갖는 것이라고 말하기에 충분한 것이다.

다음으로는 도덕을 사회종교로부터 분리하는 것, 이것도 그리스인의 분석적 경향에서 연유한 일로서 소크라테스가 노력했던 일인데, 그는 중국인과는 달리 도덕의 기초를 세계관 안에서 구하지 않았다. 이는 분석적 서양사상의 경향으로서 당연한 일이기는 하지만, 이 경우 도덕에는 그것이 비속한 쾌락주의에 그치지 않는 한 뭔가 근거가 필요하다. 소크라테스는 단지 인간 자신 안에서 그것을 구하려 했다. 이에 "너 자신을 알라"라는 델포이 신전의 말씀이 그의 잠언이 되었던 것이다. 그리고 철학을 자연계에 대한 관심으로부터 분리하여, 오로지 인간을 연구하는 것에 그 범위를 한정하였다. 이리하여, 여기에서 비로소 철학의 정당한 방향, 주변 바깥세계보다 오히려 인간의 내부세계를 조명하려는 적절한 방향이 확립되어, 서양철학은 훗날의 위대한 발전을 향한 발걸음을 내딛었던 것이다.

그리고 인간 내면으로 깊숙이 파고들어 가려는 철학의 이런 경향은 플라톤에 이르러 매우 아름다운 성과를 전개하여, 이제는 인간 외부의 자연계보다도 훨씬 찬연하고 삼엄한 내부의 세계, 이데아의 세계가 유현幽玄한 매혹으로 가득 찬 인간의 사상 속에 현현하는 데에 이르렀던 것이다. 그러나 이렇게 해서 철학은 명상적인 색채가 짙어지고, 인간을 둘러싼 외부세계를 외면하고 상식적인 현실로부터 이탈하여 심령 깊숙이 독특하고 별개인 유폐된 세계를 형성하는 것이 되어, 실용으로부터 매우 멀어져 버렸던 것이다.

그러므로 그리스에서는 서양문명 고유의 강한 분리적 경향 때문에 단순히 강대한 국가가 성립하지 않았을 뿐만 아니라 그 사상의 제 부문도 각기의 방향에 치우친 특수한 발전을 이루어, 결국은 인간의 귀추가 혼미할 만큼 분열된 상태가 정치적으로나 사상적으로 드러나게 되었다.

사상에 있어서는 스토이시즘(Stoicism)이나 에피큐리즘(Epicurism)이 출현하여 이 폐해를 어느 정도 구하는 데 공헌하였지만, 결국 로마제국이 서남아시아의 대제국을 모범으로 하여 유럽에 발흥하는 데 이르고 곧바로 기독교가 국교로 채택되자, 이에 비로소 동양적 본질의 대제국(로마제국)과 동양 기원의 대종교(기독교)와의 협력에 의해 정치적으로나 사상적으로나 공히 박력 있는 통제가 유럽의 매우 폭넓은 지역에 걸쳐서 전개되었던 것이다.

그러나 서양문화 본래의 뿌리 깊은 분리적 정신은, 한편으로는 기독교 안에 채택된 그리스적 합리사상으로서 여전히 존속하는 동시에, 다른 한편으로는 유럽의 북부와 중부에서 세력을 떨치고 있던 게르만인의 자유주의적 제도로서 끊임없이 활력을 가지고 있었으므로, 기독교는 그 반발하는 힘을 억제하기 위해서 늘 강권적인 탄압의 태도를 취하지 않으면 안 되었다. 이런 필요 때문에, 유럽에 있어서는 기독교 교리의 비합리적이고 기괴한 요소가 쉽게 제거되지 않고, 그리스철학을 계승한 기독교철학의 끊임없는 노력과 눈부신 업적에도 불구하고, 끝끝내 이성이 최고 진리의 자리에 도달하지 못하여, 신이 계시한 진리는 비합리적이고 초이성적인 까닭에 무조건 믿지 않으면 안 된다고 하는 일종의 극단적이고 가혹한 비상식적 주장이 엄연하게 유지되었던 것이다.

이런 형세는 프랑크왕국의 분열로부터 점차 유럽 각국이 차례로 형성되어 명실상부하게 발전해 간 근대사의 시대에 진입해서도 의연하게 변하지 않았고, 교황의 막대한 권위를 지지하는 기독교의 신조가 다수 국가를 포괄하는 일종의 기독교적 사회에 통제력의 지속을 나타내는 상징으로서 무조건 믿지 않으면 안 되도록 강제되었던 것이다. 그럴 수밖에 없었던 것이, 그것은 비합리적이고 믿을 만하지 않은 것이었기 때문이다.

　그 신조가 어떠한 것이었는지 여기에서 자세히 말할 수는 없지만, 단지 뒤에 서술할 것과 관련된 두세 가지 점에 대해서만 말해 둔다면, 먼저 종교, 즉 기독교에 의탁하지 않으면 인간은 인간의 도리를 다 할 수 없다. 학문만으로는 불충분하다. 또한 기독교에 의해서 죄를 사면 받지 못하면 행복할 수 없다. 그 죄라는 것은 곧 인류의 조상 아담과 이브가 악마의 유혹에 따라 범한 죄로서, 이 원죄는 그 자손에게 영원히 전해지기 때문에 누구라도 태어남과 동시에 이 죄와 그 해악을 지고 있다. 이 죄를 사면 받고 영혼을 구할 수 있으려면, 성스러운 신의 은총聖寵에 의하지 않으면 안 된다. 성총聖寵에는 조력助力의 성총과 성성成聖의 성총 두 가지가 있다. 전자는 악을 피하고 선을 행한 사람의 마음을 조명하여 신이 몰래 도와주는 정도가 강화되는 것인데, 이것만으로는 영혼을 구하기에 부족하다. 성성成聖의 성총을 필요로 하는 것이다. 성총은 모두 신이 베푸는 초자연의 은총으로서, 어떠한 선행을 하더라도 이 은총이 없다면 영혼은 구원받을 수 없다. 초자연이라고 하는 것은 곧 인간의 본성에 의거하여 당연한 것이 아니라는 의미이다. 공교公敎(기독교)는, 신이 먼저 인류의 조상에게 그것을 내려주고 다음에 모세에게서 그것이 의식되고 다시 예수 그리스도에 의하여 온전하게 확립된 것으로서, 기독교를 공교公敎라고 하는 것은 모든 나라와 모든 시대를 위해 성립하고 모든 나라와 모든 시대에 걸쳐서 전승된다고 보기 때문이다. 물론 이것들은 기독교 신조의 편린에 지나지 않지만, 요컨대 기독교에서는 모두가 신에 의존한다고 하여 선도 행복도 신이 내려준 은총으로써만 비로소 가능하게 된다. 그리고 인간은 모두 원죄를 지고 있다고 하므로 그것은 일종의 성악설이라고 말할 수 있는데, 인간 본성의 당연으로써 행복할 수 있는 게 아니라 신의 초자연적 은혜로써만 행복이 주어진다고 말하는 것이다. 그러므로 선행을 하더라도 죄에서 멀어지지 않으며, 기독교에 의거하지 않은 선행도 역시 죄라고 여긴다. 그래서 기독교 신자가 아닌 자는 전부 구원할 수 없는 죄인이 되어 기독교 사회에서 용납될 수 없기 때문에, 기독교의 통제 아래에 있는 유럽사회에서 생활하려고 한다면 누구라도 기독교를 믿지 않을 수 없다. 원죄를 부정하고 아담의 존재를 의심하는 말을 한다면, 즉각적으로 생명의 위험을 각오하지 않을 수 없다고 할 만큼 험악한 상태였다.

그러므로 근대의 유럽사상은 전체적으로 이런 기독교 신조의 분위기 속에 있었고, 그 안에서 합리적·비판적·보편적인 사상이 발달하기에는 대단히 어려운 상태에 있었던 것이다. 우리나라(일본)에서는 이러한 종교적 속박으로부터 이탈한 이후에 급격히 발전한 근대 서양의 보편적 사상만 널리 알려져서(이는 사상 전파의 당연한 법칙이지만) 그것을 억압하고 있던 종교의 맹위에 대해서는 거의 관심을 갖지 않았기 때문에, 대체적으로 그러한 보편적 사상이 유럽에서 아무 일도 없이 평화롭게 생육된 것으로 생각하고 있는 듯하다. 그러나 이는 대단히 큰 오해이고, 지금 말한 것처럼 맹렬한 종교적 분위기 속에서 법학·물리학 등 비교적 종교와 관계가 희박한 방면조차도 보편적·합리적인 사상을 추구追究하기에 용이하지 않은 장애가 있었고, 그 때문에 허다한 사람의 목숨이 희생되었을 정도였다. 하물며 도덕과 철학 등 종교의 미묘한 사정과 아주 밀접하게 관계되는 분야에서 비판적이고 보편적인 자유사상이 나타날 수 있기 위해서는, 우선 이런 종교의 근본을 동요시켜서 그 통제력을 현저히 이완시킬 필요가 있었다. 중국문명의 발견에 의해 이런 일이 이루어지는데, 중국문명에 나타난 점들을 무기로 하여 우선 기독교신조의 근본을 공격하면서 근세 유럽에서 보편적인 자유사상이 대단히 모험적인 진출을 도모할 수 있었던 것이다.

물론 이에 관해서는, 르네상스 이래 그리스 고대문화가 수도원으로부터 속세로 흘러나오기 시작한 것을 기화로 해서, 다양한 지리적 발견 및 근동 각국과의 빈번한 교섭 등 다양한 사정에도 강하게 자극받아 특히 법학과 물리학에 있어서 고대 그리스의 보편적 합리정신이 게르만인의 자손인 근대 유럽 각국의 국민에 의해 부활하게 되었고, 이러한 합리적 정신과 기독교신조 사이에 자리 잡고 있는 감출 수 없는 "모순", 아마도 피하기 어려운 충돌을 예감하고 당시 유럽 사람들의 마음에 뭔지 모르게 편안치 않은 점이 있었다는 점도 간과해서는 안 된다. 이러한 우중충한 분위기 속에서 유구한 중국문명의 경탄할 만한 여러 가지 모습이 유럽에 널리 알려졌고, 그것이 유럽인의 자유사상과 결합하여 낮게 드리워진 기독교의 어두운 구름을 대체로 일소하고 쾌청한 드넓은 창공을 서양사상 위에 활짝 펼쳤던 것이다.

중국문명의 발견과
유럽사상

2

중국문명의 발견과
유럽사상

16세기 이전 유럽인의 중국관

서양인의 중국에 대한 지식의 역사는 대강 3기로 나뉜다. 마르코 폴로(Marco Polo, 1254−1324) 이전에 주로 비단의 생산지로서 그 물산이나 공예에 의하여 알려져 있던 데 불과한 시기가 제1기이다.

마르코 폴로에 이르러 비로소 현지답사에 터하여 그 나라의 사정이 전해진 이후, 예수회 신부가 중국에 들어가서 이러저러한 연구를 저술하기 이전까지는 주로 여행기에 의한 지식의 시기라고 할 수 있는데, 이것이 제2기이다. 그 시기에는 여행가의 견문에 닿은 한도 내의 사물은 꽤 정밀하게 소개되었지만, 한문을 이해하는 자들이 아니었기 때문에 정신문명의 방면은 완전히 소홀했었다.

풍부한 교양과 왕성한 탐구정신을 특징으로 하는 예수회 신부가 중국에 파견되는 시기가 되자, 점차 중국문명이 전체적이고 내면적으로 유럽인에게 이해되기 시작하였고, 서양에서 중국학(Sinology)의 기초가 이때에 구축되었다고 말할 수 있다. 이것이 제3기이다.

여기에서 주의해야 할 점은, 이상의 어떤 시기에 있어서도 중국이 야만·미개의 나라가 아니라 오히려 첨단의 문명국으로서, 비교하기는 곤란하지만 적어도 어떤 부분에 있어서는 유럽사회가 도저히 따라갈 수 없는 특징을 가진 문명국으로 비쳐 졌다는 것이다. 고대에는 견직물의 미묘하게 세련된 아름다움과 비단을 만드는 "매 우 정교한 솜씨"가 중국이라는 개념의 전부였고,1) 중세로부터 근세 초기에 걸쳐서 는 원대元代 초기에도 여전히 많이 남아 있던 송대 중국문명의 장대하고 수려한 외 관을 실제로 보았던 마르코 폴로의 경이적인 견문(1298년경 집필), 전적으로 이것에 의해 중국이 알려지게 되었던 것이다. 마르코 폴로의 여행기가 서양에서 중국 지식 의 발전에 가장 중대한 한 시기를 장식했던 것은 말할 것도 없지만, 이 책 가운데에 특히 독자에게 깊은 감명을 준 것은 그가 양주에 살고 있던 즈음 방문했던 원나라 황제의 행재소 임안(臨安, 지금의 항주)에 대한 생생한 묘사이다. "물 위에서 물로 둘 러 싸여 서 있는 듯한, 이 세상의 것이라고는 생각되지 않는" 맑고 화려한 도시와, 그 가운데를 가로질러 사방으로 나 있는 "광활한 운하와 도로"와 그곳에서 "왕이나 왕비처럼 생활하며 사는 공인工人 및 그 부인"과 서호西湖의 맑은 물에 비친 "사람들 이 상상할 수 있는 한 가장 화려하면서도 깨끗하고 산뜻한 궁궐과 저택"과 "세계의 어떤 궁전보다도 광대한 고궁"과 "지구상 어느 곳의 정원보다도 곱고 아름다워서 즐겁고 기분이 좋은 정원"과 "후궁後宮에서 1천 명의 비첩과 늘 놀며 즐기고 있었 던" 한가롭고 호사스러운 송나라 탁종(度宗, 재위 1264–1274)의 생활 등등 모든 것 들이 마치 현장에서 눈으로 보는 것처럼 묘사되어 있다. 『임안지臨安志』 같은 지리 지와의 비교연구는 별도로 하더라도, 어쨌든 그것을 읽으면 적어도 물질적으로는 중국을 세계 제일의 문명국으로 자연히 생각하게 된다는 것이다. 이러한 중국관은 결코 마르코 폴로만의 독특한 것이 아니다. 예를 들면, 이미 그 이전 1247년에 카라 코룸(Karakorum)을 다녀온 도미니크회 신부 카르피니(Plano di Carpini, 1182–1252) 는 중국인을 평해서, "세계 어떠한 나라에도 그들보다 더 우수한 기술자는 없다"고 감탄하였고,2) 또 그 뒤로 1303년에[역주31] 『동방역사 정화』(*Les fleurs des hystoires de la terre orient*)를 쓴 아르메니아의 왕 헤토움 2세(Hethoum II, 1266–1307)는 "카타

---

31 이 시기 아르메니아는 원나라의 속국이었다.

이 왕국(중국)은 세계에서 가장 부귀한 나라라고 여겨진다. … 이 나라 사람들은 신앙이나 정신적으로는 아주 단순하지만, 물질적인 제작에 대해서는 어떤 사람도 미칠 수 없는 정교한 솜씨를 갖고 있고, … 실제 이 나라로부터 엄청나게 많은 종류의 불가사의하고 놀랄 만한 물품들이 들어오고 있는데, 그들은 세계에서 공예제작에 가장 탁월한 사람들이라고 생각된다"고 기록하고 있다.3) 1318년부터 1330년에 걸쳐서 아시아를 여행하던 중에 북경에서 3년을 보냈던 프란시스코회 신부 오도릭(Odoric de Pordenone, 1286－1331)의 『동방기행』(*The Eastern Parts of the World Described*)에도 같은 식의 찬탄조 기록이 있고, 14세기에 콜롬보의 사제로 있던 주르댕 카탈라니(Jourdain Catalani de Sévérac)도 그의 저서 『놀라운 기록』(*Mirabilia Descripta*)에서 "중국에는 뚤루즈(Toulouse)보다 더 장대한 도회지가 200개 이상 있다"는[역주32] 것에 탄복하고 있다.4) 리에쥬의 한 의사의 편찬으로 추정되는 유명한 『만데빌 여행기』(*Mandevill, Le Livre des Merveilles*, 불어 제1판, 1480)에도 "정묘精妙와 교지巧智에 있어서는 중국인이 가장 앞선다"는 요지가 서술되어 있다.5) 스페인 출신 예수회 신부 곤잘레스 멘도사(Gonzalez de Mendoça, 1545－1618)의 『중화대왕국지中華大王國誌』(1585년 초판, 1588년 영역,[역주33] 1589년 불역)는 당시 꽤 폭넓게 읽혀졌던 책으로, 몽테뉴(Michel Eyquem de Montaigne, 1533－1592)의 『수상록』(*Essais*) 등에도 인용되어 있는데, 여기에도 직물, 도자기, 그 외 모든 중국 공예품의 경탄할 만한 정치精緻함이 상세하게 기재되어 있다.6)

이런 식으로 여행가 내지 기행문의 편집자는 전적으로 중국문명을 물질문명에 탁월한 나라로 소개했지만, 예수회 신부의 연구에서는 정신문화에 있어서도 중국이 매우 우월하다는 점이 힘써 강조되어 있다. 그것에 대해서는 뒤에서 간단히 서술할 것인데, 어쨌든 처음부터 줄곧 중국을 모든 점에서 뛰어난 문명국으로 여겨왔다는 것은 매우 두드러진 사실이다.

---

32 I have heard that that emperor hath two hundred cities under him greater than Toulouse; and I certainly believe them to have more inhabitants.(1863년 영역판, p.47).

33 1588년 런던에서 간행된 파크(Robert Parke)의 영역판 제목: *The historie of the great and mightie kingdome of China, and the situation thereof : Togither with the great riches, huge citties, politike gouernement, and rare inuentions in the same.*

MIRABILIA DESCRIPTA.

THE

WONDERS OF THE EAST,

BY

FRIAR JORDANUS,

OF THE ORDER OF PREACHERS AND BISHOP OF COLUMBUM
IN INDIA THE GREATER,

(CIRCA 1330).

TRANSLATED FROM THE LATIN ORIGINAL,
AS PUBLISHED AT PARIS IN 1839, IN THE RECUEIL DE VOYAGES
ET DE MÉMOIRES, OF THE SOCIETY OF GEOGRAPHY,

WITH THE ADDITION OF A COMMENTARY,

BY

COLONEL HENRY YULE, C.B., F.R.G.S.,

LATE OF THE ROYAL ENGINEERS (BENGAL).

LONDON:
PRINTED FOR THE HAKLUYT SOCIETY.
M.DCCC.LXIII.

▲ 그림 1 『경이로운 기록』(영역본, 1863)

▲ 그림 2 『중화대왕국지』(초판, 1585)

여기에서 또 생각해봐야 할 것은, 동양의 노장사상 같은 데에 극히 강하게 나타나 있는 문명부정의 경향은 어느 수준까지 도달한 문명의 필연적 부산물로서 서양에도 예로부터 미약하게나마 존재하고 있었다는 점이다. 고대에 있어서는, 예를 들면 타키투스(Tacitus, 56 – 120)의 『게르마니아』(Germania) 같은 것 안에서 그것을 확실하게 알 수 있는데,7) 후대로 내려와서는 방금 인용한 『만데빌 여행기』에도 열대지방에서 알몸으로 살아가는 식인종 남녀를 빌어서 문명을 비웃는 부분이 있다.8) 그로부터 근세 초엽에 신대륙이 발견되어 아메리카 인디언이나 남미 원주민의 토속적인 풍속이 일반에게 알려지게 되자, 이러한 원시동경의 경향이 또한 급속히 힘을 얻게 된 것이다. 아메리카에 관한 고전문학에 전체적으로 반사회적 주장이 강하게

계몽사상가들의 눈에 비친 유교문명

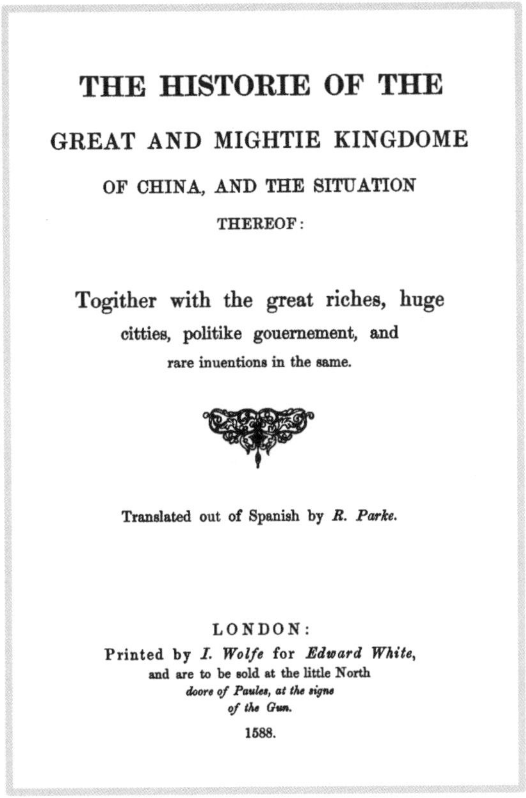

THE HISTORIE OF THE

GREAT AND MIGHTIE KINGDOME

OF CHINA, AND THE SITUATION

THEREOF:

Togither with the great riches, huge

citties, politike gouernement, and

rare inuentions in the same.

Translated out of Spanish by *R. Parke*.

LONDON:

Printed by *I. Wolfe* for *Edward White*,

and are to be sold at the little North

doore of Paules, at the signe

of the Gun.

1588.

▲ 그림 3 『중화대왕국지』(영역본, 1588)

나타나 있는 것은 두드러진 사실인데,9) 이렇게 발달해 간 문명부정론은 몽테뉴『수
상록』의 유명한 「식인종에 대하여」(Of Cannibals)장이나 「마차에 대하여」(Of Coaches)
장의 글을 거쳐, 마침내 루소(Jean−Jacques Rousseau, 1712−1778)의 사상에 도달한
것이다. 그러나 이런 문명기피 조류에 대항하여, 적극적으로 문명을 긍정하고 문명
의 발전을 신뢰하는 일파의 주장이 당연히 강조되어 갔고, 이에 문명에 대한 가부可否
를 열띠게 논의하게 되었던 것이다. 1749년에 디종 아카데미가 "학문 및 예술의 진
보가 풍속의 정화에 기여했는가, 아니면 그것의 타락을 도왔는가?"라는 현상논문 과
제를 내건 것은 당시의 사회가 이 논의에 대해서 비상한 관심을 가지고 있었다는
것을 잘 보여주고 있다. 루소는 이 과제를 신문에서 본 순간 갑자기 깨달은 바가 있

어서, 그때 그의 전 생애의 방향이 결정되어 버렸다고 술회하고 있다.10)^{역주34}

문명부정파든 문명긍정파든 모두 한결같이, 야만을 대표하는 아메리카와 대비되는 표본적 문명국의 가장 유력한 예증으로 항상 중국을 인용하고 있었던 것이다. 일반적으로, 식인종이라고 말하면 대표적인 미개인을, 중국인이라고 하면 문명인을 상상하는 것이 보통이었다. 예를 들면, 데카르트(René Descartes, 1596－1650)의 『방법서설』(*Discourse on the method of rightly conducting the reason, and seeking truth in the sciences*) 제2부에도 "중국인 아니면 미개인"(among the Chinese or with savages)이라고 나란히 열거되어 양극단의 의미로 사용되고 있다. 문명의 혜택을 구가하는 사상가들은 중국을 그들의 이상국가로 삼아 나라를 진보시켜 문명에 의한 평화롭고 행복한 생활을 서구사회 개량의 목표로 삼지 않으면 안 된다고 생각하였다. 반면에, 식인종 등 미개인의 단순한 생활로 돌아가는 것이 사회개선의 유일한 길이라고 믿는 사람들은 중국을 문명으로 인해 부패하고 타락한 위선적 국가의 대표적인 표본에 지나지 않는다고 보았던 것이다. 18세기 사상가 중 혹자의 중국예찬, 혹자의 중국비방은 실은 주로 문명에 대한 그들의 태도에서 유래하는 것이었다. 이런 사실에 입각해서 생각한다면, 왜 라이프니츠나 볼테르가 중국에 극단적으로 심취했었는지,^{역주35} 또한 왜 루소나 디드로가 중국에 대해서 오히려 악의적인 비평의 입장을 취했는지를 아주 쉽게 이해할 수 있다. 몽테스키외는 야만의 찬미자라고는 할 수 없지만, 문명의 진보나 발전보다는 오히려 거꾸로 고대 내지는 중세로 복귀함으로써 사회를 개선하려는 생각을 품고 있었기 때문에, 자연히 진보론자들이 동경하는 중국에 대해서 열의를 갖지 않았던 것이다.^{역주36}

그러나 중국이 대단히 발달한 문명을 갖고 있었다는 점은 이상과 같은 여러 인물의 중국에 대한 동경과 반감의 원인이 되었을 뿐만 아니라, 나아가 한층 더 깊은

---

34 루소가 『고백록』에 적은 정확한 표현은 다음과 같다: "그 글을 읽은 순간, 나는 다른 세상을 보았고 나는 다른 사람이 되었다."(A l'instant de cette lecture, je vis un autre univers et je devins un autre homme.)
Sand, G.(ed.)(1841). *Les Confessions de J.－J. Rousseau*(Nouvelle Edition, Paris), Partie Ⅱ, Livre Ⅷ.(1749), p.361.
35 이 책의 3장 1절 라이프니츠, 2절 볼테르 참조.
36 이 책의 3장 4절 중국을 비방한 사상가 참조.

근본적인 변혁을 유럽의 사상계에 초래했던 것이다. 극동문명에 대한 인식과 아메리카의 발견이 근세 서양사상에 미친 영향은 지금까지 하나같이 호기심 어린 눈으로 가볍게 파악되어 왔지만,^{역주37} 연구가 진행됨에 따라서 의외로 심각한 영향력을 발휘했다는 사실이 점차 명백해질 것이라고 생각한다.11) 게다가 아메리카의 미개인은 단순히 문명에 대한 원론적인 항의의 구실을 제공한 데 그치지만, 중국문명은 서양문명과 전혀 다른 기초 위에 서 있으면서도 어떤 점에서는 서양문명보다도 우월한 문명으로서 서양문명의 맹목적 자부심에 대한 통렬한 비판이 되어, 서양문명을 지배하는 관념의 틀을 근저로부터 뒤흔들어 가만히 놔두지 않았다. 이런 일은 중국문명의 우월함이 외형적으로 얼마간 알려지기 시작한 때부터 이미 막연하게 예상되었던 것인데, 몽테뉴는 앞에서 말한 『수상록』의 「마차에 대해서」라는 장에서, "서양의 기적적인 발명이라고 믿어지고 있는 것이 천 년도 더 전에 이미 중국에 있었다는 것 등을 생각하면, 당시에 지극히 일부 지역에 국한되었던 편파적인 세계인식 위에 성립한 사상이나 도덕이 결코 확고부동할 수 없다는 의미를 갖는다"는 사실을 말하고 있다. (유럽의 사상이나 도덕이 결코 확고부동하지 않다는) 이런 예상은 18세기에 이르러 완전하게 실현되었는데, 그때 중국의 정신문명을 상세히 연구하고 소개하여 서양의 종교나 사상을 재음미할 필요성을 제기하는 동시에 그것을 위한 풍부한 자료를 제공한 것은 바로 중국 주재의 예수회 신부들이었다. 그래서 18세기의 유럽사상에 미친 중국의 영향을 고려할 때에는 우선적으로 그들이 성취한 업적의 일반을 반드시 알아 두지 않으면 안 되는데, 이에 대해서는 이미 여러 학자의 연구가 있다.12) 그러므로 여기에서는 단지 예수회 신부들의 연구가 어떠한 사정에 의하여 중국문명의 어떠한 방면을 고의로 은폐하거나 간과했는지, 즉 예수회 신부들에 의해 어떠한 취사선택을 거쳐 중국이 소개되었는지에 대해서만 말해 두고자 한다. 이 점은 당시의 서양사상에 중국의 영향이 나타나는 방식을 이해하는 데에 가장 우선적으로 중요한 것이다.

---

37 고바야시의 이 책이 출판된 지 80년이 되어가지만, 지금도 여전히 이 수준을 크게 벗어나지 못하고 있다. 자료를 발굴하고 정리하는 작업은 어느 정도 이루어졌지만, 이 책에 제시되어 있는 내용을 능가하는 관점도 문제의식도 접하기 어려운 실정이다.

예수회의 중국포교와 예전禮典논쟁

예수회 신부들의 취사선택 문제에 대해서 먼저 고려해야 할 것은 이른바 예전禮典논쟁(rites controversy), 즉 중국인이 지내는 제사의 성격에 대하여 기독교 각 종파 사이에 일어난 뜨거운 논쟁이 예수회 신부들이 중국을 소개하는 데에 강하게 반영되어 있었다는 것이다. 즉, 이 논쟁을 자파에게 유리하게 이끌기 위해서 그들은 자기들이 발표하는 중국관을 심하게 가감하였던 것인데, 본래 예수회가 중국을 소개하는 저술을 왕성하게 간행한 것도 한편으로는 바로 이러한 목적이 있었기 때문이다. 그러므로 중국이 18세기의 프랑스에 어떻게 전해졌는지를 알려면, 먼저 예전논쟁의 성격을 알아두지 않으면 안 된다. 모든 종교적인 논쟁에 공통적인 특징으로서 이 문제도 역시 자못 열광적으로 논의되었기 때문에, 지금까지도 역시 쓸데없는 오해가 예전 논쟁에 뒤엉켜 있다는 안타까움이 있다. 그래서 예전논쟁 문제를 살펴보고 이에 얽혀서 나타난 그들의 중국연구의 특수한 방향을 지적하기 전에, 예수회의 종교적 태도와 경향을 잠깐 서술하여 이런저런 오해나 의혹이 비롯되고 불거진 정황을 명확히 해 두고 싶다.13)

무릇 종교에는 전연 성질을 달리 하는 두 종류가 있다고 생각한다. 그 하나는 특수한 신비적 감정의 발로나 소망으로서의 종교인데, 이는 이성의 요구를 물리치고 또 본질상 문명부정적인 경향을 다분히 가지고 있다. 또다른 하나는 보편적인 사상으로서의 종교인데, 이는 이성적·철학적이고 또한 항상 문명의 진보에 순응해 가는 특성을 지니고 있다. 그런데 동일한 종교 안에서도 역시 이 두 가지 경향이 조금씩 대립하고 있으며, 근세 기독교 교단 가운데에서 예수회는 가능한 한 후자의 경향을 강조했다. 즉, 중세로부터 근세에 걸쳐서 사회 및 문명의 예사롭지 않은 발전에 순응하려 하고, 나아가서는 오히려 그것을 인도하기 위해 기독교를 근본적으로 변경하는 동시에, 이렇게 새로 단장된 기독교로써 교황의 권위 아래에 다수 국가를 포섭하는 새로운 사회를 주재해 가려는 것이 예수회 제1의 목적이었다. 그래서 이 수도회는 매우 활동적이고 적극적인 「진격교단」으로서 조직되었던 것인데, 예수회가 그 진격의 무기로서 채용한 것은 르네상스 이래 비약적인 발전을 이룬 여러 방면에 있어서의 학문적 지식이었다. 즉, 예수회가 운영하는 매우 우수한 각 학교에서 기독교도인 지배계층 및 지식계층에게 학문적 지식을 가르치는 것으로써 기

계몽사상가들의 눈에 비친 유교문명

독교에 의해 유럽 나아가서는 세계의 정신적 통일을 실현하려는 데에 그 궁극적인 이상을 두고 있었던 것이다. 그래서 진보적·학문적이라는 점이 예수회의 첫 번째 특징이라고 생각할 수 있는데, 이러한 특징에서부터 예수회의 유명한 의의신학疑義 神學과 몰리니즘(molinism)이 생겨났던 것이다.[14) 이 의의신학은 개연적 도덕의 기초가 되는 것인데, 이 개연적 도덕에 의하면, 예컨대 종전에 기독교도에게 허용되지 않았던 돈을 빌려주고 이자를 받는 것도 허용하게 된다. 몰리니즘은 스페인 출신 예수회 신부 몰리나(Luis Molina, 1535-1600)가 제창한 것인데, 이에 터하면, "충분한 성총聖寵" 바꿔 말해서 "기도의 성총"이라는 것은 신으로부터 모든 사람에게 예외 없이 주어진 것인데, 이 성총은 사람에게 모종의 선행을 하도록 하고 기도를 하게 하는 "충분한" 힘을 가지고 있다. 그런데 기도를 하면 "성성成聖의 성총"을 입고 영혼을 구할 수 있기 때문에, 비록 예수 이전의 이교도나 아주 먼 곳의 우상숭배자라고 해도 선행을 한 사람들은 모두 "보이지 않는 교회"에 포섭된 것이다. 즉, 공자나 소크라테스가 지옥에 떨어져 고통 받고 있다는 것 같은 생각은 하지 않아도 되는 것이다.

방금 서술한 것처럼, 예수회는 프란시스코회나 도미니크회와 같은 탁발승·수도사의 단체가 아니라, 고전문학과 "과학의 최신 진보"를 환하게 알고 있는 학승의 결사이며, 게다가 소박하고 가난한 원시적 생활에 집착하기보다는 어디까지나 시세나 환경과 그때의 편의에 순응해 가는 주의였기 때문에, 예수회 신부들은 중국에 가면 신부 복장을 벗어 버리고 순전히 문인 또는 관원 생활을 하였다. 그 풍부한 학식과 교묘한 기예로 중국의 지배계층으로부터 존경과 사랑을 듬뿍 받고, 나아가 기독교에 대해서 진정한 존경의 념念을 그들에게도 일으키게 하는 데 이르러, 이로써 유력한 신자들을 많이 획득할 수 있었던 것이다. 더욱이 중국인이 소화하기 쉽도록 하기 위해서 유럽기독교의 계율을 다소 자유롭게 해석하려고 했다는 면이 없지 않은데, 환경에 따라 변통함으로써 막히지 않게 하는 것은 본래 예수회가 주의主義로 하는 점이고, 또 깊은 고전적 교양을 소유한 학자로서 유교와 기독교에서 공통적인 보편적 인간성의 근저를 발견하는 데에 그들은 하등의 곤란을 느끼지 않았던 것이다. 또한 본래 학자였기 때문에 독창적인 중국문명에 대해서 즉각적으로 강한 흥미와 탐구심이 일어나, 먼저 언어를 습득하여 고전을 독해하는 데에서부터 시작하는 학문적인 방법으로써 본격적으로 연구에 착수했던 것이다. 그래서 요즈음도 행해지고 있는 연구법으로서, 그들에 의해 창시된 것이 실로 적지 않다. 예를 들면, 일식·월식 등의 기록으로부터 고대의 천문지식을 미루어 아는 것은 그 중 두드러진 것이다.15)

예수회 신부는 본래 학자이고 또 진보적 적응주의자였기 때문에, 곧잘 중국의 문인계층과 더불어 생활하며 비교적 효과적으로 포교할 수 있었을 뿐만 아니라, 학문적 방법으로 중국문명을 깊이 연구·소개하는 일이 가능했던 것이다. 이에 반해서 프란시스코회나 도미니크회의 수도승들은 중국에서도 특유의 가난한 생활을 계속하고, 문자 그대로의 기독교 규칙을 끝까지 밀고 나아가, 풍속·관습이 근본적으로 서로 다르다는 점을 무시하여 기독교 규율을 억지로 강요하려 했기 때문에 중국인들로부터 강한 반감을 샀다. 더욱이 무식하다고 멸시당하여 중국의 지배세력인 문인계층에 접근하는 것조차 불가능했다. 또한 깊은 교양으로부터 생겨나는 마음의 여유를 결여하고 있었기 때문에, 중국문명의 독창성에 마음이 끌리는 일도 없었고 그것을 연구하려는 의향도 없었던 것이다. 그래서 한편으로는 예수회 신부의 성공을 시기하는 심정에서, 또 한편으로는 예수회의 타협적인 태도로 인해 생길 수 있는 기독교의 위기를 미연에 방지하려는 고려에서, 예수회의 일을 방해하려는 목적 아래 예수회 신부의 포교방법에는 기독교의 순수성을 더럽히는 면이 있다고 떠들기 시작했다. 예전禮典문제는 이렇게 해서 발생한 것이다.

예전문제라는 것은 기독교를 외방에 전도하는 과정에서 늘 일어날 수 있거나 일으킬 수 있는 문제로서, 이미 로베르토(Roberto de Nobili, 1577-1656) 신부가 인도에서 포교 상의 편의 때문에 브라만 생활을 했을 때 서남부 해안지방인 말라바르(Malabar)에서 예전문제가 야기되었던 적이 있다. 간단히 말해서, 그것은 포교하려는 대상지역의 고유한 풍속이나 예전禮典을 인정하고 받아들이느냐 마느냐의 문제인데,16) 중국에서는 주로 조상에 대한 제사, 공자를 공경하여 받드는 예禮(춘추석전대제), 기독교의 신에 부여할 만한 중국 이름(한자 명칭) 등의 세 가지 점에 관해서 논의되었던 것이다. 순응과 융통무애融通無礙를 특색으로 하는 예수회 신부는 중국의 기독교도가 조상이나 공자를 예배하는 것을 묵인하여 제지하지 않았고, 또한 예로부터 중국에 있는 "천天" 또는 "상제上帝"라는 말을 기독교의 신을 가리키는 것으로 삼고 있었기 때문에, 그들의 전도사업은 적어도 이 점에 있어서 다른 수도회가 타개할 수 없었던 난관을 뚫을 수 있었을 뿐만 아니라, 나아가 "서양의 종교는 유교를 보완하고 불교에 대신할 만한" 것이라는 견지에서 중국인의 마음에도 수용될 수 있

계몽사상가들의 눈에 비친 유교문명

는 것이었다.^{역주38} 그래서 명대明代에 예수회의 신부 마테오 리치(Matteo Ricci, 1552-
1610, 利瑪竇)에 의해 남경의 태복소경진사太僕少卿進士 이지조(李之藻, 1564-1630, Léon),
소경조진사小京兆進士 양정균(楊廷筠, 1557-1627, Michel), 문연각 대학사진사大學士進
士 서광계(徐光啓, 1652-1633, Paul) 등의 명사들이 기독교에 귀의하였고, 청대淸代에
는 강희 8년(1669)에 기독교가 금지되었지만, 궁정에서 예수회 신부들이 기술적 지
식을 발휘하여 봉사한 것과 중국의 풍속에 거스르지 않는 평화적 태도 등에 보답하
여 강희 31년(1692)에는 이 금지를 푸는 유음諭音이 내려지기에 이르렀다. 그런데
이미 그 이전부터 프란시스코회 및 도미니크회 신부들은 예수회 신부들이 취한 이
런 순응적 태도에 관해서, 첫째로 조상과 공자에 대한 예배가 우상숭배와 다름없다
는 것, 둘째로 "천" 및 "상제"라는 말이 기독교의 신을 지칭하기에 적합지 않다는
것 등을 교황에게 지적하며 예수회를 무너뜨리려고 여러 가지 책동을 계속했던 것
이다. 그러나 이 동안의 사정과 이 문제의 추이에 대해서는 본래 여기에 서술할 만
한 것이 아니다.

다만 덧붙여 말해 두고 싶은 것은, 이들의 의논이 처음에는 포교하는 수단의 가부
可否에 국한되어 있었지만, 1687년에 예수회가 『중국의 철학자 공자』(*Confucius Sinarum
philosophus*)를 출판하자,17) 이제 논쟁은 바야흐로 역사적이고 언어학적인 문제의
성격을 띠게 되었기 때문에, 중국의 예전에 관한 이 문제는 기독교 신학의 근본을
직접적이고도 뼈저리게 건드리게 되었다는 점이다.

『중국의 철학자 공자』는 『대학』·『중용』·『논어』의 라틴어 번역으로, 예수회 신
부의 중국소개 사업 가운데에 가장 의미심장한 성과이다. 여기에는 필립 꾸쁠레
(Philippe Couplet, 1624-1692, 柏應理)의 긴 서문이 붙어 있는데, 중국인 역시 태고
부터 지금까지 계속해서 만물의 창조주인 유일신의 관념을 가지고 있고, 이 신을
숭배하고 있다는 것, 또한 상고 이래 중국에 존재하는 "천" 및 "상제"라는 명칭은
중국어에서 창공, 즉 물질적인 하늘을 가리키는 게 아니라 오히려 만물을 주재하는
최고 존재의 의미를 갖는다는 것 등이 논술되어 있다.18) 이에 따르면, 조상이나 공

---

38 이를 「보유역불론補儒易佛論」이라 칭한다. 이에 대한 국내 연구물을 소개하면 다음과 같다.
　　김기협(1993). 「마테오 리치의 中國觀과 補儒易佛論」. 연세대학교 박사학위논문.

▲ 그림 4 　마테오 리치와 서광계, 『중국도설』(1667)

자에 대한 숭배는 결코 종교가 아니고 단순히 도덕적인 의례에 불과하다는 결론이 역사적 연구의 결과로서 나타났기 때문에, 예수회가 그것을 단순한 의례로서 묵인하여 중국에서 포교하는 태도에 하나의 이론적 근거가 부여되었던 것이다. 그러나 이렇게 중국인도 역시 태고부터 조물주로서의 유일신 신앙을 가지고 있었다고 한다면, 그에 따라서, "천"이나 "상제"라는 말에 대한 경학 상의 해석이 일어난 문제는 별개로 하더라도, 유대인에게만 신의 계시가 주어졌고 또 기독교인에게만 성총聖寵이 주어진다는 기독교의 근본적인 생각은 의의가 없어지게 되어, "기독교만이 유일하게 참된 종교이다"라는 기독교의 입장으로서는 사활이 걸린 주장이 성립하지 않게 되어 버린다. 그런데 처음부터 예수회를 적대시 하고 있던 쟝세니스트 또는 파리대학의 신학자들이나 외방전도회의 승려들은 중국인이 근본적으로 무신론자라는 것, 또한 하늘에 대한 제사, 조상 및 공자에 대한 숭배 등은 의례가 아니라 미신일 뿐이라는 것을 증명하는 데에 전력을 기울이기 시작했는데, 이런 궁리도 실은 기독교를 구하는 일이 되지 못했다. 왜냐하면, 만약 그들이 말하는 대로 중국인을 무신론자라고 한다면, 중국 인민이 매우 도덕적이라는 점이 예수회 신부의 설명(이 설명에는 예전문제에 대한 고려도 물론 포함되어 있었을 것이다)에 의해 당시 일반에게 인지되고 있었기 때문에, 종교를 떠난 도덕은 있을 수 없다는 기독교의 기본적 원리가 허위로 전락하지 않을 수 없게 되고, 또 기독교의 진실성을 증명하기 위해 그즈음 즐겨 사용되고 있던 "보편적 동의에 의한 논증"이 중국과 같은 가장 중요한 문명국의 사례와 상충되는 부동의에 의해 무효로 되어 버리기 때문이다.

후에 삐에르 베일(Pierre Bayle, 1647–1706)은 쟝세니스트나 소르본느 신학자의

48　　　　　　　계몽사상가들의 눈에 비친 유교문명

이러한 중국인 무신론자설을 거꾸로 이용하여 기독교를 신랄하게 공격하였고,19) 볼테르는 예수회의 연구를 철저히 이용하여 기독교를 맹렬히 다그쳤다.

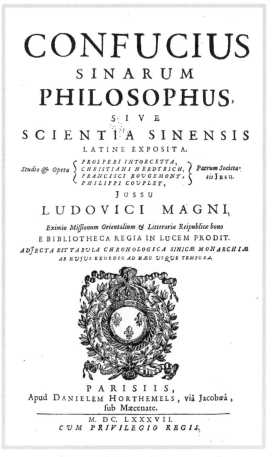

▲ 그림 5 『중국의 철학자 공자』(라틴어본, 1687)

『중국의 철학자 공자』를 계기로 해서, 예전문제가 포교수단 상의 문제로부터 신학 및 사학 상의 논쟁으로 발전하는 동시에, 어쨌든 그때까지 유럽사상계를 통제해온 기독교의 권위가 그 뿌리에서부터 흔들리기 시작했던 것이다. 그러므로 유럽인이 기독교를 벗어나 공공연하게 만물을 고찰할 수 있게 된 것은 전적으로 예수회 신부에게 발견되었던 중국문명의 후원에 의해서였다고 말해도 그다지 지나친 말이 아니다.

▲ 그림 6 『중국의 철학자 공자』에 실린 태학의 공자상

중국에 관한 예수회 신부의 저술

중국에 기독교를 포교하려고 하다가 그로 인하여 일어난 예전문제가 사상적 논쟁으로 비화한 결과, 오히려 기독교 스스로 내부붕괴의 단서를 잉태하는 중대한 위기에 직면하기에 이르렀다는 것을 앞에서 서술하였다. 여기에서 주의해야 할 것은, 이렇게 사상화 · 철학화 되고 역사문제화 되고 신학적 근본문제를 따지는 데로 비화된 예전문제에 대한 관심이 17세기 말 이후 예수회 신부의 중국연구에 강하게 반영되어 있다는 점이다.

중국에 파견된 예수회 신부들은 모두 깊은 교양을 지닌 학자로 중국문명에 대해 인간으로서나 학자로서 호기심 어린 탐구열을 다분히 가지고 있었다는 것은 의문의 여지가 없다. 그러나 그와 동시에 성직자로서 예수회 신부로서 당연히 그 연구를 신을 위해 또 포교를 위해 유용하게 쓰려고 했다. 이런 점은 그들의 중국문명에 관한 연구 · 저작이나 중국을 소개하는 저술을 읽을 때 늘 염두에 두고 있지 않으면 안 된다. 그것들은 연구인 동시에 그 이상으로 포교를 위한 선전이었고, 그 목적에 알맞게 하기 위해서는 언제라도 첨삭된 그런 것이었다. 그런데 예전문제가 역사적 · 철학적으로 기독교의 근본을 건드리고, 이어서 예수회의 존립마저 직접적으로 위협하게 되자, 이 문제에 대한 고려가 예수회의 중국에 관한 출판을 좌우하는 지침이 되기에 이르렀다. 그래서 당시 예수회 신부가 자주 간행했던 중국소개서는 모두 얼핏 보기에 아주 공평한 겉모습을 갖추고 있지만, 그 내용을 자세히 검토해 보면 거기에는 항상 예수회가 중국에서 포교하는 태도와 방식을 이론적 · 역사적으로 정당화하기 위한 세심한 주의가 기울여지고 있다는 것을 깨달을 수 있고, 어떤 방향으로 주의를 기울이고 있었는지 알면 당시 중국의 어떤 방면이 프랑스에 자세히 전해지고, 다른 어떤 방면이 조직적으로 은폐되었는지 저절로 이해할 수 있다. 즉, 당시 중국에 대한 시각의 특징과 결함을 명확히 할 수 있는 것이다. 그러므로 이제 예전문제의 진전에 따라서 예수회가 그것에 대한 변호 또는 공격의 기도를 다분히 품고서 어떠한 중국연구서를 계속해서 출판해 갔는지, 또 예전문제에 대한 관심으로 인해 그 출판물의 내용에 어떠한 조치가 가해졌는지 등을 간단히 살펴보기로 하자.

우선 첫째로 지적되지 않으면 안 될 것은, 중국에 살았던 예수회 신부의 연구 중 출판된 것은 극히 일부에 지나지 않는다는 사실이고, 학자라고는 해도 역시 그들은 근본적으로 열성적인 전도사였기 때문에, 포교사업에 유용할 것 같은 계기가 없다면 구태여 원고를 출판하려고 하지 않았다는 점이다. 성직자가 아닌 순수 학자인 니콜라스 프레레(Nicolas Fréret, 1688－1749) 등은 이를 안타깝게 생각했다. 그는 레지스(Le P. Regis, 1663－1738, 雷孝思) 신부에게 보낸 편지에서 출판하는 쪽이 결국 포교를 위해서도 좋지 않겠느냐고 권고하고 있고, 또 논문인쇄의 편의를 위해서 고빌(Le P. Gaubil, 1689－1759, 宋君榮) 신부를 프랑스 아카데미의 명예통신회원으로 추천하려고 하다가 그로부터 거절당하기도 했다.20) 그런데 레지스 신부의 「경학연구서론」이나21) 비들루(Le P. Visdelou, 1656－1737, 劉應) 신부의 「(불역)서경」이나 고빌 신부의 「기원전 613년부터 기원후 1539년에 이르는 사이에 중국에 나타난 혜성의 목록」22) 및 「중국에서 관측된 28수와 항성계에 관한 천문학적 연구」,23) 프레마르(Le P. de Prémare, 1666－1736, 馬若瑟) 신부의 「중국의 무신론」24) 등 결국 간행되지 않고 말았던 것도 많다. 또한 세상에 나온 것들 중에도 고빌 신부의 『(불역)서경』(1770) 및 『중국연대고』(*Traité de la chronologie chinoise*, 1814),25) 라 샤르메(Le P. La Charme, 1695－1767, 孫璋) 신부의 『(라틴역)서경』(1830), 레지스 신부의 『(라틴역)역경』(1834), 『통감강목』의 불역본인 드 마이아(Le P. de Mailla, 1669－1748, 馮秉正) 신부의 『중국통사』(*Histoire général de la Chine*, 1777－1783),26) 비들루 신부의 『타타르역사』(*Histoire de la Tartarie*, 1779)27) 등 원고가 나온 때부터 3·40년 이상 또는 100년가량 지나서야 출판된 것이 적지 않았던 것이다.

　이런 서적 이외에 예수회 신부가 개인적으로 프레레, 푸르몽(Etienne Fourmont, 1683－1745), 드 메랑(de Mairan) 등의 학자에게 연구물 성격을 띤 서한을 보낸 것도 아주 많아서28) 그 일부가 지금도 여전히 파리천문대 및 프랑스 해군성 수로측량부 등에 보존되어 있는데,29) 물론 이것들도 아직 세상에 나오지 않았다. 이러한 사정으로 중국 주재 예수회 신부의 연구들 중에서 간행된 것, 특히 탈고한 당시에 출판된 것은 극히 소수에 지나지 않았던 것이다. 그 출판의 사정이나 저작의 내용을 고찰해 보면, 인쇄되어 출판된 것은 거의 예전문제를 예수회에 유리하게 이끄는 구실을 포함하고 있었던 것이 확실하다. 그래서 예전문제에 대한 예수회의 주장에 대해서 나쁜 영향을 미칠 듯한 연구, 예를 들면 프레마르 신부의 「중국의 무신론」 같은 것은 당연히 발표되지 않았던 것이다.

LE CHOU-KING,

UN DES LIVRES SACRÉS

DES CHINOIS,

Qui renferme les Fondements de leur ancienne Histoire , les Principes
de leur Gouvernement & de leur Morale ;

OUVRAGE RECUEILLI PAR CONFUCIUS.

Traduit & enrichi de Notes , par Feu le P. Gaubil , Missionnaire à la Chine.

Revu & corrigé sur le Texte Chinois , accompagné de nouvelles Notes , de Planches gravées en
Taille-douce & d'Additions tirées des Historiens Originaux , dans lesquelles on donne
l'Histoire des Princes omis dans le Chou-king.

PAR M. DE GUIGNES,

Professeur de la Langue Syriaque au College Royal de France , de l'Académie
Royale des Inscriptions & Belles-Lettres , Interprete du Roi pour les Langues
Orientales , Garde de la Salle des Antiques du Louvre , Censeur Royal , &
Membre des Sociétés Royales de Londres & de Gottingue.

On y a joint un Discours Préliminaire , qui contient des Recherches sur les tems antérieurs à ceux
dont parle le Chou-king , & une Notice de l'Y-king , autre Livre Sacré des Chinois.

A PARIS,

Chez N. M. Tilliard , Libraire , Quai des Augustins , à S. Benoît.

M. DCC. LXX.
AVEC APPROBATION , ET PRIVILEGE DU ROI.

▲ 그림 7 『(불역)서경』(1770)

▼ 그림 8 『통감강목』의 불역본인 『중국통사』(권1, 1777)

HISTOIRE

GÉNÉRALE

DE LA CHINE,

OU

ANNALES DE CET EMPIRE;

TRADUITES DU TONG-KIEN-KANG-MOU,

Par le feu Père Joseph-Anne-Marie de Moyriac de Mailla ,
Jésuite François , Missionnaire à Pékin :

Publiées par M. l'Abbé GROSIER,

Et dirigées par M. le Roux des Hautesrayes ,
Conseiller-Lecteur du Roi , Professeur d'Arabe au Collège Royal
de France , Interprete de Sa Majesté pour les Langues Orientales.

Ouvrage enrichi de Figures & de nouvelles Cartes Géographiques de la Chine ancienne
& moderne , levées par ordre du feu Empereur KANG-HI , & gravées pour la
première fois.

TOME PREMIER.

A PARIS,

Chez { Ph.-D. PIERRES , Imprimeur du Grand-Conseil du Roi , & du
Collége Royal de France , rue Saint-Jacques.
CLOUSIER , Imprimeur-Libraire , rue Saint-Jacques.

M. DCC. LXXVII.
AVEC APPROBATION , ET PRIVILÉGE DU ROI.

다음으로 주의하지 않으면 안 될 것은,『중국의 철학자 공자』의 간행과 그 밖의 사정에 의해 예전문제가 이론적으로 비상하게 중대한 문제로 비화되기 이전에 출판된 예수회 신부의 중국에 관한 저술과 그 이후에 계속적으로 간행된 것 사이에는 그 내용상 특별하게 다른 점이 있다는 것이다. 예를 들면, 항주 성당의 마르티노 마르티니(Martino Martini, 1614 -1661, 衛匡國) 신부가 1655년에 비인에서 인가를 얻어 출판한 라틴어판『중국신지지中國新地誌』(*Novus Atlas Sinensis*)30)는 예수회 신부의 중국 소개서로서

▲ 그림 9 라틴어판『중국신지지』(1655)

중요한 최초의 것인데, 이것도 역시 마르티니 신부가 예전문제를 변호하기 위해, 즉 중국의 예전이 우상숭배가 아니라는 취지를 교황에게 설명하기 위해 로마로 귀환하는 도중에 네덜란드에서 지은 것이어서31) 이 문제와 다소 관계가 있다. 그런데 이 책에는 중국인의 우상숭배를 보여주는 삽화가 적지 않게 들어 있다. 이는 당시 예전문제가 중국의 풍속과 예전을 용인하느냐 마느냐의 문제에 국한되어 있어서, 중국종교의 역사적 해석까지 나아가지는 않았기 때문이다. 그러나 이후에 예전논쟁의 근거를 중국종교의 역사적 해석에서 구하려고 하게 됨에 따라, 중국인이 우상숭배자로 비칠 만한 그림은 예수회 신부의 저작으로부터 모습을 감추기에 이르렀던 것이다.

또한 마르티니 신부에게 수학을 가르쳤던[32] 키르허(Athanasius Kircher, 1601－1680) 신부가 1664년 로마에서 인가받아 출판한 라틴어판 『중국도설中國圖說』 (*China Illustrata*)은[역주39] 1667년에 제2판, 그 이듬해에 화란어판, 1670년에 프랑스어판으로 계속 판을 거듭하여 일반에게 널리 읽혀진 책이다.[33] 키르허 자신은 중국에 가지 않았음에도 불구하고, 마르티니를 비롯하여 미셸 보임(M. Boym, 1612－1659, 卜彌格), 필립 마랭(Ph. Marin), 죤 그뤼베(J. Gruber, 1623－1680), 앙리 로스(H. Roth) 등 실제로 동아시아를 알고 있던 신부들이 제공한 자료와 마르코 폴로, 피에르 자릭(P. Jarric), 프랑소와 자비에(François Xavier, 1506－1552, 沙勿略), 루이 프뢰스(Loïs Froës), 루이 귀스망(Loïs Gusumand) 등의 저작 내용을 풍부하게 활용하여 중국을 비롯한 극동에 대한 당시의 지식을 집대성한 것이어서, 이 책은 그 시기에 「동아시아백과사전」의 역할을 하고 있었다. 1735년 예수회의 뒤 알드(du Halde, 1674－1743) 신부의 『중화제국지』가[34] 나타나기 전까지는, 이 책으로 인하여 유럽인의 중국관이 길러지고 있었다고 할 수 있는데, 그 내용은 여섯 부분으로 이루어져 있다. 제1부에는 "대진경교유행중국비大秦景敎流行中國碑"가 당시로서는 정밀하고 상세하게 연구되어 있다. 제2부에는 고대 이래 17세기에 이르는 기독교의 동아시아 전교사에 대한 개관이 있고, 명나라의 영명왕永明王 일족의 기독교 신앙에 대해 상세하게 설명되어 있는 이외에, 중국의 의복에 관한 여담도 있어서 유럽의 부인들에게 그것의 채용을 권하고 있다. 제3부에는 제2부의 기독교 전교사에 대비해서 우상숭배 사례가 서술되어 있고, 지리·정치·광물·동식물, 특히 진기한 동물과 나무나 색다른 풀 등이 제4부에, 건축·교량·운하·실내장식 등은 제5부에, 언어는 제6부에서 다뤄지고 있다. 그런데 주의해야 할 것은 제3부의 우상숭배에 관한 기사이다. 거기에는 유교·도교·불교 세 종교와 민속신앙에 있어서 우상숭배의 여러 가지 사실이 자세하게 기술되어 있을 뿐만 아니라,[35] 바라문교나[36] 일본의 아미타 신앙과 일연종日蓮宗의 일까지 적혀 있고,[37] 그에 터해서 "이들 극히 먼 곳의 여러 나라"에서 행해지고 있는 "경멸할 만한 풍습과 혐오할 만한 제사의식"에 우상숭배의 풍조가 많다는 것과[38] 그것이 인도에서 기원한 것임을 증명하려는 거의 종교사적인 해석

---

39 이 책은 서울대학교 중앙도서관에도 소장되어 있다.

도 시도하고 있고,39) 또한 삽화로서도 공자, 석가, 노자, 관우 및 하늘·땅·물에 사는 다양한 중국의 신이 한 면에 수록되어 있다든가,40) 천수관음상이나 기타 불상에 대한 예배를 보여주는 것이 풍부하게 수록되어 있다.41) 이에 반해서, 예전문제가 악화된 이후의 예수회 간행물에서는 방금 말한 것과 같은 중국의 우상숭배를 보여주는 삽화나 서술이 거의 완전히 모습을 감추어 버린다. 예를 들면, 키르허의 『중국도설』을 뒤잇는 뒤 알드 신부의 『중화제국지』에는 그 방대한 4권을 통틀어 우상예배를 보여주는 그림이 단 하나도 수록되어 있지 않다. 유교·도교·불교 세 종교에 관한 기사는 무엇이든 도덕적·세계관적 방면 위주로 설명하고, 종교적 예배에 대해서는 되도록 언급을 회피하고 있다.42) 이러한 점으로부터 미루어 보아도 예수회가 중국을 소개한 저술의 출판에 예전문제가 미친 영향의 깊이가 어느 정도였는지 추측할 수 있다.

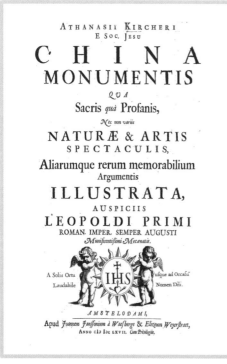

▲ 그림 10 『중국도설』(1667)

▲ 그림 11 『중국도설』(불역본, 1670)

▲ 그림 12 『중국도설』(1667)에 실린 「대진경교유행중국비大秦景教流行中國碑」

▲ 그림 13 중국의 민속신앙을 엿볼 수 있는 『중국도설』
(1667)의 삽화

▼ 그림 14 『중국도설』(1667)에 실린 천수관음상

『중국의 철학자 공자』의 서문이 예전문제에 대한 공격에 방어하는 것이라는 점은 앞에서 서술하였다. 그런데 이 책의 본문 중에도 예전문제에 대한 관심이 곳곳에 나타나 있다. 그것은 한자 원문과 그에 대한 번역문이 서로 의미가 다른 점을 대조해 보아도 분명한데, 번역문 원고가 어떻게 첨삭되어 인쇄문으로 바뀌게 되었는가를 검토해 보는 것은 한층 더 흥미로운 일이다. 다행히도 인쇄에 저본이 되었던 원고 한 묶음이 파리의 국립도서관에 현존하고 있는데,43) 거기에는 중국의 철학 및 종교에 관한 꾸쁠레 신부의 서문 일부와 『논어』의 앞부분, 『대학』, 『중용』 등이 들어있다. 이 원고를 보면, 예컨대 224쪽에 다음과 같은 문구가 있다.

　　대개 문왕은 최고의 신 곁에 있다고 말하고들 있는데, 문왕의 영혼이 결코
　　육체와 함께 없어져 버린 것이 아니라는 점은 특히 명료하기 때문에 … 44)

이는 『논어』 「자한」편의 "子畏於匡. 曰: 文王旣沒, 文不在玆乎?"와 『시경』 「대아·문왕」편의 "文王陟降, 在帝左右" 및 그에 대한 주자주 "文王旣沒 而其神在上" 및 "蓋以文王之神在天 一升一降 無時不在上帝之左右" 등의 문구를 염두에 두고, 중국 고대에 영혼불멸 사상이 있었던 것을 증명하려 했던 것인데, 원고 첨삭의 임무를 맡았던 예수회 신부는 더욱 그 의미를 철저하게 하려고 위에 인용한 글을 다음과 같이 증보하고 있다.45)

　　대개 천상의 황제 자신이 언어를 발한다고 설명되고 있고, 더욱이 다른 편에
　　서는 신앙이 독실한 문왕의 영혼이 최고의 신 좌우에 계시다고도 말하고들
　　있기 때문에, 그들이 신을 신앙하고 있던 것도 역시 영혼이 결코 육체와 함
　　께 없어지는 것은 아니라는 … 게 모두 명백하다.46)

즉, 이 증보된 문구에 있어서, 앞에서는 단지 문왕의 영혼에 대해서만 지적되고 있던 불멸의 성질을 영혼 일반의 것으로 주장하고 있고, 또한 문왕이 갑자기 신앙이 돈독한 사람으로 되고 있는 것이다.

이는 물론 중국에 고대부터 상제라는 유일신에 대한 신앙이 있었다는 것, 그것에 관련해서 영혼불멸 사상이 있었다는 것, 바꿔 말해서 근본적으로 기독교와 같은

성질의 고상하고 비미신적인 종교가 태고적부터 이 나라에 행해지고 있었다는 것을 한껏 강조하기 위해 가필되었던 것이다.47) 또 다른 예를 들면, 마찬가지로 『논어』 「자한」편의 "子曰: 鳳鳥不至, 河不出圖, 吾已矣夫!" 및 이에 대한 주자주 "河圖, 河中龍馬負圖, 伏羲時出" 등에 대한 번역도 사라지고 있는데,48) 그것은 이러한 기이한 미신이 이미 고대에 있었다고 한다면, 원시 이래 모든 미신을 몰아낸 고상한 유일신 숭배의 종교가 중국에 전해지고 있다는 예수회의 주장이 완전히 뒤집어지기 때문이다. 같은 이유로 「공자전」 중의 "禱於尼丘"49)[역주40]같은 것도 번역에서 삭제되고 있다.

이렇듯 공평한 번역인 듯 세상에 나왔다고 하는50) 『중국의 철학자 공자』라고 해도 이를 꼼꼼히 읽어 보면, 아무래도 중국 주재 예수회 신부가 중국의 종교 및 예전에 대해 타협적인 태도를 취하는 것을 사실상 근거 있는 것으로 인정하지 않으면 안 되도록 궁리되어 있다는 것이다. 그런데 문제는 이렇게 성직자들 사이의 단순한 내분이라는 정도를 넘어서, 돌연 기독교의 근본 교의敎義를 건드리며 사회일반의 매우 절실한 관심을 자극해 온 까닭에, 당연히 예수회를 적대시 하는 쪽에서도 역시 논쟁의 세력을 확장하여 그에 대항하게 되었고, 유명한 쟝세니스트인 아르노(Antoine Arnauld, 1612-1694)는 그의 저서 『예수회의 실용 도덕』 제6권과 제7권에서,51) 중국종교의 미신적 성격을 역사적으로 논증하는 입장을 채택하는 등 논의의 분규와 확대는 멈출 줄 몰라, 중국에 관한 문제 때문에 점점 기독교의 안전이 위협받는 형세가 되었다. 그래서 교황은 파리대학의 신학교수 샤를 매그로(Ch. Maigrot)를 복건성의 교황대사로 임명하여 실정을 조사하도록 하였다. 매그로는 원래 예수회의 적수인 「외방전도회」에 있으면서 일격을 가할 시기를 노리고 있었던 인물이기 때문에, 1693년에 유명한 교서를 발표하여,52) 조상 및 공자에 대한 숭배가 미신적인 제사일 뿐이라는 것, 따라서 기독교도는 춘추석전대제에 관여하거나 참석하는 것을 허락지 않는다는 것, 기독교의 신을 "천" 또는 "상제"로 호칭하지 말고 반드시 "천주"라고 불러야 한다는 것 등을 격앙된 문장으로 선언했던 것이다. 이 교서는 시기

---

40 孔子生魯昌平鄉陬邑. 其先宋人也, 日孔防叔. 防叔生伯夏, 伯夏生叔梁紇. 紇與顏氏女野合而生孔子, 禱於尼丘得孔子(『사기』 권47 「공자세가 제17」).

계몽사상가들의 눈에 비친 유교문명

를 기다려 1696년에 교황에게 상신
되고 그 결재가 신청된 터에, 예수
회는 이 문제 때문에 중국으로부터
귀환하고 있던 르 꽁트(Le Comte,
1655－1728, 李明) 신부에게 『중국현
세신지中國現勢新誌』(*Nouveaux mémoire
sur l'état présent de la Chine*, 전3권)
를 출판하도록 하여 자기의 입장을
변호하였다.53)

   이 책에는, 처음으로 강희제의
예수회 신부에 대한 파격적인 우대
나 강희제가 개종할 가능성이 높다
는 점, 예수회 포교사업의 비상한
발전 등이 서술되어 있다. 이러한
성공의 이유로서, 신에 의해 최초
의 인류에게 계시되었던 진리가 먼
저 중국에 전해진 이래 계속해서 2천

▲ **그림 15** 『중국현세신지』(권1, 1696)

년 동안 이 나라에 끊임없이 이어졌고 지금도 역시 보존되어 있다는 것, 따라서 중
국인이 기독교의 진리에 눈뜨는 데에는 오로지 중국인으로서 자각할 때가 가장 좋
다는 것, 조물주를 위해서 최초의 사원을 세웠던 것은 중국인이라는 것, 기독교와
중국의 풍속 및 역사 사이에는 하등의 모순도 존재하지 않을 뿐만 아니라, 도리어
전자가 조금 변형되어 후자로 드러난 것에 지나지 않는다는 것 등이 설명되어 있다.
역주41 따라서 이 책을 읽는 사람은 과연 중국이 태초부터 미신이나 우상숭배에 가장

---

41 이는 『중국현세신지』 제2권에 다음 두 개 장의 주요 내용을 소개한 것이다.
    「중국의 고대·근세 종교에 대해 부이용 추기경께 보내는 편지」(Lettre à Monseigneur Le Cardinal
    de Boüillon, *De la religion ancienne & moderne des chinois*).
    「기독교가 중화제국에 새로이 공식적으로 승인되었다는, 쟝송 추기경께 보내는 편지」(Lettre à
    Monseigneur Le Cardinal de Janson. *La religion chretienne nouvellement approuvée par un
    Edit public, dans tout l'Empire de la Chine*).

덜 시달린 나라라는 생각이 들고, 중국에서 기독교의 전도가 경이로울 만큼 좋은 결과를 거둘 수 있는 것도 지극히 당연하다고 수긍하게 된다. 1696년에 출판된 르 고비앙(Le Gobien) 신부의 『중국황제의 기독교해금 유음 반포 사정』에도[54] 대체로 비슷한 생각이 서술되어 있는데, 이것과 1700년 간행된 르 꽁트 신부의 『중국 예전 문제에 관해서 뒤 맨느 공작 각하께 바치는 글』[55] 및 『중국현세시지』는 여러 번의 격론에 찬 회의를 거쳐 1700년 10월 파리대학으로부터 "허위, 망령된 판단, 몰염치, 모독, … 이단" 등의 내용을 갖는 것이라고 판정받게 되었다.[56] 그러자, 예수회 측에서는 세간의 여론을 측면에서 유도하려고 1701년에 『트레부잡지』(*Mémoire de Trévoux*)를,[역주42] 이듬해에는 그 유명한 『외방 선교사들의 유익하고 진기한 서한집』 Lettres *édifiantes et curieuses écrites des missions étrangères*)을[57] 간행하기 시작했다.

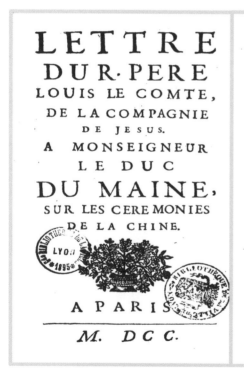

▲ 그림 16 『중국 예전문제에 관해서 뒤 맨느 공작 각하께 바치는 글』(1700)

42 이 잡지의 간행은 1757년까지 계속되었다.

계몽사상가들의 눈에 비친 유교문명

이 『트레부잡지』는 루이14세와 마담 드 몽테스판(Madame de Montespan)의 아들 뒤 맨느 공작(Duc Du Mayne)의 비호 아래, 당시 예수회의 첫째가는 투사였던 르 뗄리에(Le Tellier) 신부가 주재하여 리용(Lyon) 근방의 트레부에 있는 예수회 인쇄소에서 정기적으로 발간되었다. 이는 특히 중국에 관한 저작을 비평·소개하는 데 힘을 기울인 것으로서, 예수회의 중국학을 원조·옹호하는 역할을 맡고 있었던 것이다. 그런데 르 뗄리에 신부는 이미 1684년에 『중국, 일본 및 인도의 새로운 기독교 신자와 선교사에 대한 변호』(*Défense des nouveau chrétiens et des missionnaires de la Chine, du Japon et des Indes*)라는[58] 예전문제에 대한 걸출한 저작을 내놓은 바 있고, 후에는 루이14세의 고해성사 담당 신부로서 많은 사람들의 비평에 대상이 되었던 인물이다. 또한 1709년 이후 『외방 선교사들의 유익하고 진기한 서한집』의 편집을 담당했던 뒤 알드 신부는 사실 그의 비서나 마찬가지였다. 그런데 이 서한집의 창간 이래 1709년까지 그 일을 담당하고 있던 인물은 앞서 말한 르 고비앙 신부였기 때문에, 이후 계속된 출판의 경향도 그 대강을 살피기 어렵지 않다. 이 편지들은 중국에서 생활한 여러 학승들의 손으로 쓴 가장 직접적인 견문기로서 솔직하고 공평한 겉모습을 하고 있지만, 사실 중국으로부터 파리의 편집자에게 보내진 편지 그 자체는 제법 진실을 있는 그대로 기록한 것임에도 불구하고, 파리에서는 르 고비앙 신부나 뒤 알드 신부가 수합한 이 편지들에 이모저모 첨삭수정을 시행하여, 예전논쟁에서 자파에게 불리할 만한 부분은 전부 삭제했을 뿐만 아니라, 나아가 예전문제에 관한 예수회의 태도를 지원할 수 있는 내용을 첨가하는 데 주저하지 않았던 것이다. 또한 너무 솔직한 탓에 아예 발표되지 않은 편지도 있다.

『외방 선교사들의 유익하고 진기한 서한집』은 그 이름이 나타내는 것처럼, 갖가지 중국의 진기한 것들을 유럽인에게 소개하는 것 이외에, 예수회가 중국에서 포교하는 데에 올릴 수 있었던 좋은 성적을 놀랄 만한 것으로서 선전하는 것, 그 좋은 성적의 이유를 역사적으로 설명하는 것, 따라서 예전문제에 대한 예수회의 태도에 정당한 근거를 부여하는 동시에 예수회가 하는 일에 대해 신자들이 열성적으로 후원하는 마음을 불러일으키는 것 등을 목적으로 한 일종의 기행문 같은 종교담론을 연재한 것이었다. 따라서 이 서한집에 의해 당대의 중국의 전모가 정직하게 유럽에 전해졌다고 생각하는 것은 대단히 잘못된 것이라고 하지 않을 수 없다. 다른 어떤 나라보다도 일찍이 또 계속적으로 진정한 유일신(唯一眞神)에 대한 신앙이 전수된 나라에 어울리게 하려는 의도 아래 중국이 이상화되어, 천연의 물산이 풍부하고 현명한 정치가 이루어지고 학술·기예가 진보되고, 그래서 인민들은 모두 도덕을 실천하는 낙토로 소개되고 있었던 것이다. 게다가 이 서한집은 1702년에 그 첫 책이 간행된 이후 이듬해부터 계속적인 출판으로 이어져 1776년에 이르기까지 34집이나 나와 있는데, 아메리카나 기타 지역의 전도에 관한 부분 이외의 태반은 중국에 대한 흥미로운 서술로 채워져 있다.

이 시리즈는 『중국의 역사·학문·예술·풍속·관습에 관한 기록』(*Mémoires concernant l'histoire, les sciences, les arts, les moeurs, les usages, etc.,* des Chinois par les missionnaires le Pékin)이라는 이름으로 1776년부터 1814년까지 16권을 내놓으며

▲ 그림 17 『서한집』(제6권, 1706)

▲ 그림 18 『중국의 역사·학문·예술·풍속·관습에 관한 기록』(제1권, 1776)

계속되고 있기 때문에,59) 18세기 전 시기를 통하여 끊임없이 신선한 중국지식을 프랑스 나아가 유럽에 공급하고 있었던 것이다. 상인들의 천박하기까지 한 견문기를 제외하고는 당시에 중국문명을 직접 소개한 것이 없었기 때문에, 이 시리즈는 그 시기 중국에 대한 지식의 거의 유일한 원천으로 간주되었던 것이다. 18세기에 유럽에서 중국이 일종의 이상국가인 것처럼 생각된 데에는 사실 이러한 사정이 깔려 있었던 것이다. 예를 들어서, 볼테르가 극단적으로 중국을 찬미했던 것도, 단순히 중국을 찬양함으로써 결국은 유럽 각국을 깎아 내리려 하는 뒤통수치는 식의 의도에서만 나온 것은 아니고, 그 시대로서는 가장 신빙성 있는 확실한 자료에 의거하고 있었다는 점도 역시 다분했던 것이다.

▲ 그림 19 『중국의 역사 · 학문 · 예술 · 풍속 · 관습에 관한 기록』
(제12권, 공자의 생애)의 삽화

그러나 이 서한집은 당시의 인물인 생 시몽(Sait-Simon)의 기록에서 말하고 있는 것처럼, 잘 다듬어지기는 했어도60) 역시 서한집이었고, 중국에 관한 계통적인 지식 특히 예수회의 형편에 맞도록 조직적 지식을 제공하는 데에는 불편하였기 때문에, 그것의 편집을 담당하고 있던 뒤 알드 신부는 이 목적에 알맞도록 하기 위해 수많은 편지의 내용을 요약·정리하고, 르 꽁트 신부의 『중국현세신지』 등의 기사와 함께 순서를 잘 배열하여, 특히 아직 발표되지 않은 지리상의 풍부한 자료도 첨가하여, 1735년에 저 유명한 『중화제국지』(*Description de la Chine*)역주43 네 권을 출판하였다.

이는 그 시기에 중국지식에 대한 매우 편리하고도 유일한 총괄서로서, 『서한집』을 독파할 만큼의 열의를 갖지 않은 일반 사회인에게도 폭넓게 읽혀졌던 책인데, 첫 출판 후 수년 안에 불어·영어로 각각 3판이 나왔고 독일어와 러시아어로도 번역·출간되었다. 그 내용은, 우선 제1권의 첫 머리에 총설 및 부베(Joachim Bouvet, 16564-1730, 白晉), 퐁따니(Fontaney, 1643-1710, 洪若翰), 르 꽁트, 비들루 등 루이 14세가 파견한 프랑스인 예수회 신부가 북경으로 갈 때 중국내륙을 통과해 간 노정을 기술한 것들이 있고, 다음으로 각 성省에 대한 지리지와61) 태고 이래 당시까지의 간략한 중국편년사가 실려 있다.62) 이 지리지와 역사 및 삽입된 지도는 뒤 알드의 『중화제국지』에 처음으로 발표된 것들인데, 이 책의 가장 가치 있는 부분이 되고 있다. 제2권, 제3권의 기사는 주로 『서한집』과 그외의 것들로부터 취한 것인데, 제2권에는 정치·농경·사생활·운하·상업 등에 대한 내용과 이어서 칠기·도자기·견직물·양잠·명주실 등 공예에 관한 기사가 기술되어 있고,63) 언어·지필묵·서적인쇄·제본·교육·문학 등에 대한 짤막한 서술, 『역경』·『서경』·『시경』·『예기』·『대학』·『중용』·『논어』·『맹자』·『효경』·『소학』 등에 대한 간단한 소개 및 부자·군신·부부·장유·붕우 등에 대한 의무와 신독의 도덕원칙 및 그 실례 등이 수록되어 있다.64)역주44

---

43 이 책은 서울대학교와 고려대학교 중앙도서관에서 접할 수 있으며, 영역본도 국내 여러 대학도서관에 소장되어 있다.

44 여기에는 저자의 착오가 있다. 오륜과 신독에 대한 내용은 제2권이 아니라 제3권에 소개되어 있다 (pp.155-179).

제3권은 종교·풍속·과학·의학·약재(本草) 등을 취급하고 있는데, 주목해야 할 것은 "묵인되고 있는 죄도 역시 반드시 징벌된다"라든가, "하늘의 가호로 결백이 증명된다"처럼 기독교에서 특히 강조되는 생각이 중국의 설화 중에 교훈으로서 곳곳에 서술되어 있다는 점이다.65)역주45 또한 장자莊子가 아내의 죽음을 슬퍼하지 않았다는 이야기나66) 드 프레마르가 원곡元曲 조씨고아趙氏孤兒를 초역抄譯한 것도 이 3권에 나온다.67) 제4권은 타타르(만주)에 대한 기술이다.역주46

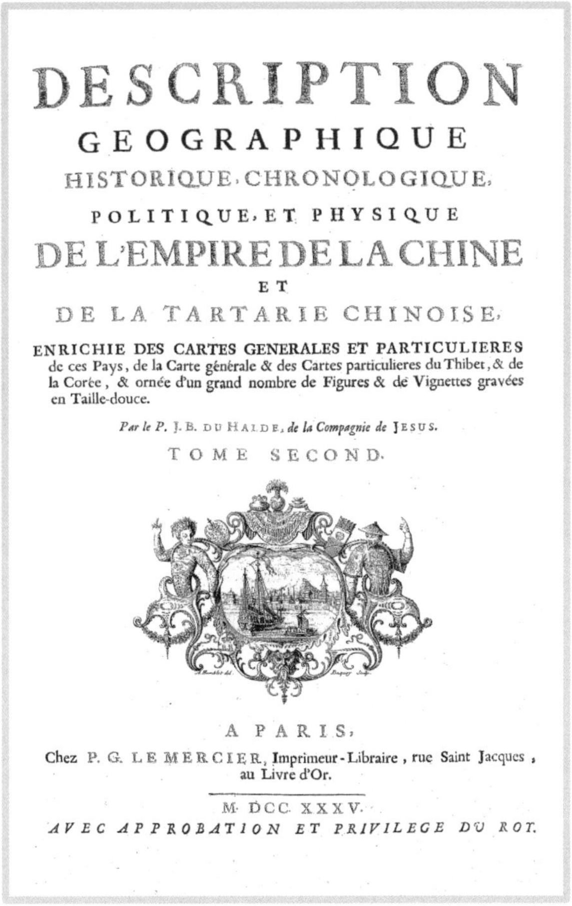
DESCRIPTION
GEOGRAPHIQUE
HISTORIQUE, CHRONOLOGIQUE,
POLITIQUE, ET PHYSIQUE
DE L'EMPIRE DE LA CHINE
ET
DE LA TARTARIE CHINOISE,
ENRICHIE DES CARTES GENERALES ET PARTICULIERES de ces Pays, de la Carte générale & des Cartes particulieres du Thibet, & de la Corée, & ornée d'un grand nombre de Figures & de Vignettes gravées en Taille-douce.

Par le P. J. B. DU HALDE, de la Compagnie de JESUS.

TOME SECOND.

A PARIS,
Chez P. G. LE MERCIER, Imprimeur-Libraire, rue Saint Jacques, au Livre d'Or.

M. DCC. XXXV.
AVEC APPROBATION ET PRIVILEGE DU ROY.

▲ 그림 20 『중화제국지』(제2권, 1735)

45 『맥경』·『본초강목』 등에 대한 발췌번역도 수록되어 있다.

46 이외에도 인삼과 차에 대한 소개를 포함하는 각종 질병에 대한 처방, 양생법, 시베리아 견문기, 티베트의 지리와 역사, 「조선지리지」, 「조선사략」 등이 서술되어 있다. 조선 관계 부분은 『조선전』(신복룡 역주, 집문당, 1999)이라는 제목으로 번역 출판되었다.

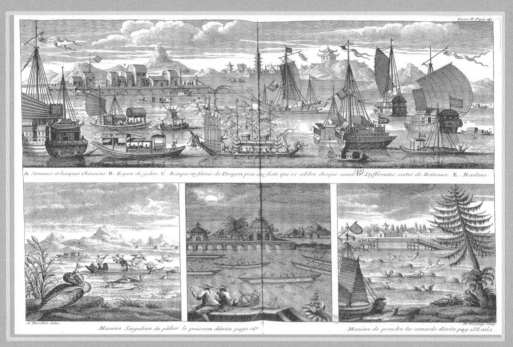

▲ 그림 21 『중화제국지』(제2권) 중국 풍경

▲ 그림 22 『중화제국지』(제2권) 중국의 장례식 장면

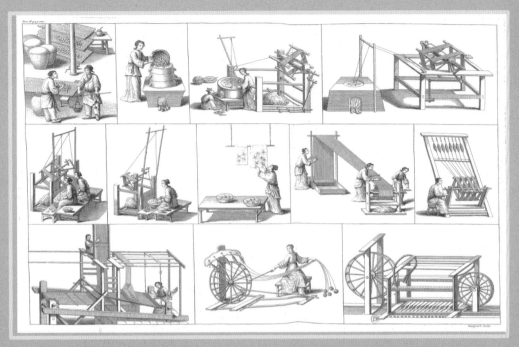

▲ 그림 23 『중화제국지』(제2권) 중국인의 생활상

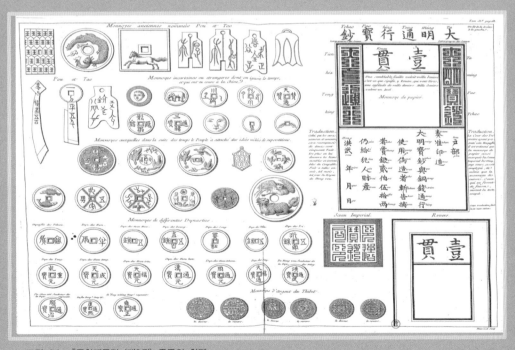

▲ 그림 24 『중화제국지』(제2권) 중국의 화폐

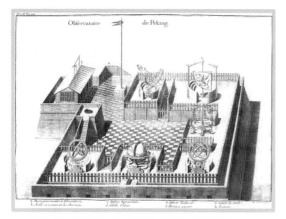

▲ **그림 25** 『중화제국지』(제3권) 중국의 천문관측소

이렇듯 이 책은 중국에 관한 당시의 지식을 전체적으로 총괄한 것인데, 18세기 유럽 사상가들이 중국관을 형성하는 데에 주요 재료는 상당 부분 이 책에서 나왔다. 게다가 이 책의 곳곳에 예전문제에 대한 세심한 주의를 쏟아 부었다는 것은, 예를 들면 "중국인의 예배에 첫 번째 대상은 최고의 존재, 신, 만물의 지상원리인데, 그들은 이를 최고의 황제를 의미하는 '상제' 또는 '천'이라고 부른다"와68) 같이 그 의도가 뻔히 들여다보이는 기사에서 확인할 수 있을 뿐만 아니라, 한층 더 신경질적인 예방조치를 보여주는 자구의 첨삭수정으로부터도 역시 충분히 헤아릴 수 있다. 즉, 뒤 알드의 『중화제국지』에 이용된 미발표 자료 가운데 지리에 관계된 것 이외에 가장 중요한 것은 파렌넹(P. Parennin, 1665-1741) 신부가 드 매랑(M. de Mairan)에게 보낸 108장에 이르는 편지로서69) 주로 중국 고대사에 관한 번역을 싣고 있었는데, 이 서한의 원문 내용 상당수가 『중화제국지』에서는 역시 신중하게 바뀌거나 삭제되어 있다. 한 예를 들면, "蚩尤역주47爲大霧 軍士昏迷 軒轅역주48作指南車 以示四方 遂禽蚩尤"라는 내용을 파렌넹

OBSERVATIONS
GÉOGRAPHIQUES
SUR
LE ROYAUME DE CORÉE,
TIRÉES DES MÉMOIRES
DU PERE REGIS.

LE Royaume de Corée eſt appellé par les Chinois *Kao li* *, & par les Tartares *Mantcheoux*, leurs voiſins, *Solbo* **. On trouve encore dans les Livres Chinois le nom de *Tchao ſſien* : ſoit que ce fût alors le nom de la partie occidentale la plus connuë, ſoit que dans ce tems-là on nommât ainſi la ville capitale. (Observ. Géogr. sur la Corée. / Divers noms qu'on lui donne.)

Je ne croi pas qu'il ſoit néceſſaire de rapporter ici les autres noms qu'on a donnez pour un tems à ce Royaume: il ſuffit de ſçavoir, que depuis bien des ſiécles on lui donne communément le nom de *Kao li*, & qu'on ne trouve point d'autre nom dans l'Hiſtoire de la famille Impériale *Yuen* du douzieme ſiécle.

Ce Royaume eſt borné au Nord par l'ancien pays des Tartares orientaux, aſſez connus ſous le nom de *Mantcheoux*, depuis qu'ils ſe ſont rendus les maîtres de la Chine. Il confine à l'Occident avec la Province Chinoiſe, nommée dans les livres, tantôt *Leao tong*, & d'autres fois *Quan tong*, qui eſt ſéparée de la Tartarie orientale par une paliſſade de bois, que les Chinois appellent un mur de bois, *Mou teou tching*. La Mer, où ſe trouvent quelques iſles, le borne à l'Orient & au Midi. (Ses bornes.)

Ainſi la Corée s'étend du Septentrion au Midi, de près de neuf dégrez, commençant environ au trente-quatrieme dégré, juſqu'au quarante-troiſieme de latitude. Sa largeur de l'Orient à l'Occident eſt inégale, & un peu moindre (Son étenduë.)

* Ils diſent *Kao li koue*: *Koue* ſignifie Royaume.
** *Solbo kouron*, diſent les Tartares: *Kouron* ſignifie Royaume.

Tome II. Xxx

HISTOIRE
ABRÉGÉE
DE LA CORÉE.

CE *qui ſe dit ici de la Corée, eſt tiré de trois différens Auteurs: d'un Théâtre du monde, intitulé*: Tſien kio kiu loui chu; *de l'Abrégé général de Chorographie, qui a pour titre :* Quang yu ki; *& ſurtout d'une Géographie univerſelle, intitulée*, Fang yu ching lio. *Dans les points eſſentiels, on s'eſt contenté de traduire ſimplement, & on y a ajoûté la Chronologie qu'on croit être ſûre.*

LA Corée, qu'on peut appeller avec raiſon la Cherſoneſe de la Chine, puiſqu'elle lui eſt contigue & tributaire, eſt une grande peninſule qui s'avance en forme de cap dans la Mer orientale, entre la Chine & le Japon. La Mer du Japon la baigne à l'Orient; le Golphe de *Leao tong* la ſépare des Provinces de *Pè tche li* & de *Chan tong* du côté de l'Occident. Au Nord elle confine avec le pays de *Niu tche* (a): elle a la grande Mer au Midi; & le fleuve *Ya lou*, qui la borne entre l'Occident & le Nord, & la diſtingue du *Leao tong*. Elle a 1200. lys (b) d'étenduë d'Orient en Occident, & deux-mille-deux-à trois-cens lys du Septentrion au Midi. (Histoire de la Corée. / Sa ſituation, ſes bornes & ſon étenduë.)

La Corée a été autrefois la demeure de différens peuples, dont les principaux étoient les *Mé*, les *Kao kiuli*, les *Han*, & ces derniers ſe partageoient encore en trois eſpeces : ſçavoir les *Ma han*, les *Pien han*, & les (Anciens peuples qui l'ont habitée, & noms qu'on lui donne.)

(a) C'eſt ainſi que des Géographes Chinois appellent une partie du pays habité par les Tartares *Mantcheoux*; mais ce nom eſt inconnu aux Tartares. Voyez ce qui en a été dit dans les Obſervations Géographiques.
(b) Un *Ly* vaut 360. pas géométriques: 10. lys font une lieuë.

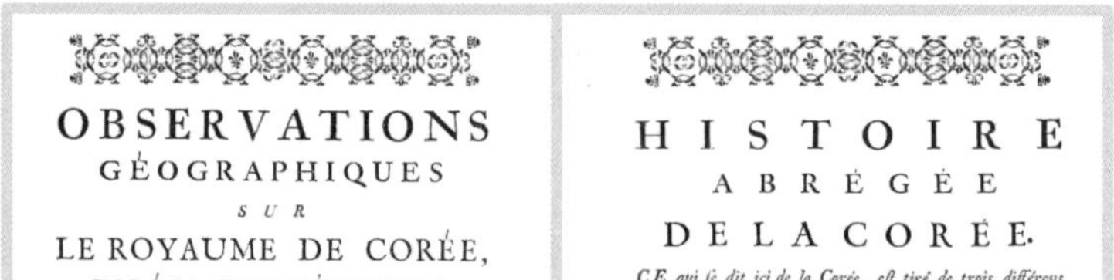

▲ **그림 26** 『중화제국지』(제4권) 「조선지리지」와 「조선사략」

47 황제(黃帝) 때의 제후.
48 황제(黃帝)의 이름.

신부는 정직하게 번역했는데도 불구하고, 중국 고대에 안개를 일으키는 마술 같은 것이 있었다면 중국인이 태초부터 진정한 유일신을 믿고 우러러 왔다는 예수회의 학설이 갑자기 허망하게 되기 때문에, 뒤 알드 신부는 단순히 "짙은 안개에 방해받은 병사가 적을 시야에서 놓치고 방향을 잃어 헤매는 것을 황제黃帝가 보고 … "라는 식으로 고쳐 쓰고 있다. 이에 대한 주석으로 파렌닝 신부가 적어 놓은 중국마술의 연혁에 대한 몇 줄의 내용도 역시 삭제되고 있다.70) 또한 "神農氏 … 母曰任姒 … 遊華陽 有神龍首 感生炎帝"와 같은 설화도 삭제되어 있다.71) 신령스럽거나 기이한 일도 마술과 마찬가지로 역시 중국인의 미신을 증명하는 것이어서 중국인의 유일신 신앙설을 뒤집는 결과가 되기 때문이다.

이상 서술한 것처럼 예수회 신부의 진취적 태도와 적응주의 덕분에 그들의 중국 포교가 두드러지게 성공을 거둘 수 있었던 반면에 불가피하게 예전문제가 일어났고, 게다가 학승으로서 그들은 이 문제를 학문적 기반 위에서 해결하려고 했기 때문에, 예전문제는 기독교의 입장에서 사활이 걸린 중대한 것이 되어 버렸다. 그래서 그들의 중국소개도 역시 예전문제 때문에 특수한 방향을 취하여, 바야흐로 한 걸음에 완전한 기독교 국가로 간주될 만한 이상적 유일신교 국가로서, 물산·학예·정치·도덕·종교 기타 모든 방면에서 가장 혜택 받은 동시에 가장 진보한 일종의 이상 국가로서 중국을 유럽에 전하게 되었던 것이다. 그러므로 중국지식에 대한 공급을 거의 그들의 출판에만 의존하고 있던 18세기 일반인은 다소의 의구심을 가지면서도 역시 중국을 대체로 그러한 모범적인 나라(적어도 문명긍정의 입장에서는)로 간주하고 있었다.

중국종교의 문제와 중국사의 연대年代문제

예전문제를 종파 간의 분쟁에 머물게 놔두지 않고, 그것을 재빨리 일반 사상계의 관심 범위 안으로 끌어들인 것은 파스칼(Blaise Pascal, 1623-1662)이었다. 그의 『레프로방시알』은72) 쟝세니즘의 방어적 공세를 위하여 널리 세간世間에 대해서 집필된 것인데, 그 다섯 번째 서한부터 공격의 화살을 예수회로 향할 즈음, 파스칼은 빠뜨리지 않고 예수회 신부들이 중국에서 포교하는 방법을 강하게 배격하고 있다. 즉, 토마 위르타도(Th. Hurtado) 의 『신앙의 순교자』[73] 기사를 과장되게 이용하여, 중국이나 인도에서 그들은 십자 가를 내세우지 않으며 수난의 기독교는 설명하지 않고 영광의 기독교만을 찬양한다 는 것, 또한 옷 뒤에 예수상을 숨겨 놓고 마음으로 그것을 숭배하면서도 동시에 "부 처"나 "공자"의 우상에 경배하는 것을 허락하는 편법으로써 결국은 우상숭배를 용 인하고 있다는 것 등 두 가지 일을 비난하고 있다. 그래서 이렇게 처음으로 예전문 제가 일반 식자들 앞에 등장하게 되었던 것이다. 게다가 파스칼의 미완의 대작『변 신론辯神論』(*L'Apologie*) 초고의 일부에도 중국에 대한 강한 관심이 드러나 있는 곳 이 두세 군데 있는데, 그 한 곳에 "중국사"라고 표기되어 있는 점으로 보아, 이것은 1658년 출판된 마르티노 마르티니 신부의 『중국상고사』(*Sinicæ Historiæ decas prima*)를[74] 읽은 때의 감상을 기록한 것으로 보인다. 여기에서 그는 구약성서의 기 사 중에서 신약의 예언을 발견할 때에 유용하게 쓰인 비유적 또는 상징적 해석법을 중국사의 제반 사실에 적용함으로써 그것들은 기독교의 진리·역사 등을 상징적으 로 예언하고 있는 것이나 다름없다는 점을 증명하려는 의지를 나타내고 있다. 즉, 중국사를 가지고 비유적으로 기독교적 세계사를 표현하고 해석함으로써 자유사상가 가 기독교를 공격하는 무기로 중국사가 사용되는 것을 예방하려는 계획을 보여주고 있는 것인데, 이 점에서 그는 광동 등지에 살고 있는 예수회 신부가 주창한 비유설 을 선구적으로 행한 인물이라고 말해 마땅하다. 특히 주목해야 할 것은 그의 글 중 "모세와 중국 양자 중에서 어느 쪽이 더 믿을 만한가?"(Which is the more credible of the two, Moses or China?)라는 구절이다. 이는 실로 중국사의 연대를 표준으로 하 여 구약세계사의 연대를 변경해야 할 것인가 아니면 구약세계사의 비유적 표현으로 서 중국사를 해석해야 할 것인가 하는 질문으로, 어떤 의미에서 근대 사학 발생의 계기가 된 중대한 문제를 파스칼이 천재적 통찰로써 매우 간결하게 표현한 말이며 참으로 경탄할 만한 구절이다. 물론 그는 중국사도 중국종교도 신뢰하지 않았는데, 『변신론』 두세 군데에서 그 이유를 들고 있다.

그런데 그 즈음부터 신학자들 사이에서 이른바 "중국종교의 문제"라는 것이 논 의되고 있었는데, 이 역시 기독교 신조의 근본에 관련되는 문제여서 이윽고 일반인 도 여기에 관심을 기울이게 된다. 이 중국종교의 문제라고 하는 것은, 요컨대 중국

계몽사상가들의 눈에 비친 유교문명

에 유일신에 대한 참된 신앙이 존재하는가, 아니면 미신만 있어서 이런 신앙이 존재하지 않는가, 바꿔 말하면 중국인은 유신론자인가 아니면 무신론자인가 하는 문제였다. 이 문제의 해결은 곧 바로 기독교의 존재이유에 영향을 미치지 않을 수 없는 성질을 띠고 있었기 때문에, 중국종교에 관한 상세한 지식이 소개되기 이전부터 이미 열심히 연구·검토되고 있었던 것이다. 이 문제가 최초로 등장한 서적은 1642년에 출판된 베이에(La Mothe le Vayer, 1588－1672)의 『이교도의 덕에 대하여』(*De la vertu des payens*)이다. 베이에가 말하는 요지는, "결국 중국 종교에는 괴·력·난·신적인 것이 적고 또 중국인은 태고로부터 「하늘의 왕」이라고 칭하는 유일신을 믿고 우러러왔기 때문에, 그들의 종교는 그리스인이나 로마인 내지 이집트인의 종교보다도 순결하다. 중국에서 가장 유명한 인물은 공자인데 중국

OEUVRES
DE FRANÇOIS
DE LA MOTHE
LE VAYER,
CONSEILLER D'ETAT, &c.
Nouvelle Edition revuë & augmentée.
Tome V. Partie I.
avec Priviléges.
imprimé à Pfœrten,
& se trouve à Dresde
chez MICHEL GROELL.
MDCCLVII.

102 DE LA VERTU DES PAYENS,

DE LA VERTU
DES
PAYENS.

SECONDE PARTIE.

La Morale des Stoïciens a été reprise par tout le reste des Philosophes, d'avoir rendu les Vertus si inséparables les unes des autres, qu'il étoit impossible à leur dire, d'en posseder une sans les avoir toutes. Par le même raisonnement il ne se pouvoit faire qu'un homme vertueux eût le moindre vice, parce que celui, qui se rendoit coupable d'un seul, le devenoit de toute sorte de crimes. Et comme Hérodote écrit qu'une petite fontaine de Scythie infecte de son amertume tout le fleuve Hypanis qu'il met entre les plus grands; l'opinion de ceux de cette secte étoit, qu'un seul defaut dans les mœurs rendoit un homme tout à fait vicieux, nonobstant toutes les bonnes habitudes qu'il avoit acquises auparavant. A la vérité, si cette doctrine fût passée pour véritable, il n'y auroit pas lieu

Sen. lib. 4. de benef. c. 26. & l. 5. c. 15.
Lib. 4.

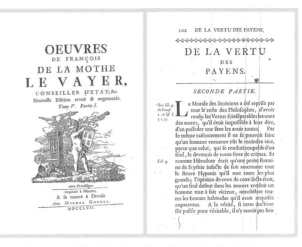

▲ **그림 27** 베이에 전집 제5집 상권 『이교도의 덕에 대하여』

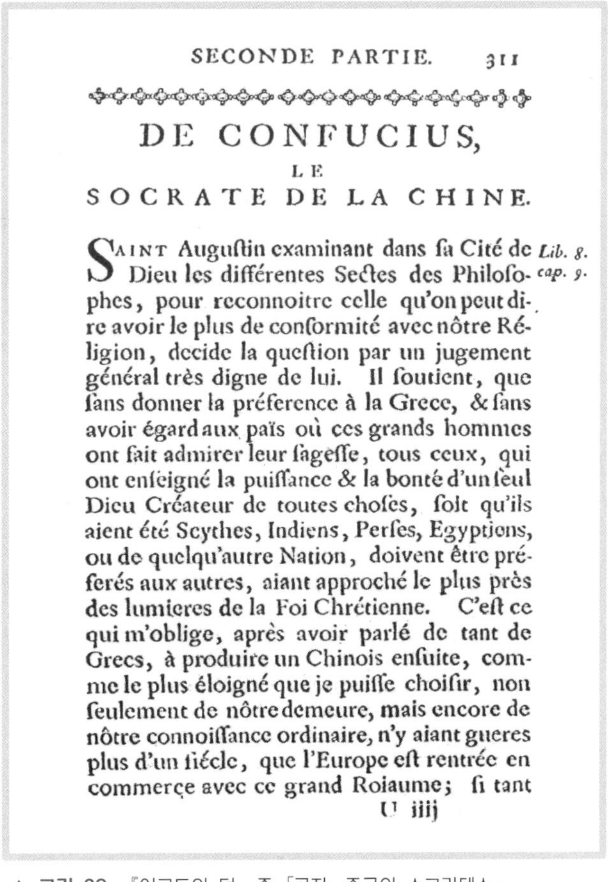

SECONDE PARTIE. 311

DE CONFUCIUS,
LE
SOCRATE DE LA CHINE.

SAINT Augustin examinant dans sa Cité de Dieu les différentes Sectes des Philosophes, pour reconnoitre celle qu'on peut dire avoir le plus de conformité avec nôtre Religion, decide la question par un jugement général très digne de lui. Il soutient, que sans donner la préference à la Grece, & sans avoir égard aux païs où ces grands hommes ont fait admirer leur sagesse, tous ceux, qui ont enseigné la puissance & la bonté d'un seul Dieu Créateur de toutes choses, soit qu'ils aient été Scythes, Indiens, Perses, Egyptiens, ou de quelqu'autre Nation, doivent être préférés aux autres, aiant approché le plus près des lumieres de la Foi Chrétienne. C'est ce qui m'oblige, après avoir parlé de tant de Grecs, à produire un Chinois ensuite, comme le plus éloigné que je puisse choisir, non seulement de nôtre demeure, mais encore de nôtre connoissance ordinaire, n'y aiant gueres plus d'un siécle, que l'Europe est rentrée en commerce avec ce grand Roiaume; si tant

Lib. 8. cap. 9.

U iiij

▲ **그림 28** 『이교도의 덕』 중 「공자, 중국의 소크라테스」

의 소크라테스라고 부를 수 있을 것이다. 공자는 소크라테스와 마찬가지로 윤리를 철학의 전부로 삼은 인물인데, 그 윤리의 근본은 곧 '내가 하고 싶지 않은 것을 다른 사람에게 시행하지 말라'는 계율이어서, 이는 즉 '자연도덕의 원칙'이라고 말할 수 있다. 그러므로 유일신을 신앙하고 또 이런 도덕원칙을 윤리의 중심으로 삼은 공자가 영혼을 구한다는 것은 두말할 것도 없다"고 하는 데 있다.^{역주49}

그런데 이는 기독교의 입장에서는 매우 위험한 사상이다. 아르노(A. Arnauld)는 이에 대해 반박하는 글을 하나 지어, 이러한 생각은 "기독교의 전체적 붕괴"로 이끄는 것이라는 점을 지적하고 있다. 아르노에 의하면, 베이에가 인간 스스로의 노력으로써도 선할 수 있다는 것, 즉 인간이 기독교에 의존하지 않고 자연히 스스로 선을 행할 수 있다고 말하는 것이 가장 나쁜 점이다. 이렇게 되면 원죄는 성립하지 않는 것이 된다. "자연의 힘으로 이루어진 선행에 응하여 신의 은총이 주어진다고 생각하는 것은 곧 은총을 이제는 은총이 아닌 것으로 삼는 것일 뿐이다." 이미 은총이 필요 없게 된다면, 따라서 신도 역시 요청되지 않게 된다. 신 없는 기독교가 성립할 수 없다는 것은 말할 것도 없다. 그래서 이역만리 지구의 저편에 있는 중국의 종교가 어떠한가가 곧 "기독교의 전체적 붕괴"를 이끄는 단서가 되는 까닭에, 당연히 당시에 중국의 종교문제가 열렬히 논의되었던 것이다.

속세의 사상가 중에서 최초로 이 문제를 다룬 것은 삐에르 베일(Pierre Bayle)이었다. 그가 중국의 사정에 흥미를 갖기 시작한 것은 낭트칙령을 내려서 신앙의 자유를 부정한 루이14세가 중국에 전도사를 파견하여 중국황제의 신앙 자유주의에 기대를 거는 모순에 놀라 깊이 고찰한 결과, 기독교의 본질이 정복에 있다는 것을 깨닫고, 이러한 위험한 종교를 금지하라고 중국황제에게 권고해야 되겠다고 결심한 때부터라고 한다.75) 그런데 예전논쟁이 격렬해짐에 따라 예수회와 그 적들로부터 대항적으로 잇따라 출판된 책들에 의해 중국에 관한 한층 더 상세한 지식을 얻게 되자, 중국의 문인계층이 높은 도덕을 갖는데도 불구하고 무신론을 받들고 있다는 사실로부터 종교와 도덕이 분리될 수 있다는 논의가 주창되어 나온 것이었다.76) 즉,

---

49 이 내용은 『이교도의 덕에 대하여』 제2부 중 「공자, 중국의 소크라테스」(De Confucius, le Socrate de la Chine)를 요약한 것이다. 공자를 "중국의 소크라테스"라고 지칭한 것은 후에 케네를 "유럽의 공자"라고 부른 것과 묘한 대조를 이룬다.

기독교의 중대한 존재이유 중의 하나로, 기독교의 외부에서는 도덕의 기초를 구할 수 없다고 되어 있던 종래의 종교적 신조 내지 사상적 습관이 중국에서의 실례를 논거로 하여 허물어지는 데로 이어지고 있었던 것이다. 이와 함께 무신론적인 사회가 중국에 실제로 존재한다는 동일한 사실을 바탕으로, 그 당시 유행하고 있던 "보편적 동의"에 의한 신의 존재 논증이 성립하지 않는다는 것을 역설했던 것이다.77) 그런데 베일의 기독교 논란은 중국의 문인계층 나아가 중국인 전체가 무신론적 생활을 한다는 사실을 핵심 근거로 하여 방금 말한 두 방향으로 전개되어 갔던 것인데, 중국인이 미신적이고 또 무신론적이라는 것은 앞에서도 말한 것처럼 예수회를 적대시하는 각 파가 하나같이 주장하고 있던 점이며, 또 예수회 학승의 저술 중에도 "자연 안에서 자연 그것을 알 뿐이고 … 신도 자연 바로 그것일 뿐"이라고 생각하는78) 「신철학파新哲學派」 문인의 무신론적 사상을 소개한 부분이 두세 군데 있었기 때문에, 어떤 것에 대해서도 반드시 서로 반격하는 예수회와 그 적 양쪽으로부터 동일하게 중국인이 무신론적이라는 사실이 긍정된 만큼 이는 확고부동한 것이라고 베일은 말하고 있고, 이런 사실에 터해서 자기주장의 정당성을 강조하고 있다.79) 이렇게 해서, 기독교와 중국문명의 접촉의 결과 예전문제가 생기고, 이 문제 때문에 예수회와 그 반대파가 중국에 관해서 맹렬히 논쟁을 일으켜 여러 가지 학설을 세웠는데, 그 여러 가지 학설은 또한 자유사상이 기독교를 공격하는 가장 강력한 무기로서 역이용되어 갔던 것이다. 그렇기 때문에, 대국적으로 본다면 유럽인이 중국문명을 발견한 그때에 이미 "기독교에 의한 유럽문명의 통제"에 위기가 잉태되었다고 말할 수 있다.

베일의 『역사·비평 사전』(*Dictionnaire historique et critique*)은^{역주50} 당시 가장 널리 읽힌 책 중에 하나였기 때문에 여기에 설명되어 있는 중국인 무신론자설은 일반에게 신뢰받고 있었다. 그런데 말브랑슈(Malebranche, 1638-1715)도 그의 저술 「기독교 철학자와 중국 철학자의 대화」(1708)에서80) 이 학설대로 중국인을 무신론자로 생각하고, 이렇게 상정된 그들의 사상을 논파하려고 힘쓰고 있다.^{역주51} 이 책은

---

50 1697년에 5권으로 초판, 1734년에 5권으로 제5판.
51 이 저술의 온전한 제목은 「신의 존재와 본질에 대한 기독교 철학자와 중국 철학자 간의 대화」(*Entretien d'un philosophe Chrètien avec un philosoph chinois sur l'existence et la nature de Dieu.*)이다.

1707년에 중국에서 프랑스로 귀환한 로잘리(Rosalie)의 사제 아르투스 드 론느(Artus de Lionne) 신부의 의뢰에 의해 집필된 것인데, 그는 예수회를 반대하는 「외방전도회」에 속해 있었고, 중국순방 교황특파대사 드 뚜르농(de Tournon, 鐸羅) 신부가 1706년에 예전문제에 관해 섣부른 행동을 한 탓에81) 중국 밖으로 추방당한 무리들 중의 한 사람이었기 때문에, 예수회에 대해서 맹렬한 적개심을 품고 있었던 인물이다.

ENTRETIEN

D'UN PHILOSOPHE CHRÉTIEN

AVEC

UN PHILOSOPHE CHINOIS

SUR

L'EXISTENCE ET LA NATURE DE DIEU.

———

LE CHINOIS. — Quel est ce Seigneur du ciel que vous venez de si loin nous annoncer? Nous ne le connaissons point, et nous ne voulons croire que ce que l'évidence nous oblige à croire. Voilà pourquoi nous ne recevons que la matière et le *Ly*, cette souveraine vérité, sagesse, justice, qui subsiste éternellement dans la matière, qui la forme et la range dans ce bel ordre que nous voyons, et qui éclaire aussi cette portion de matière épurée et organisée dont nous sommes composés. Car c'est nécessairement dans cette souveraine vérité, à laquelle tous les hommes sont soumis, les uns plus, les autres moins, qu'ils voient les vérités et les lois éternelles, qui sont le lien de toutes les sociétés.

LE CHRÉTIEN. — Le Dieu que nous vous annonçons est celui-là même dont l'idée est gravée en vous et dans tous les hommes. Mais faute d'y faire assez d'attention, ils ne la reconnaissent point telle qu'elle est, et ils la défigurent étrangement. Voilà pourquoi Dieu, pour nous renouveler son idée, nous a déclaré par son prophète qu'il est *celui qui est*, c'est-à-dire l'être qui renferme dans son essence tout ce qu'il y a de réalité ou de perfection dans tous les êtres, l'être infini en tout sens, en un mot l'être.

Lorsque nous nommons *Seigneur du ciel* le Dieu que nous adorons, vous vous imaginez que nous le concevons seulement comme un grand et puissant empereur. Votre *Ly*, votre souveraine justice, approche infiniment plus de l'idée de notre Dieu que celle de ce puissant empereur. Détrompez-vous sur notre doctrine. Je vous le répète, notre Dieu c'est *celui qui est*, c'est l'être infiniment parfait, c'est l'être. Ce roi du ciel que vous regardez comme notre Dieu ne serait qu'un tel être, qu'un être particulier, qu'un être fini. Notre

40.

▲ 그림 29 「신의 존재와 본질에 대한 기독교 철학자와 중국 철학자 간의 대화」

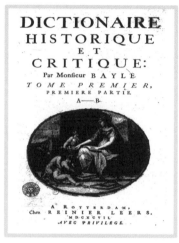

▲ 그림 30
『역사·비평 사전』(제1권, 1655)

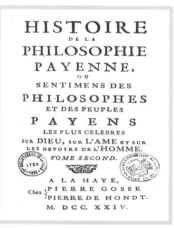

▲ 그림 31
『이교도철학사』(제2권, 1724)

계몽사상가들의 눈에 비친 유교문명

말브랑슈는 이 대화에서 중국철학을 반기독교적인 것으로 논박하고 있는데, 이에 대한 그의 지식은 로잘리의 사제로부터 주입된 것에 불과한 것 같다.[82] 요컨대 최고 이성인 "리理"와 물질이 존재의 단 두 종류임과 동시에 영원자라는 것, "리理"가 물질로부터 독립하여 스스로 존재하지 않는다는 것, "리理"는 최고의 지혜이자 지식이지만 그것 자체만으로서 현명하지도 지적이지도 않다는 것, "리理"는 자유롭지 않고 단지 성질의 필연에 따라서만 움직인다는 것, 인간은 물질이 이화理化된 것이고, 만물을 "리理"로써 파악한다는 것 등이 중국 철학자가 생각하는 요점으로 대화 속에 나타나 있다. 그러나 이것 자체만으로는 논란하기에 불충분하기 때문에, 이러한 생각이 다소 스피노자 철학과 비슷하다는 점에 착목하여, 말브랑슈는 중국철학을 스피노자의 철학과 거의 동일시하여 양자를 한꺼번에 공격하고 있다.[83] 그럴 만도 한 것이, 네덜란드는 유럽에 극동의 영향을 전하고 있었고, 스피노자 철학 속에 중국으로부터 감화된 바가 없다고 단정할 수도 없기 때문에 말브랑슈의 이 동일시가 꼭 근거 없는 것이라고는 말할 수 없다.

『이교도철학사』(*Histoires de la philosophie Payenne*)의 저자 레베스끄 부륀니(Lévesque de Burigny, 1692 – 1785)도[84] 역시 주로 베일의 영향과 그때부터 나타난 예수회 반대파의 선전에 의해 중국인무신론자설을 믿고 있던 인물인데, 그는 베일처럼 이 학설에 터해서 "보편적 동의"에 의한 신의 존재 증명을 파괴하는 데 머물지 않고, 더 나아가 이 학설을 중심으로 고대 및 근세의 모든 무신론 사상을 열거·집성함으로써 "보편적 동의"에 의한 무신론의 증명을 적극적으로 성립시키려고 시도했던 것이었다. 이와 동시에 모든 덕행의 기본인 이웃사랑 역시 중국을 시발로 해서 모든 민족과 모든 시대를 통틀어서 보편적으로 존재한다는 사실로부터 도덕과 종교가 분리될 수 있음을 논증함으로써, 이 점에 대해서도 베일의 주장을 적극적으로 강조했던 것이었다.

당시에 무신론이라고 일컬어지고 있던 것은 기독교적 유일신에 대한 무신론인데, 그것은 한편으로는 미신적 종교의 별명이라고 할 수 있고, 다른 한편으로는 스피노자류의 범신론의 내용도 갖고 있다고 할 수도 있는 것이었다. 예를 들면, 그리스 종교 같은 것도 무신론적이라고 간주되고 있었기 때문에 말브랑슈가 중국의 무신론 사상을 스피노자 철학과 혼동해도 무방했던 것인데, 이 철학자보다도 한층 더 비판적으로 고증하여 중국인의 범신론적 경향을 확신하게 된 인물은 아카데미의 니

꼴라 프레레였다. 그는 『중국의 철학자 공자』에 실린 꾸쁠레 신부의 서문을 정교하고 세밀히 검토하여, "중국의 이른바 성인이란 「천」의 이성적 광명으로써 투철하게 충만한 인물인데, … 「천」 그 자체는 최고 이성 그것에 다름 아니며 또한 죽은 뒤에는 이들과 완전하게 합치해 버린다"는 것, "평범한 인간 안에는 이런 광명의 일부분만 있을 뿐 그 이상은 함장되어 있지 않다"는 것, "현인이란 자기 기질의 허물과 결점 때문에 흐려지기 쉬운 이 자연적 광명을 평생의 노력에 의하여 본래의 완전한 상태로 돌려놓으려고 힘쓰는 자"라는 것 등을 확인하는 데 이르렀던 것이다.85) 그러나 그가 전력을 기울여 연구했던 것은 이러한 도덕적 문제보다는 오히려 중국사의 연대年代문제였다.

종교가 사회적 통제력으로 존재하는 경우에 그 신앙 안에는 반드시 독자적인 세계관과 역사관을 동반하기 마련인데, 기독교가 유럽사회에 강제하고 있던 역사관은 오로지 『구약성경』의 기사, 즉 유대민족의 전통에 의거한 것이었다. 이 전통은 유대민족과 관련된 나라의 역사, 바꿔 말하면 세계에 대한 지리상의 발견 이전에 알려져 있던 서양 각국의 역사와는 부합될 수 있는 것이었지만, 중국이나 아메리카의 전통과는 조화되기 어려운 것이었다. 지리상의 발견이 시작된 때 이미 구약의 세계사로서의 주장과 기독교 신앙의 세계사관적 근거는 필연적으로 붕괴되고야 말 운명에 노출되고 있었던 것이다. 그런데 아메리카에는 역사라고 말할 정도의 전통이나 문헌이 존재하지 않았으므로 이 지역으로부터의 위협은 거의 없었지만, 중국은 그에 반해서 태고적부터 역대로 끊임없는 정사正史의 지속을 자랑하는 유구한 문명국이기 때문에, 중국사의 발견은 필연적으로 구약세계사의 재검토, 나아가서는 그 권위의 완전한 실추를 야기시키지 않을 수 없었던 것이다.

구약세계사에 치명상이 되었던 것은 연대문제로, 이미 멘도사의 『중화대왕국지』 등에서도 중국왕조의 기원을 노아의 홍수 이전에 두고 있는 것을 비롯하여,86) 유명한 라 페이레르(La Peyrère, 1596-1676)의 『아담 이전의 인류설』(1655)이 제창되어,87) 이에 기독교적 사관의 기초가 현저하게 동요하기 시작했던 것이다.

중국역사에 대해 다소나마 체계적인 지식을 처음으로 유럽에 전한 마르티니 신부의 『중국상고사』(1658)에서는 60년 주기의 중국 기년법紀年法에 의해 황제黃帝 통치의 제1년을 기원전 2697년, 복희의 그것을 기원전 2952년으로 비정하고 있었기 때문에,88)역주52 성 제롬(Saint−Jérôme, B. Hyeronimus) 번역의 라틴어 『구약성서』 통행본에 의거한 노아 홍수의 연대인 기원전 2348년보다도 약 6백 년 전에 복희의 치세가 있었다는 것이 된다. 그런데 구약의 전통으로는 노아의 자손이 세계로 퍼져나갔다고 되어 있기 때문에, 이는 기독교인으로서는 상식 밖의 일이다. 그래서 마르티니 신부는 『중국상고사』에서 기원전 3000년경 홍수

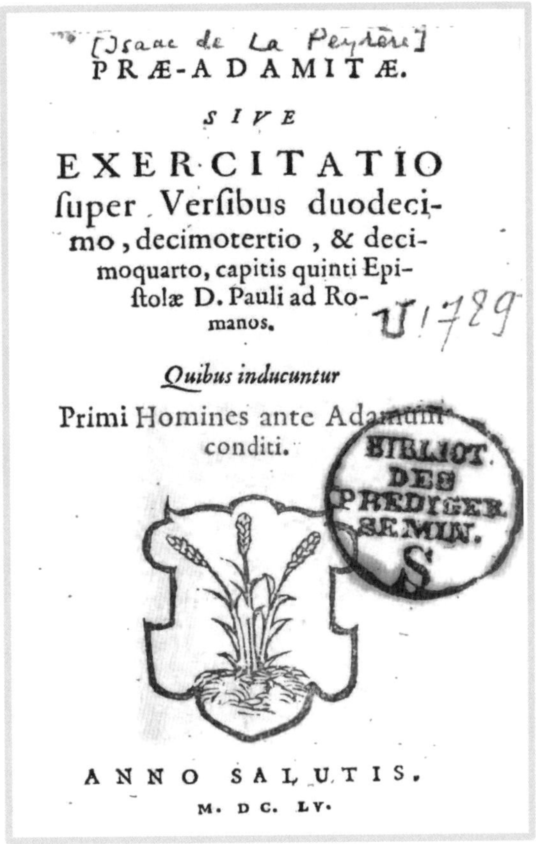
[Isaac de La Peyrère]
PRÆ-ADAMITÆ.
SIVE
EXERCITATIO
ſuper Verſibus duodecimo, decimotertio, & decimoquarto, capitis quinti Epiſtolæ D. Pauli ad Romanos.
Quibus inducuntur
Primi Homines ante Adamum conditi.
ANNO SALUTIS.
M. DC. LV.

▲ 그림 32 『아담 이전의 인류설』(1655)

기사가 있다는 데에 터하여, 노아의 홍수를 그 시기까지 소급시키고 있다. 즉, 중국사를 기준으로 하여 기독교 세계사를 수정하고 있는 것이다. 게다가 복희씨 전에 반고씨가 있었고, 복희의 시대에는 점성학 등도 발달해 있어서 중국이 상당히 흥성한 문명상태에 있었다는 것을 생각할 때, 아무래도 대홍수 이전부터 계속하여 중국에 사람이 살고 있었고 그 문화·전통 및 인구가 홍수 이후에도 이어졌던 것이라고 하지 않을 수 없다. 그런데 구약세계사에는 방주에 탔던 노아의 가족 8명 외에는 살아남은 자가 전혀 없다고 되어 있기 때문에, 여기에도 커다란 모순이 나타나게 된

52 마르티니에 의해 정리된 중국사 연대기는 『중국철학자 공자』에 덧붙여진 『60갑자 기년법에 의한 중국사 연대표−B.C.2952년부터 A.D.1683년까지』(***Tabula Chronologica Monarchiæ Sinicæ juxta cyclos annorum LX.*** Ab anno ante Christum 2952. ad annum post Chistum 1683)로 전승되었다.

MARTINI MARTINII
TRIDENTINI
E SOCIETATE JESU
SINICÆ HISTORIÆ
DECAS PRIMA
Res à gentis origine ad Chriſtum natum in extremâ
Aſiâ, ſive Magno Sinarum Imperio ge-
ſtas complexa.

MONACHII
Typis Lucæ Straubii,
Impenſis Joannis Wagneri Civis
& Bibliopolæ Monacenſis,
Cum Privilegio Cæſareo.
Anno CIɔ Iɔ CLVIII.
wb/50/627

PRIMUS IMPERATOR
FOHIUS.
Regnavit annis CXV.

Hic ergò primus eſt, quem Sinæ Imperatorem, ſeu cæli filium vocant. Thiensus enim hoc ſonat. Quod nomen Imperatoribus ſuis tribuunt, non quòd eos credant, à cælo genitos, vel inde originem duxiſſe; ſed quia putant à cælo effuſus amatos, qui alijs mortalibus prætermiſſis, ob egregias naturæ dotes ad tantam faſtigium evecti. Hunc Fohium è matre abſque patre natum memorant. Illam enim fortè ad ripam lacûs, à quo Lanthien, urbis in provincia Xensi, alluitur, deambulantem, ingens hominis veſtigium in arenâ impreſſum calcáſſe, inde ab iride circumdatam concepiſſe, in eadémque provincia Fohium enixam eſſe... Is anno ante vulgarem Chriſti epocham, quod ſuprà indicatum, bis milleſimo, nongenteſimo, quinquageſimo ſecundo imperium auſpicatus in eâdem provinciâ, quam natalem habuit, regiam conſtituit. Ex quo conjici poteſt, qui primi mortalium apud Sinas fuere, à regionibus, quæ magis ad Occidentem vergunt, paullatim ad Orientem progreſſos, vel ante conditam Babylonem, vel poſtquam commercio ſermonis, turriſque alciûs moliendæ ſpe ſublatâ, terrarum orbis frequentari cœptus.

Hic Imperator magnis virtutibus eluxit, & aſtrologiæ cumpримis peritus, cæleſtium juxtà humanarúmque rerum curam exactè habuit... Nam in cælo quidem ſiderum motus intuitus, magnos eorum orbes aliáſque è Matheſeos normâ figuras primus in tabulis deſcripſit. In regno leges & ſtatuta excogitavit, quibus, ut & mœnibus, primus mortales munivit, nomináque familijs facilius diſtinguendis impoſuit. Primus itidem ſexaginta quatuor illas figuras ſuprà poſitas, earúmque uſum docuit, quas in draconis è lacu prodeuntis dorſo ſe obſervaſſe ajebat... Quod eum finxiſſe credibile eſt, ut noviter inventis artibus à prodigio pretium faceret, quemadmodum multi legum conditores ad Deos authores nova jura referebant. Draconi autem eò fidentiùs novam artem tribuit, quòd id animal maximum felicitatis omen putent. Quam etiam ob cauſam Sinici Imperatores draconem non ſecus, &c.

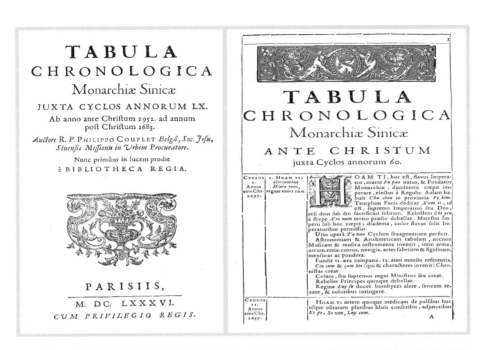

▲ **그림 34** 『중국철학자 공자』(1687)에 첨부되어 있는 중국사연대표(B.C.2952–A.D.1683) 표지와 황제치세 1년을 기원전 2697년으로 비정하고 있는 연대표

이들에 의하면, 복희는 에녹이고, 복희가 저술토록 한 『역경』은 아담과 세트(Seth)를 거쳐 그에게 전해진 신의 계시를 편찬한 것에 지나지 않는다는 것이다. 바꿔 말하면, 『역경』은 모세보다도 훨씬 이전에 노아의 홍수보다도 더 이전에 신의 가르침을 기록한 책이며, 따라서 중국은 유대보다도 훨씬 오래 전부터 신의 계시를 받아, 미신에 빠지지 않고 진정한 유일신을 숭배해 온 국가라는 말이 된다. 사실, 이렇게 해석하면 연대문제와 더불어서 예전문제도 한꺼번에 해결되므로, 이는 참으로 일석이조의 묘안이었다. 그러나 그렇게 하면 유대인에게만 신의 계시가 주어졌다는 기독교의 중추적 생각이 성립하지 않는 셈이 되므로, 무슨 수를 써 봐도 결국은 최종적으로 위기를 떨쳐버리지 못하는 곤란을 끝끝내 모면할 수 없었던 것이다.

부베를 제외한 북경 주재 예수회 신부들은 이러한 비유적 해석에는 어떤 것이라도 반대하여, 고빌, 파렌넹, 레지스, 마이야 등의 신부는 제각기 자신이 처해 있는 방면에서 중국고전을 단지 중국 고대의 사실을 기재한 것으로서 연구하고 있었다. 이 가운데, 고빌 신부는 1732년 출판된 『중국천문학사략』에서,[92] 『서경』「하서夏書, 윤정胤征」의 "惟仲康肇位四海, … 惟時羲和, 顚覆厥德, 沈亂于酒, 畔官離次, 俶擾天

紀, 退棄厥司, 乃季秋月朔, 辰弗集于房. 瞀奏鼓, 嗇夫馳, 庶人走. 義和尸厥官, 罔聞知, 昏迷于天象, 以干先王之誅. … ”의 기사에 보이는 일식을 천문학상의 계산에 의해 기원 전 2155년으로 추정하여93) 연대문제에 하나의 확실한 기초를 부여하는 동시에, 중 국고전의 내용이 중국의 역사적 사실을 담고 있다는 확실성을 예증하여 비유적 해 석의 허망함을 명확히 하였다. 이런 시도는 두드러지게 당시 학계의 주의를 끌었다. 그러나 일식이 있었던 중강仲康 5년을 기원전 2155년으로 하면, 일반적으로 인정받 고 있던 라틴어 통행본『구약성경』에 따르는 한, 요堯나 복희의 시대가 어쨌거나 노 아의 대홍수 이전으로 되기 때문에 역시 기독교가 구제되지는 않았던 것이다. 어쨌 든 고빌 신부는 자신의 엄밀한 비판적·고증적 태도에 투철하게, 그때의 가을 9월이 현금의 역법상 9월이고 또 그때의 방수房宿(28수의 하나)가 오늘날의 그것과 동일하 게 똑같은 영역을 갖고 있었다는 것이 증명되지 않는 한 자기의 계산도 절대로 정 확하다고 해서는 안 된다고 말하고 있다.94)

이는 연대문제에 대해서 비과학적 논쟁을 일삼고 있던 당시로서는 극히 드문 일 이었다. 프레레는 그 점을 매우 호감 있게 받아들여서 고빌 신부에게 편지를 보내 어 서신 왕복으로 지식을 교환하자고 청하였다. 프레레가 1733년 아카데미에 발표 한 논문「중국 연대기의 태고성과 확실성에 관하여」에는95) 그 교환의 결과가 반영 되기에 시간이 충분하지 않았지만, 1739년의 그에 대한「추가고찰」96) 속에서 고빌 신부로부터 공급된 지식을 충분히 활용하고 있다. 그리고 그로서는「하서, 윤정」에 보이는 중강때의 일식이 기원전 2007년, 삼황오제는 기원전 2500년 전후라는 결론 에 도달했기 때문에, 설령 70인역『구약성경』의 연대에 따른다고 해도 역시 방국분 립邦國分立의 시초였던 벨렉(Peleg)역주53 시대로부터 겨우 500년 정도 떨어진 시기에 중국에서는 이미 문명이 진보하여 많은 인구규모를 자랑하는 복희시대를 구가하고 있었다는 모순에 직면했던 것이다. 그것보다도 여기서 특히 주목해야 할 것은, 프레 레가 중국사 연대문제에 대해서, 일반 역사연구에도 응용될 만한 방법을 일찍이 제 창하고 있다는 점이다. 그것은 요컨대 중국의 연대를 고찰할 때 우선 그것을 어떻게

53 노아의 방주로부터 4세대 이후 즈음의 인물. 그가 살던 시기에 세상이 나뉘었다고 한다(『구약성경』 「창세기」 10:25).

해서든 구약세계사의 연대와 조화
시키려 한다든가, 또는 전자로써 후
자를 파괴하려 한다든가 등등 기독교
적이든 반기독교적이든 역사적 관심
이외에 일체의 고의故意는 버려야 하
며, 중국의 연대는 일차적으로 중국
의 역사 자체에 대한 비판적 검토에
의하여 추정되지 않으면 안 된다고
하는 것이다.97)

　그런데 이런 방법은 그것이 방법
이라는 점에서, 단지 중국사뿐만 아
니라 모든 민족(물론 유대인도 포함하
여)의 전통을 연구하는 데에도 차례
로 적용되어 갔던 것인데, 이 점에
서 맹종, 방호, 공격 등 어떠한 태도
를 취하든 간에 끝끝내 기독교적인
관심을 떨쳐 버릴 수 없었던 종전의
세계사 연구 태도와는 전혀 다른 기
초 위에 선 과학적이고 근대적이고
진실로 역사적인 각 민족사 연구법
의 발생 또는 재생을 명확하게 확인
할 수 있는 것이다.^{역주54} 구약세계사

▲ 그림 35 『중국천문학사략』(1732)

▲ 그림 36 『중국의 연대기』 제3권(1796)의 「중국연대기의 태고
성과 확실성에 대하여」

54　중국사와 양립할 수 없는 역사, 중국사가 동의해 주지 않는 역사는 세계사로 등록될 자격이 의심스
럽다는 것을 서양인들은 자각하게 된 것이다. 이로써 그들은 자신들이 갖고 있는 독단적이고 폐쇄적
인 세계이해를 반성하고 재검토하게 되었다고 할 수 있다.
　　노아의 방주 이전으로 거슬러 올라가는 중국사의 태고성과 구약세계사와의 괴리를 억지로라도 꿰맞
추려고 애썼던 내력에 대해서 간단히 살펴보기에는 다음의 글이 참조할 만하다.
　　Van Kley, E. J.(1971). Europe's Discovery of China and the Writing of World History. *The
American Historical Review, Vol.76, No.2.*

의 유지가 불가능하게 되었던 것은 중국역사의 발견에 따른 **소극적 결과**였지만, 중국 역사의 발견으로부터 실로 근대 사학의 각 민족사 연구법이 성장해 갔던 것은 그 **적극적 결과**라고 볼 수 있다. 일반적으로 말하면, 중국문명 발견의 소극적 성과로서 기독교의 사회적·문화적 통제력이 급속히 박약해져 갔던 반면에, 그 **적극적 결과로서 "이성"을 통일원리로 하는 근대문명의 발전이 현저히 조장되어 갔던 것**인데, 유럽사회와 전혀 다른 경향 위에 선 유구하고 거대한 문명국 중국의 발견이 유럽사회에 끼친 영향의 깊이에는 얼핏 보아서는 쉽게 헤아릴 수 없는 그 무엇이 있는 것이다.

이상은, 중국문명의 발견으로 인하여 기독교 사상의 근본이 흔들리고, 일반에게 널리 알려진 중국문명의 존재 때문에 기독교의 신조 내지 세계관이 존속할 수 없게 되었다는 것이 명확해지고, 더 나아가서 유럽사상에 대한 기독교의 강력한 통제가 상실되어 갔던 경과를 약술한 것이다. 그런데 이 기독교의 통제로부터 벗어날 수 없었던 유럽사상은, 한편으로는 일종의 해방자 역할을 한 중국문명의 내용을 풍부하게 채용해 종합적인 기초 위에 새로운 사회질서 및 도덕질서를 건설하려고 했던 것인데, 이는 본래 극단적으로 분리적 경향이 강한 서양사상의 폐해를 통감하거나 예감한 지식인들이 열성적으로 추구한 과제였고, 이와 더불어서 중국은 유럽의 이상국가인 듯한 느낌을 드리우기에 이르렀다.

또 다른 한편으로는, 기독교의 통제를 이탈한 유럽사상이 본래의 자유분방한 분리적 경향으로 돌아와서, 예를 들면 루소의『사회계약론』과 같은 이론으로 발전한 경우도 있는데, 이런 논의가 가능하게 된 것 역시 중국문명에 의해 기독교적 사상통제가 붕괴된 결과에 따른 것이나 마찬가지였기 때문에, 전체적으로 본다면 당시 유럽에서 중국문명을 섭취한 데 따른 부수적 현상으로 볼 수 있는 것이다. 그러므로 다음 장에서는, 우선 중국사상의 내용이 이른바 계몽사상에 어떻게 깊이 침투되었는가를 대표적인 두세 사상가와 관련지어 해명하고, 다음에 서양 고유의 분리적 경향의 대두를 일별함으로써 중국사상이 유럽사상에 미친 영향의 전반을 개관하고자 한다.

라이프니츠(Gottfried Wilhelm Leibniz, 1646－1716)는 근대 사상가 중 최초로 그리고 가장 본질적으로 중국사상을 섭취한 선각자였기 때문에, 먼저 라이프니츠 철학에 있어서 중국의 영향에 대한 고찰을 진행시키고자 한다.

중국사상이
유럽에 미친 영향

3

중국사상이
유럽에 미친 영향

라이프니츠

모든 개념을 분석하고 그것을 약간의 간단한 기본개념으로 환원하여 이 요소적 개념들을 각기 적당한 기호로 표시하고, 이 기호들을 적절히 조합시킴으로써 복합적인 개념을 표상하려는 라이프니츠의 소위 「조합법」(la combinatoire)은 그의 논리학의 출발점을 이룬다. 그리고 그의 논리학은 그의 철학체계 전체의 중심축을 이루는 것이나 다름없기 때문에, 이 「조합법」은 라이프니츠의 사상 중에서 매우 중요한 위치를 차지한다. 그런데 이러한 발상을 그에게 시사한 것은 한자의 조성組成이었을 것이라고 쉽게 추정할 수 있는데, 사실 이 조합법을 설명한 최초의 저서, 즉 1666년의 『조합법에 대하여』(*De Arte Combinatoria*)라는 소책자에서 그는 중국 및 이집트의 문자를 예로 들면서 조합법을 설명하고 있다.[98] 당시 그는 겨우 19세의 청년에 불과했는데, 그것을 착상했을 때의 기쁨은 오래도록 그의 기억 속에서 지워지지 않았던 듯하고,[99] 1697년에 바네트에게 보낸 편지 속에도 그 생각이 들었던 때의 감격을 토로하는 부분이 있다.[100] 라이프니츠가 중국의 문자에 대해서 알게 된 것은 앞에서 말한 키르허의 『중국도설』(1664)을 통해서였다. 라이프니츠는 키르허 저작의 애독자였는데, 이 책 외에도 키르허의 『폴리그라피아』(*Polygraphia nova et universalis*, 1663)나 『음악학』(*Musurgia universalis*, 1650) 기타의 저서 등을 많이 인용하고 있다. 후자에는 음악을 알지 않고서도 작곡하는 법이 기록되어 있고, 당시 여러 가지 방법이 성행하고 있던 상황을 흥미 있게 보여주고 있다. 라이프니츠는 중국에 관한 저술 중 키르허의 『중국도설』 외에 1660년 출판된 스피젤리우스(Spizelius)의 『중국의 인문학』(*De re literaria sinensium*)도 읽은 것이 확실하다.[101] 1675년에는 콜베르(Jean–Baptiste Colbert, 1619–1683)에게 보낸 편지 속에서, 그를 "지역과 시대를 초월한 실제적인 발견의 선도자"라고 칭송하고, "유럽 선교사의 기하학이 정확하다는 것을 알게 되면 중국의 관원도 경탄할 것이다"고 말하고 있다.[102] 1675년이라면, 부베 등 6인의 프랑스 출신 예수회 신부가 처음으로 중국에 파견된 1685년보다 10년 전인데, 아마도 라이프니츠는 이 파견계획에 관여하고 있지 않았나 생각된다. 어쨌든 중국 주재 프랑스 출신 예수회 신부들, 특히 부베 신부는 라이프니츠와 빈번하게 서신을 주고 받았으며 라이프니츠는 늘 그들로부터 최신의 중국 지식을 얻고 있었던 것이다. 그는 자연스레 중국의 언어·구비전설·금석문 등에도 커다란 흥미를 갖고, 자기의 연구가 성과를 거두어 인류역사를 완성시키지 않으면 안 된다고도 생각하고 있었다.[103] 그래서 콜베르(Colbert, 1619–1683)가 금석문을 채집하여 중국어 연구의 자료를 모아 온 것에 크게 기대하고 있었던 듯하다. 또한 1679년에 안드레아스 뮐러(Andreas Müller, 1630–1694)가 『클라비스 시니카』(*Clavis Sinica*)를 간행하는 데에도 지대한 관심을 갖고서 성원하였는데,[역주55] 그 기회에 썼던 편지 속에 역시 중국의 일이 매우 적절하게 논의되어 있다.[104] 1687년에는, 이 해에 출판된 『중국의 철학자 공자』에 대한 감상을 헷센–라인펠트의 에른스트 지방장관(Landgraf Ernst von Hessen–Rheinfeld)에게 적어 보낸 편지 속에, 이 책에 수록된 중국사 연표가 매우 중요한 이유를 지적하고, 그것에 의하면 복희나 황제가 너무 "대홍수"에 가깝게 되지만, 그러나 유대역사를 제외하고는 모든 역사 가운데 중국사가 가장 믿을 만하며, 또 적어도 황제의 존재는 의심할 수 없다고 말하고

---

55 이 책은 중국어 문법 학습서로 『중국으로부터의 새소식』(1699) 「서문」에도 언급되어 있다.

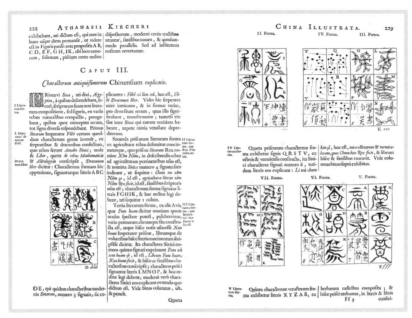

▲ 그림 37 『중국도설』(1667) 제3부 중국의 문자, 제3장 중국의 고대문자 설명

있다.105) 2년 뒤 1689년에 그는 로마에 갔는데, 마침 그 즈음 중국으로부터 돌아온 예수회의 그리말디(Grimaldi, 1639∼1712, 閔明我) 신부와 알게 되고, 그로부터도 중국에 대한 귀중한 지식을 얻었던 것이다.106)

앞서 말한 「조합법」을 충분히 활용하여 발명의 기법으로서 효과를 올리기 위해서는, 우선 모든 개념을 주도면밀하게 분석하여, 이를 기본적인 요소로 분해하는 것에 힘써야 한다. 그런데 모든 개념을 주도면밀하게 분석한다는 것은 예사롭지 않은 방대한 작업이어서, 제아무리 라이프니츠라고 해도 도저히 한 사람의 힘으로 이루어낼 수 있을 만한 일이 아니었다. 그래서 먼저 유럽의 학자들뿐만 아니라 나아가서는 중국의 학자들까지도 규합하고, 세계 각지에 아카데미를 창설하는 동시에 그 연맹을 결성하여, 이 연맹의 통제와 각 아카데미의 협력을 통하여 최초로 세계의 모든 지식을 망라한 백과사전을 편찬한 다음에, 이를 기반으로 제 개념의 분석에 착수하는 길밖에 없다고 라이프니츠는 생각했다. 1676년 3월 그가 파리에 체류 중 작성한 각서에 그의 계획이 서술되어 있는데,107) 이를 기반으로 하여 브란덴부르크 선제후選帝侯의 부인 소피아 샬로트(Sophia Charlotte)의 노력에 의해 최초로 아카데미가 세워졌다. 이것이 후에 왕립 프러시아 학예원으로 된 베를린의 학예원이었다.

그것의 실질적 창설은 1711년의 일이었지만, 라이프니츠는 1697년에 이 학예원을 위한 하나의 계획안을 작성한 바 있다.108) 거기에서 그는 이 학예원 출신 선교사를 중국에 파견하여 수학과 천문학으로써 존경과 신망을 얻을 것, 그 자신의 발명으로 만든 「0·1수학」(2진법)으로써 복희의 문자(64괘)를 해석함으로써 그들을 경탄하게 할 것, 러시아를 거쳐 극동과의 무역을 도모할 것 등을 말하고 있다. 또한 학예원의 재원으로는 복권 이외에 양잠·방직 사업 등을 예정하고 있었다.

그런데 이 「0·1수학」(2진법)이라는 것은, 요컨대 0과 1을 조합하여 모든 수를 표현하는 체계인데, 이것이 음효(--)와 양효(—)의 조합으로써 8괘, 64괘를 형성하는 방법과 유사하다는 것은 분명하며, 라이프니츠는 이런 「0·1수학」으로써 '무'로부터 '유'를 낳는 신의 창조를 상징할 수 있다고 생각했다.109) 그래서 1697년에 루돌프 어거스트 공작(Duke Rudolf August von Wolfenbüttel)에게 보낸 편지에 이 내용을 적는 동시에,110) 이런 생각을 중국 주재 그리말디 신부에게 써 보냈는데, 그리말디 가 이것을 중국 황제에게 설명한다면, 황제는 창조에 관한 기독교 신조의 훌륭한 점을 쉽게 이해할 것이라고 말하고 있다.111)

그는 또한 같은 해 1697년에 「강희31년 기독교 해금 유음諭音」에 관한 책을 저 술하였는데,112) 그 서문에서 중국인이 과학에 있어서도 예술에 있어서도 곧 유럽인 을 능가하게 될 것이라고 예상하고, 그러나 그것은 서로한테 경사스럽기 그지없는 일이라고 말하고 있다.

> 그렇지만 유럽인으로서도, 중국으로부터 예의범절과 세계적으로 탁월한 통치 술을 배울 필요가 크다. 유럽인의 사회생활이 매우 무질서하다는 느낌이 점 점 더 강해지고 있다. 우리 유럽인은 참된 종교를 그들의 땅에 전하기 위해 선교사를 파견하고 있지만, 중국의 통치술과 그들의 완벽한 자연종교를 우 리에게 전해 주기 위해 중국 쪽에서도 역시 총명한 정치가를 유럽에 보내는 것이 필요할 것이다.113)

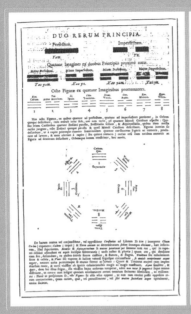

▲ 그림 38 『중국철학자 공자』(1687)의 음양 4괘 8괘 등에 대한 설명과 64괘^{역주56}

▲ 그림 39 『중국으로부터의 새소식』(제2판, 1699)

56 역(易), 음양, 4괘, 8괘, 64괘 등에 대한 설명이나 그림은 『중국철학자 공자』(1687) 이전에 마르티니의 『중국상고사』(1658)나 스피젤리우스의 『중국의 인문학』(1660)에도 이미 실려 있었다.

이와 같은 내용도 그는 이 서문에 적고 있다. 이렇듯 그는 유난히도 동서문화교류를 열망하였는데, 역시 같은 해인 1697년에 예수회의 베르주(Verjus, 1632 – 1706) 신부에게 보낸 편지에서, "중국과 유럽이 서로의 문화를 배우게 된다면, 양자가 각각 수천 년 동안 축적한 문명의 총량을 서로 얻는 것이 되고, 일거에 양자가 모두 그 문화를 배가시킬 수 있을 것"이라고 열의에 찬 기대를 표명하고 있다.114) 그리고 이런 문화교류에 필요한 도구로서 그가 창안한 「조합법」 내지는 그것이 발전된 「보편어」(la langue universelle)가115) 크게 효용을 발휘해야 하는데, 베르주 신부에게 보낸 편지에서 이 점도 말하고 있다.

1699년에는 그의 『중국으로부터의 새소식』(*Novissima Sinica*) 제2판이 출판되었는데(라틴어본, 1697년 초판), 그 서문에 나타나 있는 내용은 그가 얼마나 중국을 찬미했는지를 아는 것 이상으로 매우 흥미롭다. 거기에는 당시에 유럽과 중국의 2대 문명이 상호간에 알고 접촉하여 서로가 유익함을 얻는 데 이르는 것은 참으로 절묘한 하늘의 배려로서 찬탄할 만하다는 것, 공자의 가르침은 중국의 공공 및 사생활에 완벽한 질서와 복리를 주고 있다는 점에서 유럽인이 취하여 배워야 할 것이 매우 많다는 것 등이 기록되어 있다.^{역주57}

이렇게 라이프니츠는 동서문화의 교류에 마음을 불태우고 있어서 중국에 대한 지식욕에 들떠 있었기 때문에, 유능한 학자가 이와 다른 일에 몰두하는 것을 보면 꽤 답답함을 느꼈던 모양이다. 1701년에 그는 라 크로쯔(La Corze)에게 중국어 연구를 권유하였다. 강희제의 명에 의하여 만한滿漢사전 편찬작업이 이루어지고 있었는데, 여기에 유럽어 해석을 덧붙이도록 그 자신이 예수회 신부에게 권고하고 있다는 것을 고지함으로써 이 언어학자의 흥미를 중국어로 이끌고자 했다. 그러나 라 크로쯔는 아르메니아어 사전의 편집에 몰입해서 다른 것을 돌아보지 않았기 때문에, 라이프니츠는 그에게 편지를 보내어, 그것도 매우 훌륭한 일이지만 중국어를 연구하

---

57 이 서문은 영어로 번역되어 출간된 바 있으며, 라이프니츠의 중국 관련 저술을 모아서 편역한 우리말 번역서에도 실려 있다.

Lach, Donald F.(1957). *The preface to Leibniz's Novissima Sinica*. Honolulu: University of Hawaii Press.

이동희(2003). 『라이프니츠가 만난 중국』. ㈜이학사. pp.36 – 57.

계몽사상가들의 눈에 비친 유교문명

는 쪽이 가치가 크다고 권했고, 또한 이듬해에 아르메니아어는 『성서』의 해명에 필요할 뿐이겠지만 중국어 연구는 그것보다도 더 "무한하게 유용"하다는 것을 그에게 재차 지적하고 있다.116)

1699년에 그는 파리 아카데미의 회원이 되었는데, 1701년에 「0·1수학」에 관한 연구를 이 아카데미에 보내며 그 말미에 「0·1수학」으로 역易의 64괘를 해석한 내용을 첨부하였다. 라이프니츠는 이 「0·1수학」으로써 중국인에게 유럽과학의 우수한 점을 알리는 동시에 "중국세계관의 유구하고 신성한 전통", 즉 역易과 이 과학이 일치한다는 점을 그들에게 이해시킨다면 기독교 전도를 크게 도울 수 있을 것이라는 희망을 가지고 있었다. 그가 1709년에 드 보스(P. de Bosses)에게 보낸 편지에서도 이런 희망에 관해서 말하고 있고,117) 또한 피터 대제에게 러시아 아카데미의 창설을 권고하고 여기에서 중국에 포교단을 파견하는 사업과 관련해서도 역시 그 희망을 재차 강조하고 있다.118) 그가 처음으로 피터 대제를 알현한 것은 1711년인데, 그때에 라이프니츠는 자기가 품고 있는 아카데미 설립 및 백과사전 편찬 계획을 황제에게 설명했던 것이다.119) 그 계획의 목표로서, 특히 러시아를 중개자이자 주수익자로 하는 중국과 유럽 사이의 통상 및 문화교류 나아가 동서 양문명의 융합을 술회했다.

이상은 라이프니츠가 청년기부터 만년에 이르기까지 평생토록 중국 및 유교문명에 지대한 관심을 가졌고, 그가 이상으로 삼고 있던 일종의 종교적 내지 문화적인 세계통일을 위하여 가장 중요한 역할을 할 나라로서 늘 중국에 주목하고 있었다는 것을 몇 가지 예를 들어서 약술한 데 불과하다.

특히 중국사상의 형이상학적 방면에 대해서도 그가 깊이 조사·연구하고 있었다는 것은 드 르몽(de Rémond)에게 준 장문의 편지에 잘 나타나 있다. 예전문제에 대해서 예수회와 항상 맞서고 있던 파리의 「외방전도회」가 1700년에 롱고바르디(Longobardi, 1559−1654, 龍華民) 신부와 쌍뜨 마리(Sainte−Marie, 1602−1669, 利安當) 신부의 예전문제에 관한 두 저술을 출판하였다. 이들은 「외방전도회」의 주장에 따라 중국종교의 무신론적인 점, 즉 미신적인 점을 제사의 실제와 철학사상 양 방면에서 논증하려고 했던 것인데, 롱고바르디 신부의 책은 오로지 철학사상만 취급하고 있다. 그 저술 안에, 중국인의 소위 "리理"는 늘 영원히 불변이며 기획 없이 무목적인 실체라는 것, 그것은 모든 존재의 요인이고 따라서 또한 만물의 원인인 동시에 그것에는 생명도 지각도 없어 단지 순수하게 허정虛靜하고 미묘하게 투명한 것이고 질質도 형形도 없어 단지 마음으로 알 수 있는 데 지나지 않는 것, 그러면서도 동시에 그것은 정신적 존재는 아니고 또한 목·화·토·금·수가 가진 것과 같은 "능동적 성질"도 "수동적인 성질"도 갖지 않는다는 것, 그러므로 중국인은 물질을 떠난 정신적 존재에 대한 인식이 없고 단지 몇 개 정도의 물질을 생각할 뿐이라는 것, 따라서 그들이 받드는 것은 절대적인 유물사상이라는 것 등이 서술되어 있다. 그런데 라이프니츠는 **이성의 근본적인 요구인 자연종교**가 전 인류 안에 의당 존재하고 있다고 하고 또한 중국에서 **가장 완벽한 자연종교의 전형**을 확인할 수 있다고 생각하고 있었기 때문에, 롱고바르디 등이 이 책을 저술할 적에 중국사상을 유물론이라고 단정하는 것은 부당하다고 드 르몽에게 장문의 편지를 써서 중국인의 사상에 대한 자신의 관점을 상술했던 것이다.120)^{역주58}

즉 그의 생각으로는, 정신적 존재라고 해서 물질로부터 완전히 이탈되어야만 하는 것은 아니므로, 중국인이 이런 분리를 하지 않았다고 해서 그들을 유물론자라고 단정하는 것은 타당치 않다는 것이다. 천사에게도 신체가 있기 마련이고, 사유하는 마음에도 얼마간 물질적인 요소가 남아 있다. 그러나 "리理"는 단연코 물질이 아니다. 왜냐하면, 그것은 "기氣" 곧 물질을 낳게 하는 것일 뿐이기 때문이다. 그것은 우주를 둘러싸고 있으며 만물을 주재하는 것으로서 유럽사상에서의 신적인 존재에 상응한다. 그것의 속성은 무한하고 유구하며 창조된 것이 아니라는 점에서 신의 속성과 완전히 일치한다. 그것은 천지만물의 물리적 원리임과 동시에 덕, 습성, 그 밖의 모든 정신적인 것의 도덕적 원리이다.121) 그러므로 중국인은 그것을 태일太一이라 부른다. 생각컨대, 본체로서는 그것이 분할을 용납하지 않기 때문이다. 그러나 이 본체에는 모든 것의 본질이 마치 맹아처럼 포함되어 있다.^{역주59}

그리고 "리理가 기氣를 낳는다"고 하는 점에서, 중국사상은 그리스철학보다도 훨

---

58 이 편지가 바로 「중국인의 자연신학론」(Discours sur la Théologie naturelle des Chinois)이다. 이 논문은 로즈몽과 쿡(Henry Rosemont, Jr. & Daniel J. Cook)에 의해 영역되어 출간된 바 있다. 이에 대한 우리말 번역도 있는데, 이동희의 전게서에 실려 있다(pp.85-165).
Discourse on the Natural Theology of the Chinese(University Press of Hawaii, 1977).

59 이 문단은 드 르몽에게 보낸 편지, 즉 「중국인의 자연신학론」의 기사를 발췌하여(§5. §6.의 주요 내용)을 소개한 것이다. 이동희의 전게서, pp.92-92 참조.

씬 기독교신학에 가깝다. 그리스철학에서 물질은 신과 병존하며, 신은 그것에 형形을 부여할 뿐 그것의 창조주가 아니다. 또한 이 "리理"는 곧 상제나 다름없기 때문에 마테오 리치의 말처럼 상제라는 명칭에서 보아도 중국인은 진정한 유일신을 숭배해왔다는 것이 된다. 그러므로 "사람의 마음에 내재하는 자연의 법칙을 세상에 드높인다"고 하는 의미에서의 가장 순수한 기독교의 풍모를 중국종교에서 확인할 수 있으며, 그것은 곧 **"계시와 은총이 없는 기독교"**라고 말할 수 있다.

이상이 라이프니츠의 의견이다. 계시와 은총이 없는 기독교는 이미 기독교가 아니라는 것, 또한 기독교는 결코 "사람의 마음에 내재하는 자연의 법칙을 내세우고 드높이는" 종교가 아니라는 것은 이미 제1장에서 말해 두었다. 여기에서 라이프니츠는 기독교의 이름 아래, 실은 그것과는 전혀 다른 것 혹은 오히려 그가 이랬으면 하고 바라는 바의 기독교, 즉 중국사상을 준거로 하여 **자연종교화된 기독교**를 염두에 두고 있었던 듯하다. 그러나 이러한 기독교는 이미 기독교로서 성립하지 않는다.

드 르몽에게 쓴 이 편지로써, 라이프니츠가 중국사상의 형이상학적인 방면에 대해서도 깊은 이해를 갖고 있었다는 것을 알 수 있으므로, 다음으로 그의 형이상학이 형성되는 과정에 중국문명 내지 중국철학이 어떠한 시사점을 제공했는지 고찰하기로 하자.

그의 출발점이 되었던 것은 앞서 말한 「조합법」이란 사고였다. 그것을 서술한 책자가 출판된 것은 그가 19세 때인 1666년이었는데, 실은 그 전 해에 그것을 착상하였고 그때의 잊지 못할 예사롭지 않은 환희를 훗날에 올덴부르크(Oldenburg)에게 보낸 편지에서도 말하고 있다.122) 「조합법」이 한자의 조성법組成法으로부터 시사받았다는 사실은 앞서 말한 것처럼 「조합법」을 기록한 책자에서 중국문자를 예증으로 내세우고 있다는 점, 또한 그로부터 발전시킨 「실제적 문자」(Caractéristique réelle)를 올덴부르크에게 설명한 편지에서 역시 이집트 및 중국의 상형문자를 예를 들고 있다는 점,123) 1676년 3월 26일부 자필각서에서도 「조합법」과 관련하여 중국문자를 설명하고 있는 점124) 등으로부터 본다면 거의 의심할 여지가 없다.[역주60] 이런 식

60 한자에 대한 관심은 라이프니츠만의 유별난 것이 아니고 그 유례가 더 오랜 것이었다. 1605년 출간된 베이컨(F. Bacon, 1561-1626)의 저술에서도 한자에 대한 흥미로운 견해를 접할 수 있다.
"현재 잘 알려져 있다시피, 중국과 그 주변 동쪽 지역에서는, 명명하는 데 쓰일 뿐인 문자가 아닌

으로 그는 독자적인 논리사상을 전개해 나갔던 것인데, 「조합법」을 시행하기 위하여 먼저 모든 복합개념을 약간의 요소개념으로 완전히 분해할 필요가 있었다.^{역주61} 그런데 이것은 곧 모든 참인 명제에서 술어는 주어에 완전히 포함된다는 것을 의미한다. 바꿔 말하면, 모든 진리가 분석적이라는 것이다. 이로부터 그의 「충족이유율」 (the principle of sufficient reason)의 사고가 유래하고 있는 것인데, 이 「이유율」이라는 것은 곧 사실적 또는 역사적인 진리도 포함해서 모든 진리가 그것 자체에 대한 분석에 의하여 증명된다는 것, 즉 이를 통속적으로 말하면, 모든 것은 그것 자체 안에 그 충분한 이유를 갖는다는 것, 충분한 이유 없이 존재하는 것은 없다는 것 (nothing occurs without a reason), 만물은 마땅히 그렇게 존재해야 할 이유에 의거해서 존재한다는 것을 지적하는 것이다.

물론 우리가 모든 것의 그럴 만한 이유를 의문의 여지 없이 충분하게 알 수 있다고 말하는 것은 아니다. 바꿔 말하면 모든 것의 개념적 내용을 우리의 오성悟性이 완전히 분석할 수 있다고 보지는 않는다. 그러나 인간의 오성보다도 우월한 오성, 말하자면 신의 오성은 그것을 이룰 수 있을 것이다. 「이유율」은 곧 신의 오성에 있어서 그렇게 된다는 것을 나타내는 것이다. 바꿔 말하면 그것은 만사·만물에 충분한 이유가 존재한다는 것, 모든 것에 당연히 그렇게 있어야 할 이유가 다 갖춰져 있다는 것을 나타내는 것이나 마찬가지이다.

「이유율」은 만물·만사에 다 그 "리理"가 갖춰진다는 것을 말하는 것인데, 그것을 적용할 때에는 그 점으로부터 여러 가지 원리가 파생된다. 예를 들어, 물리학에

실제적인 문자(real characters)를 바로 오늘도 사용하고 있다. 그것은 말을 표기하는 단순한 문자가 아니라 사물이나 개념을 나타낸다. 그래서 서로 언어가 아주 다르더라도 이런 문자를 공통으로 사용한다면 많은 나라들이 (말은 통하지 않지만) 문자를 필기함으로써 의사소통하는 게 가능하다. 이런 문자로 저술된 책은 각 나라에서 자기들 나름의 언어로 읽고 풀이할 수 있다."(And it is now well known, that in China and the more eastern provinces, they use at this day certain real, not nominal, characters, to express, not their letters or words, but things and notions; insomuch, that numerous nations, though of quite different languages, yet, agreeing in the use of these characters, hold correspondence by writing. And thus a book written in such characters may be read and interpreted by each nation in its own respective language.)

Bacon, F.(1605). **Advancement of Learning**, edited by Joseph Devey, M.A. (New York: P.F. Collier and Son, 1902). 6th Book. Ch.1, pp.248－249.

61 한자는 모든 글자가 한정된 요소로 구성되어 있다.

있어서는 먼저 「대칭률」 같은 것이 그 점으로부터 파생한다. 이는 "대칭적 구조를 갖는 저울의 축에 대해서 동일한 거리에 같은 중량의 분동을 각각 놓을 때 그 저울은 균형을 이룬다. 왜냐하면, 그때 저울대는 아무래도 어느 한 방향으로 기울어질 이유가 없기 때문"이라는 원리인데, 이는 「이유율」의 한 응용에 지나지 않는다. 또한 「동일자불가율」이라는 것이 있는데,^{역주62} 이것은 "자연계 안에 완전히 똑같은 두 개는 존재하지 않는다. 왜냐하면 둘로 따로 존재한다면 제각기 존재하는 이유가 있기 마련이고 그 둘은 같을 리가 없기 때문"이라는 원리이다. 이것도 역시 「이유율」의 한 경우이다. 이 두 가지는 어쨌든 「이유율」의 소극적 응용이지만, 그 적극적인 것으로서는, 예를 들면 자연법칙의 「간단성의 원리」가 있다. 이는 자연법칙은 항상 가장 간단한, 한층 더 적절하게 말하면, 가장 결정적인 형태나 형세를 취한다는 점을 말한 것으로, 그 이유는 곧 이렇게 존재하는 것이 당연한 이치가 되기 때문이다. 또한 유명한 「연속률」,^{역주63} 즉 서로 달리 주어진 두 개의 것이라도 차츰 가까워지게 되면 같은 부류로 파악하게 된다는 원리도 역시 「이유율」의 한 경우인데, 이렇게 파악하는 게 당연하다는 이치에 따라 그렇다는 것이다.

이렇게 볼 때 라이프니츠가 말하는 「이유율」은 정자·주자의 이학理學에서 말하는 당연지리當然之理와 매우 유사하다는 것이 분명한데, 그가 단지 「이유율」을 물리계의 제1원리로 삼을 뿐만 아니라, 또한 역사적·도덕적 내지 정신적인 모든 것에도 역시 「이유율」이 구비되어 있다고 한 것은 더욱 더 이 유사성을 깊게 한다고 말할 수 있다. 게다가 라이프니츠 철학에 있어서든 송대의 이학理學에 있어서든, 이 "리理"가 칸트철학이 말하는 것과 같은 의미에서의 보편타당성을 갖는 게 아니라, 인간의 깊은 오성과 관련하여 고찰되고 있다는 것은 특히 주목해야 할 점이다.

라이프니츠는 이 「이유율」을 자기 철학의 중심축으로 삼고, 그것을 "나의 대원리",125) "최고 질서의 법칙",126) "일반질서의 법칙", "신의 주요 의도나 목적"127)

---

62 고바야시는 이를 「무차별율」이라고 표기하였는데, 그 내용에 비추어 「동일자불가율」로 번역하였다.
63 이에 대한 고바야시의 설명은 모호하다. 「동일자불가율」이 "완전히 똑같은 두 개는 존재하지 않는다"는 원리, 즉 각 존재의 차별성에 주목한 원리라면, 「연속률」은 "다른 것처럼 여겨지는 것들도 서로 완전히 다르다고 볼 수 없는 속성이 있어 하나의 부류로 묶을 수 있다"는 원리, 즉 각 존재의 유사성에 주목한 원리이다.

등으로 칭하고 있다. 그가 「이유율」로부터 그의 전체적인 철학체계를 연역해낸 경이로운 책(그것도 그의 『단자론』 이전에)이 하노버의 구왕립도서관에 남아있다는 것은 꾸뛰라(Louis Couturat, 1868－1915)가 지적한 이래128) 사람들이 널리 아는 바이다. "리理"가 정주학程朱學에서 천지만물의 근본인 것과 마찬가지로 「이유율」이 라이프니츠의 전 사상체계에 기초가 되고 있고, 게다가 『단자론』 이전에 그가 자기의 철학을 개설한 중요한 저술에서 자기의 전체 사상을 「이유율」로부터 스스로 연역하고 있다는 사실은, 지금까지의 서술 중에 담겨 있는 숱한 시사와 더불어서, 저 멀리 서양의 철인이 자기의 「이유율」 사상을 정주학의 "리理"로부터 얻었던 게 아닌가 하고 추정하기에 충분하다.

그가 정주학의 리理사상을 잘 알고 있었다는 것은 앞에서 인용한 드 르몽에게 보낸 편지(「중국인의 자연신학론」)에 유감없이 나타나 있는데, 일반적으로 유럽에 정주학이 상세히 소개된 것은 『중국의 철학자 공자』, 즉 『대학』·『중용』·『논어』를 주자주에 입각하여 라틴어로 번역한 책이 1687년에 파리에서 출간된 이후의 일이다. 라이프니츠가 이 책을 읽었다는 것은 앞서 말했듯이 같은 해에 그것에 대한 감상을 헷센－라인펠트의 에른스트 지방장관에게 적어 보낸 사실에서도 알 수 있다. 그런데 그 시기 이전에는 그가 「이유율」(Principe de Raison)이라는 말을 사용하지 않았던 것 같다. 이는 확실하게 말하기는 어렵지만, 예를 들면 1670년에 「대칭률」을 언급하고 있는 책에서도 그는 「대칭률」을 (「이유율」과 관련짓지 않고) 단지 「대칭률」로서만 취급하고 있다.129) 그 당시 이미 그가 「이유율」의 생각을 가지고 있었다면 이러한 일은 있을 수 없었을 것이라고 생각된다. 그러나 이것들은 어쨌든 지엽적인 고찰에 불과하다.

일반적으로 중국, 특히 중국사상에 대해서 라이프니츠가 품고 있던 일종의 동경어린 탐구심과, 그리고 그의 「이유율」이 갖는 정주학의 "리理"와의 본질적인 유사성과, "리理"와 「이유율」이 양자의 철학에서 공히 그 전 체계의 중핵이고 기본이라는 것 등을 종합하여 고찰해 본다면, 라이프니츠가 「이유율」의 구상을 (정주학의) "리理"로부터 시사받았다는 것은 거의 의심할 수 없다고 말할 수 있다. 중국을 최대의 표적으로 하여 세계를 종교적 내지 사상적으로 통일하는 것을 생애의 이상으로 삼고 있던 그가 자신의 사상을 중국사상에 가깝게, 중국인도 이해하기 쉽도록 조직했다는 것을 우연한 일로 볼 수 있을까?

그런데 잠시 고찰의 방향을 전환한다면, 그의 「이유율」은 곧 신의 무한한 오성을 인간의 유한한 오성에 "표시"하는 것과 마찬가지이다. 이 "표시의 사상"도 역시 그의 철학체계에 있어서 매우 중요한 의의를 갖는다. 그가 18세에 「조합법」을 발상한 이래, 그가 모든 사물의 기본적 개념을 적절한 기호로써 표시하고, 이들 기호를 조합시킨 일종의 수학으로써 과오가 많은 인간의 추론에 대신하고, 나아가 확실한 발명發明의 수단으로 삼았다는 것은 주지의 사실이다. 뿐만 아니라, 그는 기호 내지 표시의 사상으로부터 그는 유한으로써 무한을 표시하는 것을 고안하고, 정신철학의 방면에 있어서 그것을 자신의 독특한 자연철학의 기초로 하는 동시에 수학 및 물리학의 방면에 있어서도 그것을 이용하여 수많은 경이로운 업적을 실현했던 것이다. 예컨대, 미분법·적분법 같은 것이 그중 가장 두드러진 업적이라는 것은 말할 것도 없다. 그런데 그의 전 사상에서 이렇게 중요한 의의를 갖는 "표시의 사상"도 역시 중국문자의 특성 및 역易의 괘로부터 시사받은 것으로 보인다.

그가 「조합법」을 말할 때에 처음부터 항상 중국문자를 예증으로 삼고 있다는 것, 그리고 그의 「0·1수학」으로써 「복희의 문자」, 즉 역易의 64괘를 해석하여 그것에 매우 만족했다는 것은 이미 앞에서 지적했는데, 현재 하노버의 구왕립도서관에는 소위 「복희의 문자」에 관한 그의 자필연구가 보존되어 있고, 그것에 덧붙여서 64괘를 나타낸 큰 도표도 남아 있다. 물론 이 도표는 라이프니츠의 것이 아니다. 그것은 아마도 부베 신부가 라이프니츠에게 보내 준 것으로 보인다.130)

하여튼, 그가 역易에 흥미를 느끼고 독자적인 방법으로 그것을 해석했다는 것은 매우 주목해야 할 점인데, 특히 역괘易卦에 나타난 것이 단순한 사물이 아니라 천지의 무한한 변화가 연속적으로 전개되는 양태를 상징한다는 것, 그리고 그것에 응하여 변화하는 것이 곧 역괘의 본질이라는 것으로부터 생각한다면, 라이프니츠의 "표시의 사상"은 먼저 중국문자로부터 시사받고 다음으로 역괘의 변화를 연구하는 데에 이르러서 비약적으로 심화되어 갔다고 하는 것이 타당하지 않을까 생각한다.

그런데 유한자가 무한자를 표시한다는 것은 곧 무한의 변화를 유한의 변화로써 표상하는 것이며, 유한자(형이상학적으로 말하면 "단자"<monade>) 상호간에는 하등의 본질적 교섭 없이, 그것들은 "창 없는" 실체로서 제각기 개별적인 방법으로 제각각의 정도에 맞게 무한한 변화를 자기 위에 표상한다. 즉, 그것들은 각각의 몫에 상응하여 우주 전체를 표출하는 소우주나 다름없으며, 그것들 위에는 항상 전 우주가 상징되어 있는 것이다. 그러므로 무한자와 유한자의 사이에 대응이 있고, 유비類比가 있고, 또한 따라서 유한자끼리의 사이에도 대응과 유비가 존재한다는 것이 된다. 역주64 이리하여 대응의 논리는 곧 모든 존재의 관계를 규정하는 논리가 되고, 이에 라이프니츠는 서양 본래의 고전적인 3단논법을 뛰어넘는 새로운 대응의 논리를 창출했던 것인데, 이러한 대응의 논리가 곧 중국 고유의 논리와 다를 바 없다는 것은 이미 제1장에서 약술한 바 있다. 그리고 천지의 변화에 늘 인간사의 변화가 대응하고 인간사 서로의 변화도 역시 항상 대응한다는 중국사상에 고유한 논리를 라이프니츠는 『중국의 철학자 공자』로부터 배웠던 것이다.131) 그리고 또 만물이 우연하게 교섭하는 것이 아니라, 서로 직접 「이유율」에 의해 대우주의 무한한 변화를 제각기의 방식으로 각각의 만물 위에 모두 대응적으로 표

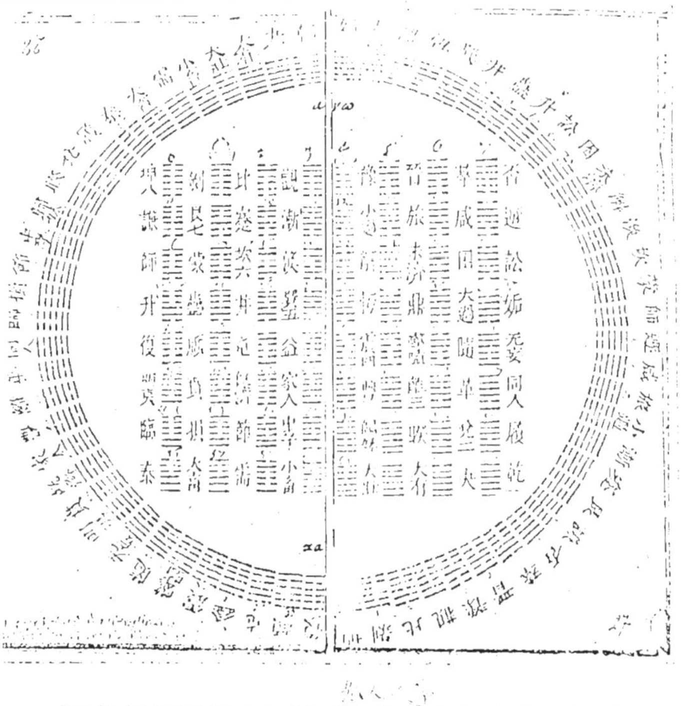

Plate 20. The Natural Hexagramm Order (*Hsien-t'ien Tz'u-hsu*), enclosed with Bouvet's letter to Leibniz of 4 November 1701 (Leibniz Briefwechsel 105, sheets 27–28) Courtesy of the Leibniz-Archiv, Niedersachsische Landesbibliothek Hannover.

▲ 그림 40　부베 신부가 편지로 전해 준 64괘도역주65

출한다는 그의 「예정조화설」(pre−established harmony)은 곧 천지만물이 모두 "리理"의 당연한 "도道"에 따라서 발전한다는 송대 이학理學의 "도"사상이 아니고 무엇이란 말인가?132)

64　라이프니츠는 「동일자불가율」과 「연속률」을 여기에 적용하고 있다고 역주자는 본다.
65　Mungello, D.(1985). *Curious land: Jesuit accommodation and the origins of sinology*.

이렇듯 라이프니츠의 사상은, 중국문자에서 시사받은 「조합법」으로부터 시작해서 역易 및 중국의 논리에 의해 그의 "대응사상"을 심화하고 정주학의 "리理"로부터 「이유율」의 사상을 얻고 이들의 "도"사상으로부터 「예정조화설」을 발전시킴으로써 서양철학에 독자적인 지위를 차지하는 사상체계, 웅대하고도 현란하고 조화로운 놀랄 만한 체계를 완성할 수 있었던 것이다. 그의 사상체계에서는 다른 서양철학에 자주 보이는 것처럼 과학과 형이상학·도덕·종교 등이 서로 무관하게 분리되어 있는 게 아니라, 모두 「이유율」에 따라 한결같이 이미 조화롭고 아름답게 대응하는 상징으로서 표현된다는 것은 동양사상 본래의 종합적인 경향에 조응하는 것으로서 특히 주목해야 할 점이라고 생각한다.

볼테르

중국의 도덕 및 정치는 17세기 중엽부터 18세기에 걸쳐서 계몽사상가에게 찬미의 대상이 되었는데, 그들이 받은 감격의 깊이에는 예사롭지 않은 점이 있었다. 1687년에 『중국의 철학자 공자』가 출판되어 유교의 도덕 및 정치사상이 상세히 소개된 이후부터는 특히 그 추세가 더욱 왕성해졌다. 이에 관해서 고려하지 않으면 안 될 것이 있다.

첫째로, 중국이 실제로 서양 각국보다 우수한 문화를 고대부터 가지고 있었다는 것이 명백한 사실이라고 해도, 당시 유럽에 있어서 거의 유일한 중국지식의 원천이었던 예수회 출판의 제반 저작, 특히 『중국의 철학자 공자』가 중국을 완전무결한 문명의 낙토로서, 유일하게 노아의 대홍수 이전까지도 거슬러 올라가는 가장 오래된 문명국이자 신의 계시를 전승하는 나라로서, 바꿔 말하면 어떠한 찬미와 모방을 하더라도 그럴 가치가 있는 이상국가로 유럽에 소개한 것은 지금까지 서술한 대로 예전문제에 대한 필요에서 그리고 중국에 대해서 솔직하면서도 동시에 다소 정책적

Stuttgart: Franz Steiner Verlag Wiesbaden GMBH. p.324.

이고 선전적 태도도 수반하는 이상화 작용에 의하여 이루어졌다는 점이다.

둘째로 생각하지 않으면 안 될 것은, 마찬가지의 필요와 작용(예전문제에 대처할 필요에 따른 이상화 작용) 때문에 중국사상이 눈에 띄게 보편화되고 대단히 일반화·합리화되어 서양인도 소화하기 쉽고 감탄하기 쉽고 모방하기 쉬운 모습을 띠고 전해졌다는 점인데, 이와 관련해서는 당시에 중국이 강희제의 주자학 존숭정책의 결과로 극도의 정주학 전성기였기 때문에, 자연히 주자학파의 합리적이고 상식적인 유교사상, 시대와 지역에 구애됨 없이 일반적으로 응용될 수 있는 유교사상이 서양인에게 학습되고 전수되었던 사정도 아울러서 고려하지 않으면 안 된다. 『중국의 철학자 공자』가 오로지 주자주에 의거하고 있었다는 것은 두말할 나위가 없다.

사실 중국문명에는 서양이 채택하여 배워야 할 것이 매우 많았던 데다가 그것이 이렇게 현저하게 보편화되고 낯설어 보이지 않게 엄밀한 선택을 거쳐서 소개되었기 때문에, 마침 사회 전반에 대한 개량의 요구와 논의가 무성했던 당시로서는 사람들이 열심히 중국을 연구하여 거기에서 개선의 모범을 찾고자 했던 것은 지극히 당연한 일이었다. 이런 일은 특히 『중국의 철학자 공자』가 출판된 후 매우 왕성해졌는데, 예컨대 이 책을 바탕으로 해서 유교도덕의 요지를 간명하고 평이하게 기술한 『공자의 도덕』(*La morale de Confucius*, 불어본, 1688)의 저자는, 한편으로 학문·발명·진보 모든 것을 쓸모없다고 하는 니콜(Nicole)의 쟝세니스트 도덕에 대해서 분개하는 동시에, 다른 한편으로는 말브랑슈 등 형이상학자의 고원하게 보이는 번쇄한 이론의 비실용성을 지적하고, 온건하고도 직설적으로 "모든 사람의 마음속에 내재하는 바른 이성"의 가르침에 따른 공자의 중용도덕이야말로 만인이 모두 기꺼이 채용하려고 원하는 것이라고 말하고 있다.133) 즉, 그는 과격하거나 우원迂遠한 재래의 서양도덕에 대신하여 공자의 중용도덕으로써 실제적으로 사회생활의 개선에 기여하려고 했던 것이다. 이러한 생각이 결코 볼테르 혼자만의 생각이 아니었다는 것은, 예를 들면 같은 해에 나온 시몽 푸셰(Simon Foucher, 1644-1696) 신부의 『공자의 도덕에 관한 편지』에134)역주66 중용도덕에 대한 마찬가지의 만족과 찬미와 희망

---

66 이 책과 『공자의 도덕』(*La morale de Confucius, philosophe de la Chine)*을 합본한 책이 1783년에 프랑스 법무대신 미로메스니 후작(Le Marquis de Miromesnil)의 명에 의해 파리에서 발간되기도 하였다. 이 합본집의 간기(刊記, Avis de l'imprimeur)에 의하면, 『공자의 도덕』이라는 번역본은

이 열성적으로 표명되어 있다는 사실로부터도 충분히 헤아릴 수 있다. 더욱이 『중국의 철학자 공자』에 의해 소개된 유교사상으로부터 당시 사회가 특히 감명을 받았던 점은 중국에서는 도덕과 정치가 완전히 일치된다는 것인데, 예를 들면 베르니에(F. Bernier)처럼 이런 일치를 프랑스 왕정에 실현함으로써 프랑스에도 중국과 같은 융성을 실현할 수 있다고 주장한 사람이 있을 정도였다.135)

그러나 유교의 도덕설을 곧 자기의 도덕설로 하고 그것을 힘차게 내세우는 한편, 기독교도덕은 상식에 너무 벗어나서 인간의 심정에 아주 적당하지 않은 까닭을 통절하게 논박함으로써 당대의 인심을 이끌었던 것은 볼테르였다.

볼테르는 라이프니츠와 비교한다면 사상가로서 한수 아래이고 실천가로서도 열성과 기백이 한참 미치지 못했다. 그러나 늘 명랑하고 쾌활하여 낙천적 기질에 상응하는 유창한 문장으로 통렬하면서도 경쾌하고 묘미있게 기독교를 야유하는 그의 필법은 당시의 인심과 딱 맞아 떨어져서 저술을 출간할 때마다 파리나 암스테르담의 종이값을 올라가게 했던 것이다.

그런데 그의 사상은 자기 자신의 것으로만 머무는 데 그치지 않고 곧바로 당시 유럽사회 일반인의 사상으로 확산되었다고 하는 점에서 의의가 있다. 그의 사상역정을 밟아가 보면, 당시 유럽의 일반적 사상이 걸어간 길을 펼쳐 볼 수 있다. 개인으로서 깊이 사색했다기보다는 사회에 널리 감화를 주어, 오래도록 영향을 미칠 획기적이고도 보편적인 일대 비약을 유럽사회의 사상 위에 초래했다는 점에서 그의 사상적 활동의 의의는 인정되지 않을 수 없다.

사실 그의 지칠 줄 모르는 논쟁의 성과로서, 매우 극단적이고 분리적이고 음험한 기독교도덕이 종전의 지배적 지위에서 밀려나고, 알기 쉽고 명료한 이성에 바탕을 둔 종합적이고 보편적이고 조화롭고 중용적인 중국풍의 새로운 도덕이 프랑스를 중심으로 해서 유럽에 두루 충만하게 되어, 이에 비로소 명랑한 세상이 유럽인의

1688년 사부레(P. Savouret)에 의해 암스테르담에서 출간되었다고 적고 있다. 또한 이 간기 다음 장에는 왕실검열관의 1783년 3월 15일부 승인장이 붙어 있다. 이 합본집은 서울대학교 중앙도서관에도 소장되어 있다.
La morale de Confucius, philosophe de la Chine, Paris, 1783. Avis de l'imprimeur & Approbation du censeur Royal 참조.

생활에 활짝 열렸던 것이다. 이는 서양사상의 소산이라고 하기 어렵고, 저들의 생활에 한층 더 근본적인 일대 변혁이 일어난 것이라고 할 수 있다. 이런 성과를 거두기위해서 볼테르는 한편으로 중국풍의 도덕, 한층 더 적절하게 말하면 정주학의 성리性理도덕을 크게 고취하는 동시에, 다른 한편으로는 억압적인 기독교도덕의 방호벽인 기독교적 세계관에 논박의 화살을 들이댔다. 그리고 예수회 신부가 소개한 중국문명의 유구한 존재를 무기로 하여 기독교적 세계관의 동요를 결정적 붕괴로까지이끌었던 것이다. 그러나 그는 기독교적 세계관을 무너뜨리는 동시에 중국을 포함한 새로운 보편적 세계사를 수립했던 것인데, 아마도 그의 사상가로서의 가장 독창적인 공적이 바로 여기에 있는 것이 아닌가 생각한다.

먼저 중국을 받아들여 자기 것으로 삼음으로써 유럽인의 세계사를 갱신한 볼테르의 업적에 대해서 말하고, 그런 후에 정주학에 터한 그의 이성도덕의 설을 간단히 서술하기로 하겠다.

마르티노 마르티니 신부의 『중국상고사』에 강하게 자극받아 소위 "중국사의 연대문제"가 활발하게 논의된 결과, 구약세계사가 도저히 유지될 수 없다는 것이 점차 명백해지고, 이어서 종래의 종교적 관심에 대신하여 근대적인 과학적 양심을 가지고 수행하는 역사연구법이 프레레에 의하여 제창되어 나왔다는 것은 앞서 말한바 있다. 볼테르가 당시로서는 더없이 완전하게 이 방법을 실현함으로써 근대사학을 위한 탄탄대로를 열었던 것인데, 역사에 대한 이해를 가장 큰 특징으로 하는 근대문명의 위대한 지도자로서 그의 이름이 늘 상기되는 이유가 바로 여기에 있는 것이다. 즉, 중국역사를 발견한 때부터 기독교적 세계관이 이미 유럽인의 지식진보에더 이상 뒤따를 수 없게 되고 당연히 버려야 할 운명에 처하게 되자, 타성적 권위를고수하고 있던 기독교의 편협한 세계관에 종지부를 찍고, 서양인을 위하여 세계의실정에 완전히 적합한 세계관을 창작하여 새로운 방법에 의한 새로운 역사의 모범을 제시한 데에 역사가이자 더 나아가 사상가로서 그의 불후의 공적이 있다고 생각한다.

볼테르 이전의 세계사가 당시의 구체적인 지식으로부터 어느 정도 동떨어져 있었는지는 프랑스 문단에 유명한 보수에(Bossuet, 1627-1704)의 『세계사론』에136) 중국을 비롯한 동아시아 각국에 관한 얘기가 한마디도 언급되어 있지 않다는 것이 좋은

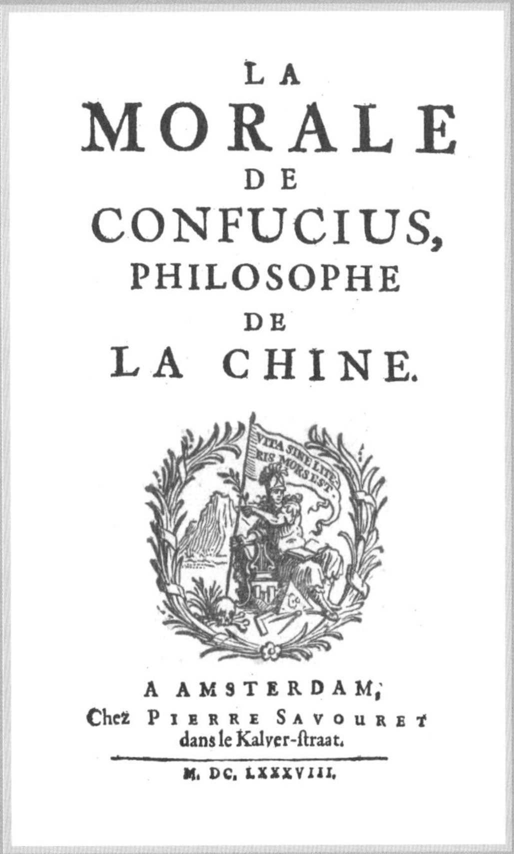

LA
MORALE
DE
CONFUCIUS,
PHILOSOPHE
DE
LA CHINE.

A AMSTERDAM,
Chez PIERRE SAVOURET
dans le Kalver-straat.
M. DC. LXXXVIII.

▲ 그림 41 『공자의 도덕』(1688) 속표지

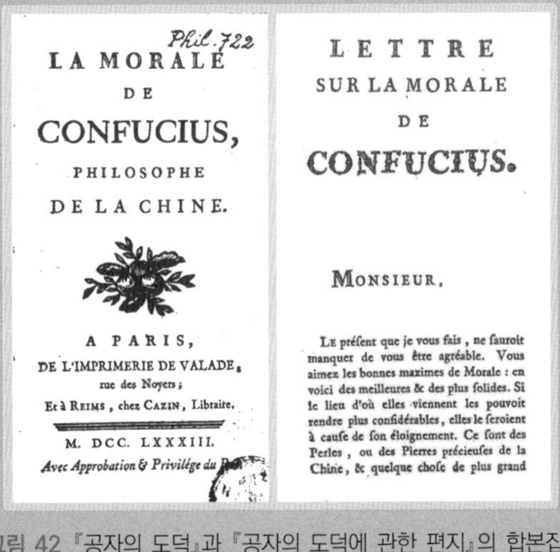

Phil. 722
LA MORALE
DE
CONFUCIUS,
PHILOSOPHE
DE LA CHINE.

A PARIS,
DE L'IMPRIMERIE DE VALADE,
rue des Noyers;
Et à REIMS, chez CAZIN, Libraire.
M. DCC. LXXXIII.
Avec Approbation & Privilége du R.

LETTRE
SUR LA MORALE
DE
CONFUCIUS.

MONSIEUR,

LE préſent que je vous fais, ne ſauroit
manquer de vous être agréable. Vous
aimez les bonnes maximes de Morale : en
voici des meilleures & des plus ſolides. Si
le lieu d'où elles viennent les pouvoit
rendre plus conſidérables, elles le ſeroient
à cauſe de ſon éloignement. Ce ſont des
Perles, ou des Pierres précieuſes de la
Chine, & quelque choſe de plus grand

▲ 그림 42 『공자의 도덕』과 『공자의 도덕에 관한 편지』의 합본집(1783)

예증인데, 볼테르는 이 『세계사론』을 "세계 일부분에 대한 역사론"이라고 야유하고,[137] 『제민족풍속론』(*Essai sur les mœurs et l'esprit des nations*)에서[역주67] 중국문명을 찬미하여 서술함으로써 제1장을 시작하고 있다.

이 『제민족풍속론』은 지구상에서 상당한 정도로 문명의 빛을 발했던 각 민족들의 문화사인데, 이것을 감히 만국사라고 말하지 않았다는 점에서 볼테르의 태도라고 보기에는 의외일 정도로 고매한 역사가의 식견이 엿보인다. 이 저술은 소위 만국사의 얄팍한 억지 통일사관을 배척하고 각 민족에게 특색 있는 역사적·문화적 발전을 서술해 나아간 것으로서, 여기에는 근대사학의 가장 강력하고도 정당한 요구가 선각자적 통찰에 의하여 유감없이 발휘되어 있다. 그리고 그에게 이러한 요구를 불러일으키고 그 요구를 관철해 내는 힘을 주었던 것은 실로 기독교적 세계사와는 모든 관련을 거부하는 중국문명의 엄연한 존재, 바로 그것이었다.

볼테르의 중국관과, 그것이 그의 사상을 형성하도록 작용했다는 점이 바로 이 『제민족풍속론』 속에 아주 명료하고도 완전하게 드러나 있다. 이 저술의 중국에 관한 기술은 예수회 신부의 제 연구, 특히 뒤 알드의 『중화제국지』를 바탕으로 하고 있는데, 이밖에 르 꽁트의 『중국현세신지』나[138] 그 당시 널리 유포되어 있었다고

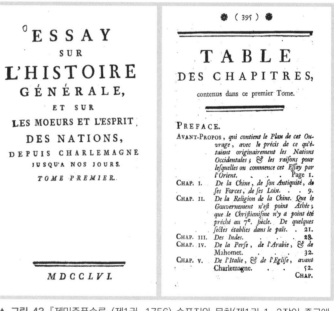

▲ 그림 43 『제민족풍속론』(제1권, 1756) 속표지와 목차(제1권 1·2장이 중국에 대한 것)

역주67 이 책의 온전한 제목은 다음과 같다. 『제민족의 역사 및 풍속과 기질에 대한 시론−샤를마뉴 시대로부터 오늘날에 이르기까지−』(*Essay sur l'histoire générale, et sur les mœurs et l'esprit des nations, depuis Charlemagne jusqu'a nos jours*).

계몽사상가들의 눈에 비친 유교문명

생각되는 파렌닝의 여러 편지들도 인용되어 있고,139) 또한 뒤 알드의 수중에 있던 탁본140) 및 푸케(P. Fouquet, 중국에서 25년간 지냄) 신부로부터 직접 들었던 이야기들도 예증으로 사용되고 있다.141) 대체로 당시의 가장 새로운 지식에 의거하여 중국문명의 윤곽을 서술하고 있는데, 볼테르는 특히 다음 몇 가지 점을 강조하고 있다.

첫째는 중국문명의 이성적 특질인데, 다른 민족이 신화를 만들고 있던 시기에 아니 오히려 그보다 더 일찍 중국인은 역사를 쓰고 있었다는 것, 중국의 역사에는 사람의 지혜로는 헤아릴 수 없는 초자연적인 불가사의나 신의 계시를 받았다고 칭하는 반신적 인물에 대한 얘기가 전혀 없는데다가 세계의 기원을 설명하려고 꾸며낸 신화 같은 것도 결여되어 있다는 것, 중국인은 문자를 쓰기(書) 시작한 때부터 이미 합리적인 사실을 기록하고 있었다는 것 등에 대단히 감탄하고 있다.142)

따라서, 둘째로는 다른 어떠한 민족의 역사보다도 중국사가 훨씬 더 신뢰할 만하다는 것을 주장하고 있다. 이런 견지에서 중국의 신용을 떨어뜨리는 듯한 사건에 대해서 각각 설명을 가하고 있다. 예를 들면, 복희시대에 용마龍馬가 그림을 지고 나타났다고 하는 불가사의한 일도, 요컨대 복희 이전에 이미 문자가 있었다는 증거일 따름이고, 또 중국 고문헌의 가치에 중대한 의문점을 던지게 하는 진시황의 분서焚書도 결국은 서책을 주의 깊게 보존하라고 촉구한 데에 불과하다고 해석하였다.143) 또한 적극적으로 천문·역법 상의 여러 가지 증거로부터 중국 고대사의 확실성을 설명하고 있다.

이렇게 중국은 세계의 어떤 나라보다도 일찍부터 역사를 갖추고 문자를 알고 천문·역법에 장족의 진보를 거두어 찬연한 이성적 문명의 광휘를 발하고 있었던 것인데, 이와 관련해서 중요한 것은, 세 번째로 이 나라에는 태고적부터 이성적 종교가 존재하고 있고, "상제" 및 "천"이라는 이름 아래 우주 최고의 존재를 숭배해왔다는 것이다.144) 예수회 반대파의 뒤통수를 치는 식의 비판적 선전을 역이용하여 피에르 베일이 그의 『역사·비평 사전』에서 중국인 무신론자설을 제창한 이래, 이 설은 라이프니츠를 제외한 사상가 일반에게 신뢰받고 있었지만, 라이프니츠와 마찬가지로 볼테르도 예수회의 중국학을 좇아서 "중국인이 세계에서 가장 오래된 사원에서 진정한 유일신을 예배하고 있었다"는 사실을 인정하고 있었다. 예수회 신부가 전했던 중국의 신이라는 것은 역사상 존재하는 모든 종교의 구체적인 특징으로부터 완전히 이탈한 신, 즉 철학적이고 우주의 주재자이자 만물의 원리로서의 신이어서, 마침 볼테르처럼 이성을 숭배하여 문명을 인정하는 논자에게 신앙의 대상이 될 만한 것으로서는 그 이상을 바랄 수 없는 것이었기 때문에, 이 철학자는 예수회 신부에 의해 소개된 중국의 "상제" 또는 "천"에서 때마침 자기가 이상으로 하는 최고 존재로서의 신을 발견해냈던 것이다. 또한 공자가 예언자도 신의 계시를 받은 자도 아니고, "술이부작述而不作" 단지 전적으로 선왕先王을 따라서 이성을 좇는, 순수하고 고결하면서도 인간적인 도덕의 실천을 가르쳤다는 점도 역시 그의 뜻에 아주 딱 맞아 떨어졌던 것인데, 수신·치국의 생각이나 "施諸己而不願, 亦勿施於人"에서부터[역주68] 나아가 "所求乎子, 以事父; 所求乎臣, 以事君; 所求乎弟, 以事兄; 所求乎朋友, 先施之"에[역주69] 이르러야 한다는 격언을 매우 칭송하고 있다. 그리고 지구상에서 가장 행복하고 또 가장 존경할 만한 시대는 사람들이 공자의 가르침을 따르고 받든 시대였다고까지 말하고 있다.145) 하늘(天)이나 공자에 대한 경배는 순전히 이성의 요구에 터한 우러름의 예의인데도 불구하고, 서양사회 특유의 "따지기 좋아하는 버릇에서 생겨난 편견을 이 세상 저 끝까지 가지고 가서" 제사상을 희생을 바치는 제단으로 오해하고 일상의 예의범절에 불과한 배례(무릎 꿇고 절하는 예절)를 우상숭배로 지레짐작하여 예전문제를 야기시킨다든가 하는 것은 서양인의 방자한 결점을 드러냈던 것일 뿐이라고 개탄해 마지않고 있다.146)

네 번째로, 볼테르는 당시에 떠들썩했던 중국의 전제정치와 기타 문제에 관해서도 역시 동일한 오해가 있다는 점을 지적하고, 모든 중국 비방자에 대해서 그 단견을 강하게 나무라고 있다. 즉, 엎드려 절하며 머리를 조아리는 것에서부터 곧바로 전제정치라는 결론을 이끌어낸다든가, 앙송(L. Anson)의 『여행기』에147) 보이는 광동지역 소상인의 교활·간사함에서부터 성급하게 생각하여 대제국 정치의 좋고 나쁨, 도덕의 가부可否까지 논급하는 사상가들의 경솔함을 비난하고 있고, 그것에 더해서 "만약 중국인이 옛날에 서양으로 와서 난파되었는데 그 무렵의 관습대로 약탈·학살되었다면 중국인은 우리를 어떻게 말했을 것인가"라고 참으로 지당한 반성적

---

68 자기에게 베풀어 보아 원하지 않으면 역시 남에게 베풀지 말라(『중용』「제13장」).
69 자식에게 구하는 바로써 부모를 섬기는 것, 신하에게 구하는 바로써 임금을 섬기는 것, 아우에게 구하는 바로써 형을 섬기는 것, 붕우에게 바라는 바를 먼저 그에게 베푸는 것(『중용』「제13장」).

감상을 털어놓고 있다.148) 이러한 감회는『제민족풍속론』의 중국에 관한 기사 도처에 산견되며 거기에 일종의 풍자적 색채를 가하고 있는데, 볼테르의 과도하다 싶은 중국찬미도 이런 풍자에 그 목적이 있는 것이 아닌가 생각한다. 그러나 다소 그런 기분이 있었다고 해도, 당시 거의 유일하게 신용할 만한 중국지식 공급자였던 예수회 신부가 앞에서 소개한 것과 같은 사정으로 인해 중국을 매우 이상화해서 전하고 있었던 탓에, 그 당시로서는 가장 확실한 자료를 마땅히 전거로 삼은 공평한 역사가로서 그가 중국을 좋게 본 것은 오히려 당연한 것이며, 그의 과찬이 반드시 고의에서 나온 것만은 아니었다고 생각한다.

다섯 번째는 볼테르가 중국문명을 표준으로 하여 서양인의 오만한 편견을 교정하려고 노력했다는 점이다. 예를 들면, 만리장성이 이집트의 피라미드보다도 훨씬 "유익하고도 장대한" 축조물이라는 것,149) 중국 본토 25개 성의 인구가 적어도 1억 5천만인 데 비해서 유럽 전체의 인구를 다 합쳐도 약 1억 정도에 불과하다는 것150) (당시에 인구의 규모는 그 나라에 정치가 얼마나 제대로 이루어지고 있는가를 판단하는 데 신빙성 있는 지표로 간주되고 있었다), 비단은 물론 정치한 흰 종이, 도자기, 칠기 등이 중국에서는 이미 상고시대부터 제조되고 있었다는 것,151) 다른 나라에서는 단지 죄과가 처벌되는 데 불과하지만 중국에서는 더 나아가 덕행이 기려진다는 것,152) 이 나라가 광대한 강역과 풍부한 인구를 포섭하여 이미 "나라의 군주를 아버지로 삼아 한 집안처럼 다스려지고 있던" 때 유럽에서는 소수의 사람들이 아르덴느의 삼림역주70 속을 헤매고 있었던 데 지나지 않았다는 것153) 등의 서술이 있고, 이외에도 비슷한 내용들이 빈번하게 강조되고 있다. 이렇게, 볼테르는 모든 방면에 걸쳐서 으뜸가는 문명국의 모습을 늘 중국에서 보고 있었고, 또한 중국에서는 문화발전의 이상이 상당 부분 실현되어 있다고 생각하고 있었다.

이러한 생각은 당시에 일반적인 것이었는데, 예를 들면 루소도『학문예술론』(*Discours sur les sciences et les arts*, 1750)에서 문명부정론의 예증으로서 중국을 빼놓지 않고 인용하여, "그토록 위대한 중국문명도 야만무지한 타타르인에게 일거에 유린당했다는 것을 생각하면, 무엇을 위하여 학문과 학자가 필요했던 것인가"라고

---

70 삼림으로 우거진 서부유럽의 고원지대.

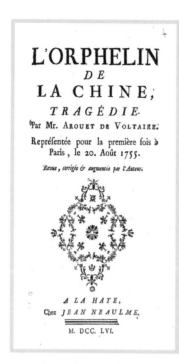

▲ 그림 44 『중국고아』(1756) 속표지와 권두에 실린 편지

말하고 있다.154) 그에 대해서 볼테르는 원곡 元曲『조씨고아』의 번안 (『중국고아』 1755년 초판 및 초연)을155) 써서 징기즈칸이 오히려 중국 문명에 정복되어 버렸다고 주장하였다. 이 번안이 루소의 『학문 예술론』에 대한 볼테르의 항의라는 것은 그 초판 권두에 루소에게 보내는 서한을 실어 이 논문을 언급하고 있다는 것,156)역주71 그리고

---

71 볼테르는 이 편지에서 직접적으로 루소를 거명하고 있지는 않다. 한 세기 전 루이13세 시대의 실존 인물인 리슐리외(Armand Jean du Plessis Duc de Richelieu, 1585－1642)에 빗대어 루소를 향한 편지임을 해학적으로 암시하고 있다. 이 편지(epître)의 제목과 '정복한 나라의 문명 앞에 오히려 굴복한다'는 것과 관련된 주요 내용을 소개하면 다음과 같다.
「프랑스의 대신이시며, 궁정의 제1인자이시며, 랑그독의 사령관이시며, 아카데미 프랑세즈 40인 회원 중의 한 분이신 리슐리외 원수 각하께!」(A Monseigneur le maréchal Duc de Richellieu, pair de France, Premier Gentilhomme de la Chambre du Roi, Commandant en Languedoc, l'un des Quarante de l'Académie).
… 맹목적이고 야만적인 무력 위에 이성과 학문이 있다는 필연적인 우위를 보여주는 아주 좋은 사례가 있습니다. (중국 변방의) 오랑캐들은 그런 예를 두 번 보여 주었지요. 지난 세기(17C) 초기에 그들(만주족)은 (몽골족에 이어) 중원대륙을 다시 정복하여 대제국을 이루었지만, 패자의 지혜에 또 다시 굴복하고 말았기 때문입니다. 그 두 족속이 나라를 세웠다고는 하나 오히려 (예전부터 거기 있던) 세상에서 가장 오래된 법에 지배당해버린 그런 나라일 뿐입니다. 이러한 인상적인 결말이야말로 내가 이 작품에서 노린 가장 우선적인 목적이었습니다.(… Voilà un grand exemple de la supériorité naturelle que donnent la raison & le génie sur la force aveugle & barbare : & les Tartares ont deux fois donné cet exemple. Car lorsqu'ils ont conquis encore ce grand Empire au commencement du siécle passé, ils se sont soumis une seconde fois à la sagesse des vaincus : ses deux peuples n'ont formé qu'une Nation, gouvernée par les plus anciennes Loix du monde : événement frappant qui a été le premier but de mon ouvrage.)

계몽사상가들의 눈에 비친 유교문명

원작에는 전연 있지 않은 내용으로서 징기즈칸의 폭력은 그가 정복한 나라의 문명 앞에 오히려 굴복한다는 줄거리가 있다는 것^{역주72} 등으로 볼 때 쉽게 추측할 수 있다. 또한『풍속론』에서도, 그는 중국을 정복한 만주인이 오히려 중국문명에 복종할 수밖에 없었다는 사실을 들어서, 문화일반을 위한 변호의 말을 하는 데에 상당한 지면을 할애하고 있다.157)

아울러서, 「코메디－프랑세즈」에서 상연된 볼테르의 비극『중국고아』는 명배우 르깽(Lekain)이 징기즈칸으로, 끌래롱(Clairon)이 여주인공 이다메(Idamé)로 배역을 맡아 상당히 호평을 받았고, 이듬해에는 그것을 각색한『인형』의 상연을 보았는데, 여기에서 끌래롱이 분한 이다메는, "모자 없이, 넓은 옷자락 없이, 매듭지은 리본 장식도 없이, 아무 것도 없이 중국풍으로"라고 노래하고 있다.158)

이렇게 중국은 볼테르의 이상국가였기 때문에, 그가 유교의 도덕을 곧 자기의 도덕으로 삼고, 그것을 유럽사회에 확충하는 것으로써 장래에 평화와 번영을 얻을 수 있다고 생각한 것은 당연했다. 이 중국적이고 보편적인 그의 이성도덕과 서양 재래의 기독교도덕과의 본질적인 차이는, 그가 1728년에 지은 「파스칼의 팡세에 대하여」(Remarques sur les Pensées de M. Pascal) 속에 가장 흥미롭게 나타나 있다.

우선 초두에서 그는 파스칼이 인간을 극단적으로 악하게 보아 인간성을 악하다고 공격하는 필법이 과격하다는 점, 마치 그가 예수회 신부를 책망하는 것 같다는 점을 지적하고, 자기는 이 염세가에 대해서 인류를 변호한다고 말함으로써 기독교의 성악설에 반해서 유교의 성선설 입장을 채택한다는 태도를 분명히 하고 있다. 그리고 이런 입장에서 파스칼의『변신론辨神論』에 담겨 있는 사상을 조목조목 반박하고 있는데, 예를 들면 "신만을 사랑하고 다른 것을 사랑하지 말아야 한다"는 파스칼의 주장에 대해서, "인간은 깊은 애정으로 자기의 나라, 아내, 부모, 자식들을 사랑하지 않으면 안 된다"고 맞받아치고 있다. 또한 도덕의 확고부동한 원리를 어디에서 구해야 할 것인가 하는 파스칼의 의문에 대해서, "자기가 당하고 싶지 않은 일을 다른 사람에게 하지 않는 것"이라는 원칙에서 구하면 그만이라고 응수하고 있다.

Voltaire, A.(1756). *L'Orphelin de la Chine, Tragédie par Mr. Arouet de Voltaire*. Représentée pour la première fois à Paris, le 20. Août 1755. Haye. p.iv.
72 『중국고아』의 맨 끝 부분에 나오는 대사이다.

"죽음을 상상하며 참고 견디는 것은 어렵고, 죽음을 상상하지 않고 죽음을 참고 견디는 것은 쉽다"는 파스칼의 깊은 감회에 대해서 그는 대답하기를 "아예 죽음을 상상하지 않으면, 그것을 참을 것도 참지 않을 것도 없다"고 참으로 간단명료하게 일갈하였다. 끊임없이 죽음과 영혼이라는 어두운 것을 생각하는 기독교사상과는 본질적으로 다른 유교의 현실적 입장, 즉 "아직 삶을 알지 못하는데 어찌 죽음을 알겠는가"[역주73] 같은 유교 본래의 현세적인 경향을 강하게 나타내고 있다.

볼테르는 자기의 유교적인 이성도덕의 요지를, 『자연법에 대한 시집』(*Le Poéme sur la loi naturelle*, 1752) 등에서 설명하고 있는데, 이것은 그가 가장 원숙한 시기의 저작이므로 이하 이것에 터해서 그의 도덕사상의 중요한 몇 가지 점을 말하고 이에 대한 중국사상의 영향을 고찰하기로 하자.

먼저 볼테르는 초두에 출판자의 입을 빌어서, "이『자연법에 대한 시집』의 목적은 모든 계시종교 내지는 최고 존재의 성질에 관한 모든 논의로부터 독립된 보편적 도덕의 존재를 확립하는 데 있다"고 말함으로써 종교로부터 해방된 이성적이고 보편적인 새로운 도덕을 고취하려는 의기意氣를 표출하고 있다. 다음으로 교육의 목적은 이성에 의해 행위하는 것을 인간에게 가르치는 데 있다고 말하고 있는데, 이는 곧 『대학』에 대한 송대 신유학자의 해석과 다름없다.

또한 서문에서는 수치심을 쓸모없는 감정에 지나지 않는다고 하는 도덕서가 나타나자 그것의 과오를 지적하기 위해서 이 시를 지었다고 적고 있고, 수치심은 순전히 자연적으로 사람의 마음속에 있으며 이성과 함께 자연법의 기초를 이루는 것이라는 점을 설명하고 있다. 그런데 도덕상 수치심을 이렇게 존중하는 생각은 거의 서양인의 것이 아니어서, 서양식으로 말하면 수치는 오히려 극복해야 할 약점일 것이다. 수치심, 즉 자기의 불선不善을 부끄러워하는 마음을 인간이라면 자연히 갖고 있기 마련인 게 천리天理라고 여기고 수치를 도덕의 단서라고 풀이하는 것은 곧 정주학의 설인 것이다.

볼테르는 이처럼 수치심을 특히 강조한 인물인데, 알렉산더 대왕이 일시적으로 격노에 사로잡혀 자기 친구를 죽였는데, 그의 피를 보자 돌연 측은하고 수치스런

---

73 이 발언은 『논어』의 다음 구절과 정확히 일치한다. 未知生 焉知死?(『논어』「선진」).

마음이 생겨 자기의 과오를 깊이 부끄러워하고 스스로 살 가치가 없다고 자살을 꾀했던 일화를 첫 번째 시로 싣고 있다. 그리고 뒤이어 이 수치의 자연법칙이 중국과 일본에서 가장 존중되고 있다고 말하고 있다. 이것은 곧 그 스스로 송대 신유학자의 도덕설을 답습하고 있다는 사실을 보여주는 것이 아니고 무엇이겠는가?

또한 첫 번째 시의 말미에 이 자연법의 보편적인 점을 설명하고 있는데, "페루에서 나는 황금도, 중국에서 나는 황금도 그 성질은 동일하다. 금세공인은 그것을 가공할 수 있지만 만들어낼 수는 없다. 마찬가지로 우리 사람에게 생명을 준 유구한 존재는 모든 사람의 마음속에 같은 맹아를 담아 놓았다. '하늘'은 덕을 만들어 놓았고 그것을 드러내는 것은 인간이다. 인간은 사욕과 과오로써 그것을 가릴 때도 있다. 그러나 인간은 그것(하늘이 만들어 놓은 덕)을 다르게 만들어 놓을 수 없다. 인간의 마음속에는 늘 자기를 제지하는 것이 있다"고 볼테르는 끝맺고 있다.^{역주74}

이는 곧 "천지가 만물을 낳는 것으로써 마음으로 삼고, 생겨난 것 각각이 천지가 만물을 낳는 마음을 얻어 그로써 마음으로 삼기 때문에, 인간은 누구에게나 인간에게 숨길 수 없는 마음이 있다.^{역주75} 대학의 도道는 명덕明德을 밝히는 데 있다. 명덕은 인간이 하늘에게서 받은 것이다. 그로써 뭇 리理를 갖추어 만사에 부응하게 하는 그런 것이다. 단지 기품에 구애되어 인욕에 가려질 때에는 어둡다. 그렇지만 그 본체의 명明은 아직 쉬어 본 적이 없는 것이다"라는^{역주76} 신유학자의 설에 터하고 있는 게 분명하다.

---

74 이 부분에 대한 원문은 다음과 같다. 비교적 눈에 잘 들어오는 문장이라 소개한다.
　　L'or qui naît au Pérou, l'or qui naît à la Chine,
　　Ont la même nature et la même origine:
　　L'artisan les façonne, et ne peut les former.
　　Ainsi l'Etre éternel qui nous daigne animer
　　Jeta dans tous les coeurs une même semence.
　　Le ciel fit la vertu; l'homme en fit l'apparence.
　　Il peut la revêtir d'imposture et d'erreur,
　　Il ne peut la changer; son juge est dans son coeur.
　　(*Le Poéme sur la loi naturelle*, Première partie).

75 天地以生物爲心, 而所生之物因各得夫天地生物之心以爲心, 所以人皆有不忍人之心也(『맹자』「공손축상」"孟子曰: 人皆有不忍人之心 … "에 대한 주자주).

76 明德者, 人之所得乎天, 而虛靈不昧, 以具衆理而應萬事者也. 但爲氣稟所拘, 人欲所蔽, 則有時而昏; 然其本體之明, 則有未嘗息者(『대학』「경 1장」"大學之道, 在明明德"에 대한 주자주).

다음으로 두 번째 시의 발단부에서, 수치를 자연의 리理가 드러난 것으로 보는 한편, 인간사회가 단순한 습속으로 돌아가려 한다는 설을 반박하고 있는데, 그는 습속이 사회에 따라서 서로 현저히 다른 모양을 갖는다는 점을 지적하고 있다. 즉, 폴란드의 지도자는 말 한 마디로써 자기의 공화국을 움직일 수 있는데, 로마 황제는 선제후에게 끊임없이 견제당한다. 이렇게 습속은 사회에 따라서 다른 것이기 때문에, 어떠한 사회에서도 습속이 곧 불변하는 자연법은 아니며, 인간은 (습속이 아니라) 단지 자연법에만 따라야 마땅하다는 것이 볼테르의 설명이다. 그런데 이는 천리에 따르는 것을 주로 하고 예제禮制를 오히려 역사적으로 보는 신유학자의 설과 같다. 중국문명에 의하여 해방된 유럽사상은 여기에서 중국의 보편적 사상을 곧바로 계승하고 있는 것이다.

마찬가지로 두 번째 시에서 볼테르는 또한 "죄악은 일시적이다. 인간의 욕망이 제아무리 왕성하다고 하더라도 마음 깊은 곳에는 늘 법칙과 도덕이 엄연히 존재한다. 이는 맑고 차가운 샘에 비유할 만한데, 바람에 의하여 물결이 일어 그 물이 흐트러지는 일이 있어도 이윽고 풍파가 가라앉으면 악인도 역시 그 물 속에서 자기의 모습을 볼 수 있다"는 것을 설명하고 있다. 송대 신유학자의 물결의 비유를 볼테르가 거의 그대로 사용하고 있다는 것이 매우 흥미롭다.

또한 특히 흥미로운 것은 볼테르에게 있어서도 정주학에서와 마찬가지로 이 자연법, 즉 리理가 단순히 도덕의 원칙이기만 한 게 아니라 우주만물의 원리이기도 하다는 점이다. 즉, 자연법은 그것에 의거하여 천체가 운행하고 바람이 불고 번개가 내리치고 초목이 생육하고 날짐승·들짐승이 날고 뛰고 인간이 사고하는 보편적인 원리라고 볼테르는 설명하였다. 앞서 말한 것처럼, 라이프니츠는 그것을 「이유율」로 표시함으로써 위대한 범리주의汎理主義의 체계를 창조할 수 있었던 데 비해서, 볼테르가 말하는 바는 아직 상식의 범위를 벗어나지 않으며, 신유학자의 설과 비교하더라도 뒤떨어지는 것 같다. 이는 라이프니츠가 중국인의 학설을 열심히 연구하여 그 근저 깊숙이 파고 들어감으로써 그것을 훨씬 뛰어 넘는 성과에 도달할 수 있었던 데 비해서, 볼테르는 단지 조급한 이해를 기초로 하여 그것의 소개 내지 이용에 만족했던 탓일 것이다.

세 번째 시에서 그는 인간이 욕망에 빠지는 망령됨에 의해 자연종교의 원리가 가려지고 기괴한 제 종교의 세계에 파묻혀 버린 모양부터 설명하기 시작하는데, 유럽에서 종교재판 때문에 평화로운 시민이 화형당하고, 군중은 신을 찬탄하면서 형장 주위에서 춤추고, 승려는 무고한 사람을 불 속으로 떠나보내면서 그의 재산을 착복하는 등의 암담한 참상이 나타나게 된 것은 순전히 자연법이 가려져서 인욕이 천리를 극도로 폐멸시킨 데에 기인한다고 개탄했다.

나아가 네 번째 시에서는, 이 자연법을 정치의 기본으로 삼는 것이 정치를 밝게 하는 데에, 즉 정치개혁에 급선무이고 유일한 방법이라고 논파하고 있다. 그에 의하면 국왕은 "자연의 이법理法에 근면한 집행자"가 되어 그것을 각 사람에 있어서 분명히 하는 것에 힘써야 하고, 이것이 각 사람에게 분명하게 된다면 곧 나라가 평화롭게 다스려진다는 것이다. 그러나 자신은 정치에 관여할 지위에 있지 않기 때문에 만년의 평온한 나날을 누리면서 그것을 경고할 뿐이라고 말하는 것으로 이 시집 전체의 결말을 맺고 있다. 천하의 사람들로 하여금 모두 자기의 명덕을 밝게 한다면 그 나라가 다스려진다는 유가의 사상으로써 당시 유럽사회의 폐해를 구하려고 했던 것이다. 하지만 흥미롭게도 자기는 그럴 지위에 있지 않으므로 나서지는 않겠다고 함으로써 이런 점까지도 정중하게 중국의 영향에 따르고 있다.

볼테르는 18세기 계몽사상계에서 중국숭배의 대표자이고 그 지도자였기 때문에, 단순히 도덕방면에 관해서만 보아도 그 "중용 내지 천명 사상"이 어떻게 그의 사상에 섭취되어 있는가 등, 더 설명해야 할 것이 아주 많다. 그러나 근본적인 점의 대강은 지금까지의 서술에서 분명해졌다고 생각한다. 그 근본적인 점이란 다음과 같다. 도덕과 정치 모두 천리天理에 따라야 한다는 정주학의 설을 그대로 따라서 도덕·종교·정치 모두가 하나로서 자연의 이법을 그 근본으로 삼아야 한다고 주장한 것은 당시 분리적 경향에 극단적으로 길들여진 유럽사회의 폐해를 구제하려는 것이었으며, 이것이 곧 볼테르의 사상적 활동의 목적이었다고 할 수 있다. 새롭게 발견된 중국문명도 포함하는 진정한 세계사의 기초를 수립한 것도 역시 이런 목적의 실현을 돕기 위해서였던 것이다.

케네

중국의 도덕정치를 이식하여 그로써 유럽에 평화와 번영을 가져오려고 했던 사람들, 즉 볼테르를 대표로 하는 여러 사람들의 의도를 진일보시켜 중국의 경제사상을 유럽에 이식함으로써 효과가 가장 직접적으로 나타날 방면부터 유럽사회를 개량시키려 했던 인물은 프랑소와 케네(F. Quesnay, 1694－1774)였다. 그는 중국에서 실제 행해지고 있는 정치체제와 제도, 경제정책 등을 그대로 모방·답습함으로써, 프랑스에서도 역시 중국에 뒤떨어지지 않는 번영을 반드시 실현할 수 있다고 생각했던 것이다. 이런 생각이 명백하게 서술되어 있는 『중국의 전제정치』(*Le despotisme de la chine*)는^{역주77} 그의 중농주의 경제학 체계가 이미 완성된 후인 1767년에 발표되었지만, 중국문명이 대단히 유행하던 시대에 생애를 보낸 케네가 그의 만년 70세를 지나서야 비로소 중국의 일을 알기 시작했다고 보는 것도 좀 이상하고, 또 『경제표』(*Le tableau économique*, 1760),[159] 『격률』(*Les maximes*, 1757)[160] 및 『질문』(*Les questions*, 1759)[161] 등에 나타나 있는 중농주의 경제학의 기본적 주장과[162] 『중국의 전제정치』에 쓰여 있는 중국 경제정책의 근간 사이에 너무도 완전한 일치, 우연이라고 하기에는 참으로 미스테리라고 할 정도로 꼭 들어맞는 일치가 존재한다. 그러므로 역시 처음부터 중국의 실사례를 모범으로 하여 조직되었던 중농주의 경제학의 정체를 공개·해명하는 일을 케네가 『중국의 전제정치』에서 단행했던 것이라고 말하는 게 진실이 아닐까 생각한다.[163] 특히 케네는 1749년 이래 마담 드 퐁파두(Madame de Pompadour)의 주치의로서 뒤이어 루이15세의 궁정의로서 베르사유 궁중의 거처, 즉 당시에 중국풍의 한 중심지에 살면서(게다가 그곳에서는 늘 디드로, 달랑베르, 엘베시우스 등이 당대의 쟁쟁한 신지식을 모아서 열띤 담론을 벌이고 있었다),[164] 그 당시 유행한 중국의 사정에 관해서 상당히 자세하게 연구하고 있었을 것

---

⁷⁷ 케네가 사용한 명칭 "전제정치"(despotisme)는 중국의 정치상황을 달리 표기할 단어가 없었기 때문에 궁여지책으로 붙인 것이다. 중국과 조선의 정치체제를 명명할 용어는 21세기인 지금도 마련하기 곤란한 지경인 게 인류문명의 실정이다.
케네의 이 책을 번역한 나정원은 번역서의 제목에 전제정치라는 용어를 넣기가 마땅치 않아서인지 『중국의 계몽군주정』이라고 달았다.

이라고 쉬이 추정할 수 있다. 또 이로부터 생각한다면, 그가 『중국의 전제정치』의 참고문헌으로 게재하고 있는 뒤 알드의 『중화제국지』나 『외방 선교사들의 유익하고 진기한 서한집』 등도 그가 단순히 이 책을 저술하기 위해 잠시 읽었던 게 아니라 일찍부터 정독하고 있었다고 생각하지 않을 수 없기 때문에, 그의 경제학의 출발점에 중국의 영향이 작용하고 있었다는 것은 거의 확실하다고 추정된다. 이런 추정은 중농주의 경제학의 근본 사상을 검토해 보면 더욱 더 확실해지겠지만, 지금은 단지 그 중심축인 한 가지 점, 즉 중농주의 경제학의 "자연질서"라는 사상에 대해서만 약술하려고 한다.

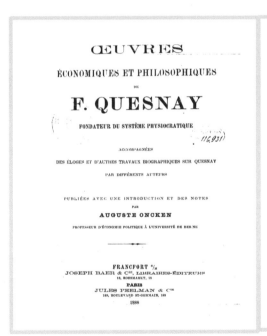

▲ 그림 45　온켄이 편집한 케네의 전집(1888년) 중 『중국의 전제정치』(1767)

　　중농주의 경제학의 중심은 "자연질서"(l'ordre naturel) 사상에 있다. 예를 들면 케네의 『농업국 경제적 통치의 일반원칙 및 이에 대한 주석』(*Maximes générales du gouvernement économique d'un Royaume agricole et note sur ces maximes*)에서는 이에 관해서 "국민은 명백히 가장 완전한 통치를 구성하는 자연적 질서의 일반법칙에 관해서 교육받아야 한다는 것, 실정법에 대한 연구(jurisprudence humaine)는 정치가를 양성하기에 충분하지 않으며 행정직책을 지망하는 자는 사회 구성원들의 입장에서 가장 이로운 '자연질서'에 대한 연구를 수행하지 않으면 안 된다"는 것(Maxime 2) 등을 말하고 있다. 그런데 주의해야 할 점은 케네와 중농주의 경제학파의 사상에 있어서 이 "자연질서"가 본래 인간의 질서나 사회·경제의 질서와 완전히 동일하며, 적어도 이상적으로나 근본적으로 동일하지 않으면 안 된다는 것이다. 여기서부터 경제를 자연적 생산과정과 동일시하고 사회적 관련을 자연적 관련의 표현으로 보아, 토지와 더불어 일하는 직업(농업)만이 생산적 기제이고 다른 것은 모두 직접 생산에 관계하지 않는 종속적 기제에 불과하다고 주장하는165) 중농주의 경제학의 특징이 생겨나온 것이다.

그러나 더욱 눈여겨봐야 할 것은, 이 "자연질서"가 단순히 자연의 법칙적 관계이기만 한 게 아니라 최고의 존재, 즉 신에 의해 인간의 최대 행복이라는 궁극적 목적에 연계하여 설정된 "자연질서"이며, 따라서 도덕적 본질로서 인간에 대한 행위규범이기도 하고,166) 또 현실세계의 유일한 원동력인 제1원인이 스스로 설정하여 스스로 복종하는 질서라는 것이다. 이렇게 자연의 법칙과 도덕적 규범이 동일하다는 생각은 분리적인 서양 본래의 사상에는 거의 존재하지 않고, 그것은 오히려 상고上古 이래 중국사상을 일관하고 있는 특징이다. 게다가 『중국의 철학자 공자』 속에 번역되어 당시 널리 읽히고 있던 『중용』의 "도"의 설이나 송대 이래 특히 강희제 시대의 풍조를 따라 예수회 신부가 전적으로 의거하고 있던 정주학의 "리理" 사상 속에 가장 명백하게 강조되어 있는 생각인 것이다. 그리고 이미 라이프니츠나 볼테르의 사상 속에 깊이 통섭되어 있는 것이다. 라이프니츠가 드 르몽에게 보낸 편지(「중국인의 자연신학론」) 속에 "리理"에 대한 기술이 있는데, "리理는 하늘(天)이나 땅(地) 그 밖의 모든 물질적인 것의 물리적 원리인 동시에, 덕·습성 등 모든 정신적인 것의 도덕적 원리"라고 주장하고 있다는 것은 이미 앞에서 지적했다. 철학적 관심이 깊은 케네가 1734년 출판된 『서한집』 제1책에 수록된 편지를 읽고 있었다는 것은 쉽게 상상할 수 있다. 설령 그가 이 편지를 읽지 않았다고 해도, 이러한 생각이 그의 주의를 끌 기회는 얼마든지 있었던 것이다.

이 "자연질서", 즉 "리理" 또는 "도道"의 사상 외에 케네의 자잘한 생각들 중에는 거의 확실하게 당시의 중국지식에 관련지을 수 있는 것이 적지 않다. 예를 들면, 앞

계몽사상가들의 눈에 비친 유교문명

서 말한 『농업국 경제적 통치의 일반원칙 및 이 원칙에 관한 주석』에 서술되어 있는 "운하나 강·바다의 해운으로써 생산물 및 제조품의 판로와 운송을 용이하게 한다"(Maxime 17)는 생각 같은 것은 뒤 알드의 『중국제국지』를 시발로 당시의 많은 중국소개서에서 늘 경탄의 대상이 되곤 했던 중국의 운하를 정비하는 조직에서 착상되었던 것이라고 생각한다. 또한 같은 책에서 "토지가 부富의 유일한 원천이라는 것, 부富를 증가시키는 것은 농업이라는 것을 군주와 인민은 잊어버려서는 안 된다"(Maxime 17)고 말하고 있는 것도 역시 뒤 알드의 책에 중국의 천자가 땅의 신에 제사를 드려서 풍성한 수확을 기원하는 행사가 상세히 기술되어 있는 것과 관련이 있는 듯하다.

이렇게 그 내용으로부터 볼 때, 케네의 중심사상이 송대 이학理學의 독특한 사고방식을 활용한 것이라는 점은 의심할 수 없는데, 그것을 발표한 형식으로부터 보아도 역시 케네의 사상은 중국을 모방하고 있다는 점을 분명히 확인할 수 있다. 케네의 제자 보도(Nicolas Baudeau, 1703－1792)는 『경제표』의 구성이 「복희의 64괘」에 준하여 따른 것이라고 확실하게 말하고 있는데,167) 이미 이런 사실이 있었다고 한다면 『격언』은 말할 것도 없이 『논어』의 표현방식을 빌린 것이 틀림없으며, 프랑스의 각 시·도를 향해서 발표된 경제적 사실에 관한 『질문』도 역시 어쩌면 채풍관采風官이 천하를 돌아다니며 시를 수집했다는 사실로부터 착상된 것인지도 모른다.

어쨌든 케네의 제자나 당시의 사람들로부터 그가 공자의 후계자로 간주되고 있었다는 것은 확실하다. 예를 들면 미라보 후작(Marquis de Mirabeau, 1715－1789)이 그에게 보낸 추도사에서 케네의 위대한 업적은 공자의 유업을 완성한 것이라고 말하고 있고,168) 또 어떤 사람은 중농주의 경제학의 독창성을 부정하고 농업만이 부富를 생산한다고 하는 설은 이미 소크라테스, 복희, 요·순 및 공자에 의해 주장된 것에 지나지 않는다는 것을 케네에게 주지시켰다고 전해진다.169) 케네가 당시에 "유럽의 공자"로 불리고 있었다는 것은 주지의 사실이다. 그는 『중국의 전제정치』에서 중국이야말로 "자연질서"를 가장 완전히 발전시킬 수 있었고, 그 결과 최대의 번영에 도달한 국가이며, 자신이 소개한 중국의 도덕적·정치적 헌장을 "모든 국가가 본받을 만한 중국의 교의"(la *doctrine chinoise* qui mérite de servir de modèle à tous les Etats)라고 했다.170) 이런 생각은 당시 널리 퍼져 있었기 때문에, 그림(Grimm)의 『문예통신』(*Correspondance Littéraire*, T.14) 1785년 12월의 편지에는

"국가 쇄신을 위하여 무엇을 하는 것이 급선무인가?"하는 루이15세의 물음에 대해서 한 궁정신하가 "프랑스에 중국정신을 주입하여 전파하는 것"이라고 봉답했다는 이야기가 실려 있다.

더욱이 케네의 "'자연질서'야말로 만물이 잠시라도 이탈되어 있을 수 없는 '도'이다"라는 설은[역주78] 어쩌면 원시로의 복귀를 주장하는 것으로 오해되기 쉬울지도 모르지만 실은 정반대이다. 의사로서 과학의 진보 · 발전을 신뢰하고 있던 그는 "자연질서"에 완전히 부합되는 것으로써 가장 행복한 문명사회의 실현을 기대할 수 있다고 확신하고, "도를 닦는 것이 곧 가르침"이라는[역주79] 취지에 터한 교육을 유럽에서도 실시하는 것이 제일의 급선무라고 생각하고 있었다.171)[역주80] 이런 점에서 케네의

---

78 道也者, 不可須臾離也(『중용』 제1장).

79 修道之謂敎(『중용』 제1장).

80 고바야시는 케네의 논문 「자연권」(Le Droit Naturel, 1765)을 근거로 이런 주장을 하고 있는데, 이 글에서 케네는 자연법을 가르치는 교육기관이 필요한 이유에 대해서 다음과 같이 말하고 있다.
"인류의 입법에 기본 토대가 되고 인민들 행위에 최상위 규율이 되는 자연법을 알지 못하면, 옳고 그름, 자연권, 신체적 차원과 정신적 차원; 공공의 이익과 사적인 이익의 본질적 차이, 나라의 융성과 쇠망에 실질적 원인; 선덕과 악덕의 본질, 우러나오는 신성한 권리와 사회질서가 규정하는 준수사항에 대한 의무 등을 전혀 명증할 수 없기 때문이다."(car sans la connaissance des lois naturelles, qui doivent servir de base à la législation humaine et de règles souveraines à la conduite des hommes, il n'y a nulle évidence de juste et d'injuste, de droit naturel, d'ordre physique et moral; nulle évidence de la distinction essentielle de l'intérêt général et de l'intérêt particulier, de la réalité des causes de la prospérité et du dépérissement des nations; nulle évidence de l'essence du bien et du mal moral, des droits sacrés de ceux qui commandent et des devoirs de ceux à qui l'ordre social prescrit l'obéissance.: 「Le Droit Naturel」).
Quesnay, F.(1765). Le Droit Naturel Paris. Ed. by Auguste Oncken(1888). *Œuvres economiques et philosophiques de F. Quesnay fondateur du système physiocratique*. Paris. p.375.
『중국의 전제정치』에는 이와 관련하여 다음과 같은 주장을 실어 놓았다.
"통치에 있어서 가장 우선적인 정치기구는 이런 학문을 가르치기 위한 교육기관일 것이다. 중국을 제외한 모든 왕국은 통치의 기반이 되는 이런 기관의 필요성을 알지 못했다."(Le premier établissement politique du gouvernment serait donc l'institution des écoles pour l'enseignement de cette science. Excepté la Chine, tous les royaumes ont ignoré la nécessité de cet établissement qui est la base du gouvernment.: Ch.8. §4. *Sûreté des droits de la socéte*). Ibid., p.641.
"풍요롭고 지속가능한 통치제제를 위해서는, 중화제국에서처럼 사회질서를 근원적으로 구성하는 자연법에 대한 심도 있는 연구와 지속적이고 전반적인 교육을 행정의 주요 목표로 삼아야 한다."(L'objet capital de l'administration d'un gouvernement prospère et durable doit donc être, comme dans l'empire de la Chine, l'étude profonde et l'enseignement continuel et général des lois naturelles, qui constituent éminemment l'ordre de la société.: Ch.8. §10. *Nécessité de*

"자연질서"와 루소가 말하는 문명 이전의 "자연상태" 사이에는 정면으로 충돌하는 상반성이 존재하는 것인데, 이 상반성이야말로 전자의 중국찬미와 후자의 중국비방을 동시에 설명하는 것이다.

중국을 비방한 사상가

중국문명을 발견함에 따라 유럽에 기독교의 사상통제가 깨지고 기독교를 떠나서도 인간이 자유롭게 사고하고 논의할 수 있게 되었을 때, 라이프니츠, 볼테르, 케네 등의 위대한 사상가들은 당시 거의 유일한 중국사상으로 소개된 송대 신유학자의 이학理學을 준거로 각기의 종합적인 체계를 만들어 그것을 유럽사회에 응용함으로써 유럽의 평화로운 번영을 기대할 수 있다고 생각했다. 그들은 어쨌든 합리적인 문명론의 최선봉이었고[역주81] 세계에서 가장 유구한 문명국으로서의 중국에 대해서 절대적인 찬미의 념을 품고 있었다. 그런데 유럽 고대의 제도나 서양 본래의 제도 혹은 시간을 거슬러 태고적 원시의 제도로 복귀하는 것이 곧 당시 유럽사회의 폐해를 제거하는 출발점이 된다고 하고, 고대 그리스·로마의 사회에서 그 교훈을 구하는 동시에 게르만정신을 대표하는 서양 본래의 분리적 경향을 제도상으로 실현시키려는 사상가들도 있었다. 그들은 실질적으로 일종의 국수주의자, 복고적 보수주의자, 나아가서는 문명부정론자였기 때문에, 당시 세계의 저 편에 존재하는 이상적인 문명국가로 왕성하게 선전된 중국에 대해서 깊은 의혹을 가졌고 경우에 따라서는 중국을 비방하는 태도를 보였다. 그러나 결국은 그들이 기독교의 통제를 벗어나서 여러 가지 복고적 논의를 제창할 수 있게 되었던 것도 중국문명에 대한 지식이 서양에 보급되어 이제는 기독교적 사상통제가 존재할 수 없게 된 덕분이나 다름없기 때문에, 그들도 당시의 유럽 사상계에서 일반적인 중국의 영향 범위 밖에 있었

l'étude et de l'enseignement des lois naturelles et fondamentales des sociétés). Ibid., p.646.
81 중국을 모델로 문명론을 발전시켰다!

던 것이 아니다. 그래서 그들 사상가 둘 셋에 관해서도 서술해 두려는 것이다.

먼저 근세 사상가로서 중국을 조직적으로 비방한 최초의 인물은 페넬롱 (Fénelon, 1615–1715)이었다. 그의 『명계위인대화집冥界偉人對話集』(*Dialogues des morts* : composés pour l'education d'un prince)은 루이14세의 손자인 부르고뉴 공작 (Duc de Bourgogne)의 지식계발을 위해서 집필되었다고 하는데, 1689년 이후 수 년간에 지어진 것이다. 이 책의 일곱 번째 대화「대단하게 평가되는 중국인의 우월 성에 관하여」는 공자와 소크라테스의 대화인데, 여기에서 페넬롱은 소크라테스의 입을 빌어서 중국을 매우 심하게 험담하고 있다. 즉, 당시 서양에 공자의 책이라고 믿어지고 있는 것이 과연 실제로 공자의 저술인가 어떤가, 혹시 그의 말을 후대에 모아서 기록한 것에 불과한 것이 아닌가, 중국인을 덕행의 국민이라고 말하고들 있 는데 이것도 실제는 어떤가, 역사도 애매모호한 채로 있고 유명한 천문관측도 후대 에 소급적으로 계산한 것이 아닌가 하는 등 의심을 늘어놓고 있다. 그리고 여행가 의 견문에 의거하여, 중국인을 "지구상에서 가장 허영심이 많고 가장 미신숭배가 심하고 가장 탐욕스럽고 가장 부정직하고 가장 기만적인 국민"이라고 단정하고 있 는데다가, 그 예술은 유치하고 학문도 건실해 보이는 것이 거의 없다고 경멸하고 있다.[역주82] 이에 대해서 공자가 중국의 인쇄기술, 화약, 기하학, 회화, 도자기 제조 법, 칠기공예, 한자의 보편적 유통 등을 들어서 대답하면, 소크라테스는 일일이 그 것들이 대단한 것이 아니라고 논변하고 있다. 그 중에 도자기 제조법에 대한 자랑 은 중국인보다도 중국의 토양에 대한 자랑일 뿐이라든가, 칠기공예는 유럽에서 흉 내 낼 수 없는 경이적인 공예이지만 이렇게 탁월하게 우수한 기술의 비법을 가지고 있는 것은 야만인에게나 국한된 일이라고 하는 등 매우 무리하게 폄하하려는 노력 이 보인다. 어쨌든 조직적으로 중국을 비방하고 있는 페넬롱도 최소한 도자기와 칠 기만큼은 그것의 우월성을 인정하지 않을 수 없었다는 것이 매우 흥미롭다.

---

82 Socrate. – Selon ces relateurs, le peuple de la terre le plus vain, le plus superstitieux, le plus intéressé, le plus injuste, le plus menteur, c'est le Chinois. ⋯ Les arts y sont fort médiocres, et les sciences n'y étaient presque rien de solide quand nos Européens ont commencé à les connaître.
Fénelon(1898). *Dialogues des morts*. Avec une introduction et des notes par C. Galusky et S. Roger(Nouvelle Edition). Paris. pp.44–45.

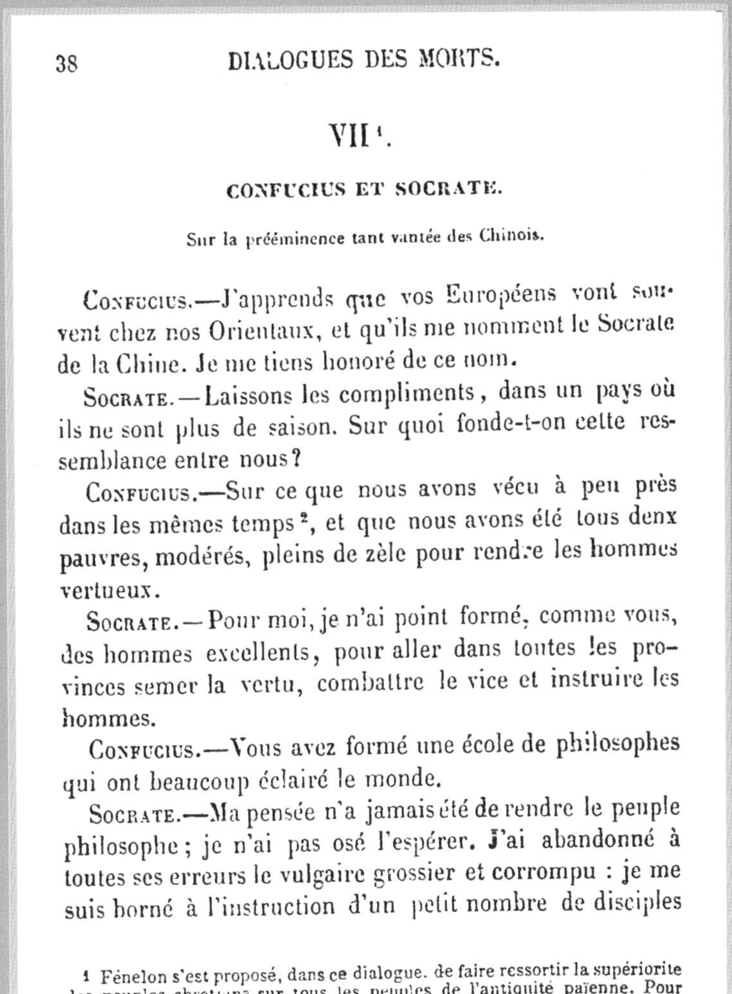

VII[1].

CONFUCIUS ET SOCRATE.

Sur la prééminence tant vantée des Chinois.

CONFUCIUS.—J'apprends que vos Européens vont souvent chez nos Orientaux, et qu'ils me nomment le Socrate de la Chine. Je me tiens honoré de ce nom.

SOCRATE.—Laissons les compliments, dans un pays où ils ne sont plus de saison. Sur quoi fonde-t-on cette ressemblance entre nous?

CONFUCIUS.—Sur ce que nous avons vécu à peu près dans les mêmes temps[2], et que nous avons été tous deux pauvres, modérés, pleins de zèle pour rendre les hommes vertueux.

SOCRATE.—Pour moi, je n'ai point formé, comme vous, des hommes excellents, pour aller dans toutes les provinces semer la vertu, combattre le vice et instruire les hommes.

CONFUCIUS.—Vous avez formé une école de philosophes qui ont beaucoup éclairé le monde.

SOCRATE.—Ma pensée n'a jamais été de rendre le peuple philosophe; je n'ai pas osé l'espérer. J'ai abandonné à toutes ses erreurs le vulgaire grossier et corrompu : je me suis borné à l'instruction d'un petit nombre de disciples

---

1 Fénelon s'est proposé, dans ce dialogue, de faire ressortir la supériorité des peuples chrétiens sur tous les peuples de l'antiquité païenne. Pour donner plus d'autorité à ses paroles, il les place dans la bouche d'un païen, de Socrate, qui, sans prononcer le nom de christianisme, rend hautement hommage à la morale chrétienne. Fénelon a aussi pour but de montrer l'incertitude et l'incohérence des traditions relatives aux origines des peuples et contraires aux livres saints. Toutefois la multiplicité des questions que l'auteur aborde rend très-difficile de faire ressortir l'intention principale de ce dialogue. Les détails historiques se ressentent nécessairement de l'ignorance où l'on était au temps de Fénelon sur tout ce qui concernait la Chine.

2 « A peu près dans les mêmes temps. » Confucius (Khoung-fou-tseu ou plus brièvement Khoung-tseu), naquit au village de Chang-ping, dans l'ancienne principauté de Lou, aujourd'hui la province de Chang-Thoung, 551 ans avant l'ère chrétienne. Socrate naquit à Athènes, l'an 469 avant J. C.

▲ 그림 46 「공자와 소크라테스의 대화」

그가 왜 이렇게 중국을 싫어했느냐 하면, 그는 고대 숭배자였고 당시의 문단에 떠들썩했던 고금古今 문학 우열논쟁에서 고대파의 우두머리였다는 것 이외에도 정치적 이상으로서 태양신의 사위 미노스 왕(Minos)의 크레타섬 시대까지 거슬러 올라가 쓸모없는 제반 공업의 유해한 발전을 제거하려는 생각을 가지고 있을 정도였으므로,172) 모든 복잡한 문명적인 것, 선진적인 것, 전진을 재촉하는 것 등에는 호의를 갖지 않았기 때문이었다.

이런 점은 몽떼스큐(Charles de Montesquieu, 1689 – 1755)도 마찬가지인데, 그의 중국 형벌정치론은 유명하다.173) 그도 역시 고대 숭배자이고, 그의 대작인 『법의 정신』(De L'esprit des Lois, 1748)에서 늘 그리스 · 로마의 고전을 인용하여 고대에 관해서 말하고 있는 것은 유별나게 눈에 띄는 특징이다. 또한 이 책을 내놓기 전에 그의 핵심 저작으로서 『로마제국 흥망이유에 대한 고찰』(Considérations sur les causes de la grandeur et de la décadence des Romains, 1734)을 찬술하고 있을 뿐만 아니라, 이른바 「삼권분립론」도 그 주요 취지는 중세 프랑스의 "고딕정치" 제도로 돌아가는 것이었다. 요컨대 그는 결코 혁신주의자가 아니라 온건한 복고주의자였으며,174) 현대를 싫어하고 과거를 아끼는 인물에 지나지 않았다.

그런데 당초 『법의 정신』의 체계를 조직할 때에 주로 그리스 · 로마의 자료를 바탕으로 하긴 했지만, 당시의 풍조를 감안할 때 중국을 도외시할 수는 없었기 때문에 후에 중국을 그 체계에 무리하게 끼워 맞추려고 시도했던 것인데, 그의 저술목적에 부합하려면 중국을 아주 나쁘게 말하지 않을 수 없었던 것이다. 이런 사정은 『법의 정신』 제8부 21장(중화제국에 대하여)에서 그 자신 스스로 분명하게 서술하고 있다. 몽떼스큐의 생각에 공화정의 원리는 덕, 군주정의 원리는 명예, 그리고 전제정치의 원리는 공포인데,175) 예수회 신부에 의하면 중국의 정치는 덕 · 명예 · 공포의 세 가지를 동시에 교묘히 구사하고 있는 감탄할 만한 것이라고 해석되기 때문에, 만약 그것이 사실이라고 한다면 그가 설정한 세 가지 정체의 원리적 구별은 성립하지 않게 되는 것이다. 그런데도 그의 설명에 있어서 전제정치는 그 자체의 원리 안에 필연적으로 타락의 씨앗을 품고 있는 것이어서 결코 좋은 결과를 가져 올 수 없는데도 불구하고,176) 중국의 이상적인 번영이라는 사실은 당시 일반적으로 받아들여지고 있었기 때문에 몽떼스큐로서는 자기 입론의 체계를 옹호하기 위해 어떻게 해서든 먼저 중국이 오로지 공포에 의해서만 통치되고 있다는 것, 다음으로 정치

이외의 다른 이유로 중국의 번영이 설명되는 것 등 두 가지를 보여주지 않으면 안되었던 것이다. 그래서 첫째의 것을 증명하기 위해서 "중국을 통치하는 것은 형벌이다"라는 구절이 뒤 알드의 책에 있다는 점을 들어서 이러한 국민에게 명예심은 없다고 판정하고, 또 중국 상인의 부도덕함을 기록한 앙송(Anson)을 증인으로 삼아 중국인의 덕행을 부정했던 것이다.^{역주83}

이어서 두 번째 점을 입증하기 위하여, 기후가 좋은 중국에 부녀자들의 경이적인 출산력으로 인한 인구과다와 쌀 생산국에서 늘 빈발하는 대기근, 이 두 가지 때문에 아주 용이하게 혁명이 일어날 수 있으므로 나라를 잘못 이끄는 나쁜 정부는 이내 전복되기 마련이라고 풀이하였다. 결국 중국의 번영은 기후풍토에 의하여 보장되고 있을 뿐이고, 중국의 정치는 중국의 번영과 관계없다고 설명했던 것이다. 『법의 정신』여러 곳에 중국에 관한 기사가 있지만,177) 지금 말한 이 장은 몽떼스큐의 중국관이 유래한 사정을 명백하게 보여주는 것으로서 특히 흥미로운 부분이다. 이장을 꼼꼼히 읽어 보면, 중국에 대해서 그가 취한 태도의 이유와 이 책의 다른 곳에

---

83 우리의 선교사들은 우리에게 거대한 중화제국의 정체(政體)가 경탄할 만하며, 그것은 공포·명예·덕성을 적절히 혼합한 것이라고 알려 주고 있다. 그렇다면 내가 정치체제를 세 가지로 나누고 제각기 갖는 각각의 원리들을 설정하는 것은 무의미한 구별이 되고 만다. 그러나 오직 매질당하는 공포로서만 움직이는 사람들 사이에 무슨 명예가 있을 수 있는지 나는 모르겠다(뒤 알드는 『중화제국지』제2권 134쪽에서, "중국을 다스리는 것은 몽둥이"라고 했다). 또한 상인들은 선교사들이 구구절절 말한 덕성과는 상당히 거리가 먼 것을 전하고 있는데, 중국의 고관들이 행하는 강탈과 착취 행위에 대해서 이 사람들이 하는 얘기를 들어 보는 것으로 충분하다. 위대한 항해가인 앙송(Anson)경도 역시 지극히 평범한 또 다른 증인이라고 할 수 있다.(**The spirit of laws,** BookVIII. Of the Corruption of the Principles of the Three Governments, 21. Of the Empire of China).
몽떼스큐가 "중국을 다스리는 것은 몽둥이다"라는 내용이 뒤 알드의 저술에 있다고 근거를 대며 위와 같은 주장을 일삼은 것은 뒤 알드의 글에서 문맥을 전혀 무시하고 자기 의도에 맞는 구절만 부분적으로 골라내어 악의적으로 이용한 것에 불과하다. 뒤 알드가 말하고자 했던 것은 몽떼스큐의 주장과는 거리가 있다. 몽떼스큐의『법의 정신』에 나타나 있는 중국 관련 기사의 이런 문제점에 대해서는 이미 당대에 케네가 『중국의 전제정치』에서 조목조목 반박하고 있다. 몽테스큐가 말한 몽둥이는 범죄자에 대한 태형이나 장형의 도구일 뿐이며, 형벌의 잔혹성이 중국보다 유럽에서 더 지독했다.
Quesnay, F.(1767). *Le despotisme de la Chine*. Paris. tr. by L. A. Maverick(1946). *China a model for Europe, Vol.II: Despotism in China*. San Antonio: Paul Anderson Company.(Chapter VII. Asserted shortcomings of the government of China, Section 1. Assertions of M. de Montesquieu. pp.239－254), 나정원(역)(2014). 『중국의 계몽군주정』. 엠-애드. pp.158－191. 참조.

서 중국에 관해 그가 서술한 것의 진의를 용이하고도 확실하게 통찰할 수 있다.

　페넬롱이나 몽떼스큐가 문명의 추이에 역행하여 고대 또는 중세 상태로 회귀하려는 입장에서 가장 진보한 문명국 중국을 비방했던 데서 한 걸음 더 나아가, 문명을 완전히 부정하고 원시상태로 돌아가려는 주장을 내걸며 문명에 중독된 나라의 표본으로서 중국을 공격한 것은 루소와 디드로(Denis Diderot, 1713-1784)였다. 원시복귀론으로 말하자면 보통 곧바로 루소가 상기되지만, 사실 이러한 생각은 오랫동안 이 두 친구 사이에 공통의 사상적 욕구로서 일상 담론 가운데에 발전되고 있었던 것이며, 오히려 디드로 쪽에서 모든 도덕성을 문명의 가장 큰 해독으로서 부정해버릴 정도로 철저했다.178) 그래서 그는 중국 비방에 있어서도 결코 루소에 뒤지지 않았는데, 예를 들면 중국에 관한 터무니없는 생트집을 잡는 서술 속에서도 중국인은 비열하고 소심하고 탐욕스럽고 편협하고 인색하여 전혀 감동할 줄 모르는 사람으로 소개되어 있다.179)^{역주84} 루소가 『학문예술론』에서 무지하고 거칠고 난폭한 타타르인에 저항할 수 없었던 중국의 학문을 깎아 내리고 있다는 것은 앞에서도 얘기했는데, 『신엘로이즈』(Julie, ou la Nouvelle Héloïse, 1761)에서도 쥴리의 애인이 그의 지구일주 여행 중에 세계에서 가장 인구가 많으면서도 번영한 나라(중국)가 도적의 무리에 복종당한 의외의 광경을 보았다고 적고 있다.180)

　그러나 이렇게 뒤통수를 치는 비방 같은 것보다 훨씬 흥미로운 것은 루소의 원시복귀사상에 노장老莊의 영향이 있었느냐 아니냐 하는 문제이다. 그것에 관해서 먼저 주의하지 않으면 안 될 것은, 『대학』·『중용』·『논어』에 대한 번역이나 통속적인 이해가 『중국의 철학자 공자』를 비롯해서 그 당시에 많이 출판된 데 비해서, 노자의 책에 관해서는 1750년경의 작품으로 추정되는 라틴어 번역이 오늘날에도 필사본 그대로 런던의 인도사무국에 보존되어 있는데, 이것이 당시의 것으로 알려져 있는 데 불과하다.181) 겨우 1823년이 되어야 아벨 레뮤사(Abel Rémusat)의 부분 번역이 발표되고, 이후 1842년에 스타니슬라스 쥴리앙(Stanislas Julien)의 완역이 나타

84　Les âmes y sont basses, l'esprit petit, intéressé, rétréci et mesquin. S'il y a un peuple au monde vide de tout enthousiasme, c'est le Chinois.
Diderot(1875). Fragments politiques: sur les Chinois. *Œuvres complètes de Diderot, Tome 4.* éd., par J. Assézat. Paris. p.47.

　　　　　계몽사상가들의 눈에 비친 유교문명

나게 되는 실정에 있었다. 물론 키르허나 뒤 알드의 책처럼 당시 널리 읽혀졌던 책 중에 노자에 관해서 기록된 부분이 있지만,[182] 그것은 아무래도 아주 간단한 것이었고 또 논박적인 성격을 넘어서 차라리 경멸적인 서술이기 때문에 사상적으로 깊은 영향을 줄 수 있는 성질의 것이라고 보기는 어렵다. 루소나 디드로가 사본으로 『노자』의 번역을 읽었을지도 모르지만, 그러나 그것은 극히 불확실한 상상이다. 그렇다면 루소가 어떠한 계기로 문명부정을 주장하게 되었는지 구체적인 사정을 검토해 보자.

그가 말르셰르브(de Malesherbes)에게 보낸 편지(1762)와[183] 『고백록』(*Les Confessions*, 1782, 1789)에[184] 기록되어 있는 것에 의하면, 1749년 여름 필화로 방센느(Vincennes)에 구금되어 있던 디드로를 매일 방문하고 있던 시절에, 어느 날 여느 때처럼 길을 걷다가 신문 「메르큐르 드 프랑스」(Mercure de France)를 읽고 있었는데, 문득 "학문 및 예술의 진보가 풍속의 향상을 촉진했는가, 그 타락을 도왔는가"하는 디종 아카데미의 현상논문 과제에 맞부딪쳐 "앗!" 하던 그때 일순간에 오만가지 생각이 맹렬한 기세로 용솟음쳐 올라와서 그 격동 때문에 어지럼증에 빠져 반시간쯤 나무 밑에서 정신을 잃고 있다가 깨어났을 때, 사회가 자연에 가하는 모든 해독을 홀연히 명료하게 깨달았다고 한다. 고대 이래 이미 존재하고 있는 아메리카 식인종의 발견과 함께 점차 세력을 얻어 온 문명을 부정하거나 원시로 복귀하고자 하는 사조가 디종 아카데미의 현상논문 주제를 계기로 루소의 생각 속에 영적으로 넘쳐흐르게 되었다는 것이다.

이렇듯 노장 쪽에서 보아도 또는 루소 쪽에서 생각해도, 양자 사이에 연계는 우선 없었다고 보는 것이 타당하다. 루소와 디드로 모두 예수회 학교에서 교육받은 인물들인데, 특히 루소는 1736년경 그의 고해성사를 담당했던 예수회 신부의 장서를 탐독했다고 스스로 적고 있다.[185] 어쩌면 그 즈음에 『외방 선교사들의 유익하고 진기한 서한집』을 보고 미약하게나마 노자의 설에 주의를 기울이고 있었을지도 모른다. 만약 그렇다면 방센느의 길 위에서 얻은 영감 속에는 노장적 요소도 얼마간 들어가 있었을 수 있다. 어쨌든 이 영감을 바탕으로 쓰기 시작하여 완성한 응모작 『학문예술론』에서 문명에 의해 부패하고 타락한 표본으로 중국을 내걸고 있기 때문에, 루소가 당시 일반적인 풍조에서 이탈하지 않고 중국에 커다란 관심을 갖고 있었다는 것을 헤아릴 수 있다.

그런데 주의해야 할 것은 루소의 원시복귀론에 여러 가지 측면이 있다는 것이다. 지금 그 기원에 관해 고찰한 루소의 문명부정론도 그 중 하나인데, 『사회계약론』에는 그것의 다른 한 측면이 나타나 있다. 그에 의하면 사회의 질서는 결코 자연의 질서가 아니다(『사회계약론』, 제1장). 여기에서 그는 우선, 당시 유럽의 중국적 이학_{理學派}의 자연법사상에 화살을 한 발 날리고 있는 것인데,^{역주85} 그의 주장으로는 사회의 질서란 인간의 약속에 의하여 생기는 것에 지나지 않는다.

> 모든 사회 속에서 가장 오래되고 또 유일하게 자연적인 것은 가족인데, 가족에 있어서도 자식들은 그 생존을 위해서 부모를 필요로 하는 기간에만 부모에게 매여 있을 뿐이다. 그 필요가 없어지면, 자연적 연계는 소멸한다. 자식들은 부모에 대한 복종으로부터 해방되고 부모는 자식들에 대한 보호책무로부터 벗어나 각자 독립을 회복한다. 그런데도 여전히 그들이 함께 살게 된다면 그것은 이미 자연적이지 않고 모종의 의지에 의한 것이다. 이렇듯 가족조차도 약속에 의해 유지되는 것에 지나지 않는다. 이 각각의 자유는 인간 본성 상 스스로 그렇게 된 결과이다. 인간의 제1의 의무는 각각 자기를 유지하는 데에 힘쓰는 것이고, 인간은 우선 첫째로 자기를 보호하지 않으면 안 된다.^{역주86}

루소의 근본 사상은 자연의 최초 상태에서는 인간이 각각 자유롭게 독립·분리되어 있고 그들이 사회를 형성하는 것은 계약에 의한 데 지나지 않는다는 것인데, 이러한 사상 속에는 서양 고유의 경향, 바꿔 말하면 게르만적 정신의 분리적 경향이 극단적으로 드러나 있다. 중국에 의하여 기독교로부터 해방된 게르만 정신의 반발이 루소에게서 가장 강하게 표현되고 있다고 말할 수 있는 것이다. 그런데 이러한 극단적인 사상은 평화로운 사회생활을 위협하기 마련이고 서양사상은 자연에 방

---

85 자연적 구성으로서의 사회질서(중국이 대표적인 모델)에 대한 사람들의 호응을 비판한 것.

86 "所求乎子 以事父"의 상식적 인간관계에 대한 이해가 전무한 무지한 생각일 뿐이다. 하기야 루소는 자기의 부친과 아들 사이에서 부친에게는 제대로 된 자식노릇을, 자식들한테는 좋은 아비노릇을 해 본 적이 없었으니 그럴 만도 하다.

치되면 본래 이와 같은 분리의 극단에까지 가버리는 것이었기 때문에 오랫동안 기독교가 그것을 억압하고 있었던 것이다. 그런데 기독교의 권위가 상실되었을 때, 라이프니츠를 위시해서 볼테르나 케네 등이 정주학으로부터 시사받은 "리理"의 사상으로써 사회·도덕·경제 기타 제반 사물에 있어서 새로운 질서를 건설하려 했던 것도 역시 이러한 서양정신 본래의 분리적 경향을 깊이 우려하여 그것을 미연에 억제시키려고 했기 때문이다. 18세기에 있어서 송대 신유학자들에 일종의 이학理學이 유럽에 크게 성행하게 되었던 데에는 실로 이와 같은 의의가 있는 것이다.

그래서 사실상 『사회계약론』에 보이는 것 같은 루소의 원시복귀론에서 노장사상의 영향을 찾을 수 있느냐 없느냐는 문제가 되지 않는다. 중국사상과 관련해서 그것이 시사한 바에 의해 발달한 것으로 생각되는 것이 바로 그의 문명부정론으로서의 원시복귀론인 것이다. 특히 그것이 자연의 풍경, 곧 산수山水에 대한 깊은 애착으로 굳게 결말이 나고 있는 점에서, 당시 유럽에 크게 유행하고 있던 중국정원 운동을 통하여 자연에 심성이 있다고 하고 이것과 결합하는 것을 즐기는 중국예술의 정신이 그에게 강한 영향을 미쳤다는 사실을 확인할 수 있다. 본시 원시상태에 대한 동경은 자연에 대한 애호를 수반하기 쉬운 것이지만, 그것이 필연적인 것은 아니다. 풍경에 대한 아무런 감각도 감정도 없이 단지 문명의 폐해를 배척한 사상가도 있고, 또한 그 반대로 문명의 혜택을 기꺼워하면서 자연과 친한 문인도 오래 전부터 많이 존재한다. 루소에 있어서 자연의 감정에 대한 자각이 그 당시 유럽의 각지에 왕성하게 조성되었던 중국정원 및 그것들에 의해 빚어졌던 정서생활의 새로운 요구와 어떻게 관련되는가에 대해서는 여기에서 상세히 설명하는 것을 삼가겠는데, 단지 그것에 관해서 한 가지 주목해야 할 것은, 루소가 원시존중의 입장에서 처음에 기하학적 구성의 서양 전통적 정원을 매도한 것처럼, 후에는 중국정원의 번거로운 인공적 세공도 비난하고 있다는 것이다. 즉, 원시로 복귀하려는 열정 때문에 중국정원이 섬세한 모양을 갖춘 것에 관해서도, 그는 문명국 중국을 비방하고 있는 것이다.186) 그러나 그로 하여금 처음으로 자연의 감정을 이해하는 데 이르게 했던 자연애의 분위기가 극동 문명의 영향(특히 공예와 정원조성법의 영향)에 의하여 당시 유럽에 농후하게 조성되고 있었다는 것은 부인하기 어려운 사실이고, 루소는 그 시기에 도래하던 중국산 공예품의 질박한 자연감에 초보적인 가르침을 받다가 갑자기 그것을 초월하여, 자연을 그 본연의 모습에 있어서 사랑하는 참된 동양정신에 한 걸음 가까이 다가갔던 것이라고 말할 수 있다. 이에 관해서는 아메리카 대륙의 원시적 자연의 영향도 고려하지 않으면 안 되지만,187) 대체로 중국문명의 자극에 의한 서양의 이성해방 운동을 볼테르가 훌륭히 이루어냈던 데 비해서, 극동예술에 대한 강한 감화에 힘입고 각성하여 자연에 대한 유럽인의 영감이 발달한 것은 루소에게서 대표적으로 감지할 수 있다. 그러나 근세 유럽인의 자연에 대한 감정에 미친 일본·중국의 영향이라는 문제는 오히려 미술공예사의 사실에 입각해서 해명되지 않으면 안 된다.

CHAPTER

4

결 론

CHAPTER

4

결 론

사상에 두 가지가 있는데, 하나는 어떤 일정 사회의 통제를 목적으로 하는 것으로서 그 사회 안에서 완결된다. 다른 하나는 보편적 사상, 즉 모든 인간의 사상이라고 할 수 있는 것으로 특정 사회를 넘어서 퍼져나간다. 이성적 사상은 필연적으로 보편적인데, 중국에서 이러한 보편적 사상이 가장 발달한 것은 중국 송대의 이학理學이다. 이에 따르면, 천지만물과 제반 인간사가 모두 "당연지리"에 의한 것인데, 이것이 수렴되면 "하나의 리理"로 돌아간다. 그것은 철저히 종합적인 점에 있어서 동양사상의 본질을 잘 나타내고 있고, 또한 이성적 사상의 가장 완성된 형태인 범리주의汎理主義에 이미 도달해 있는 것이다. 이것이 17세기 말부터 18세기에 걸쳐서 유럽에 도래한 중국사상의 중핵이다.

서양정신은 본래 분리적·개별적이며, 그 이성적 사상도 각각의 부문으로 나뉘어 기독교의 사상통제 그늘에서 오랫동안 답답하고 어려운 걸음걸이를 계속해 왔다. 그런데 17세기 이래 중국의 역사와 문화가 점차 분명하게 알려지게 되자, 본래 중국의 역사·문화를 아우를 만한 기초의 위에 서 있지 않았던 기독교의 사상통제는 두드러지게 동요하기에 이르렀다. 이리하여, 종전에 억압되고 있었던 서양 본래의 개별적 자유사상 및 과학의 제 부문에 있어서 이성적 사상이 일시에 대두하는 형세가 되었다.

그런데 아직 그것을 조정하고 통합하는 원리가 없었던 때에, 마침 중국 송대의 이학理學이 예수회 신부에 의해 유럽에 소개되었던 것이다. 그래서 라이프니츠는 신유학자의 리理를 한층 더 깊이 연구하여 「이유율」의 사상에 도달하고, 볼테르는 그것을 「자연법」이라 부르고, 케네는 그것으로부터 「자연질서」 사상을 얻었는데, 이들은 그럼으로써 각각 자기 나름의 입장에서 유럽의 사상과 사회를 이성에 의한 자연적이고 종합적인 조화로 인도하려고 했다.

그러므로 그들의 사상에는 뚜렷이 동양적인 면이 있고, "인욕지사人欲之私"를 없애고 "천리지공天理之公"에 따르는 것을 선호하며 그 지위를 얻으면 곧 그것을 천하에 미치게 하는 중국 현자의 면모를 그들에게서 볼 수 있는 것이다.

또한 이것을 세계사상의 발전이라는 면에서 말한다면, 중국과 인도의 보편적 사상을 종합한 이학理學과 서양의 보편적 과학사상이 이 철학자들에게서 마침내 융합되어, 동양사상의 정수인 "종합적 리理"와 서양과학의 진수인 "분석적 리理"가 결국은 서로 의지하여 일치된 바의 정점을 볼 수 있다. 리理가 하나라는 것에 의해, 서로 다른 지역에서 발원한 사상이 하나로 되는 일이 그 정점에 찬란하게 나타나 있는 것이다.

원저의 참고문헌

이 책에서 논의하고 있는 바는 매우 폭넓고도 복잡하게 두루 걸쳐 있기 때문에, 이에 참고한 문헌을 완전히 열거하기는 곤란하다. 아래에 제시한 문헌들은 단지 일반교양을 위해 읽을거리가 될 만한 것들, 말하자면 나의 개인적인 기호에 따라서 열거해 놓은 것에 지나지 않는다.

서론

É. Durkheim, *Les Formes élémentaires de la vie religieuse*, Paris, 1912.

L. Lévy‒Bruhl, *Les Fonctions mentales dans les sociétés inférieurs*, 3e éd., Paris, 1918.

L. Lévy‒Bruhl, *L'Ame primitive*, Paris, 1927.

H. Bergson, *Les Deux sources de la moorale et de la religion*, 10e éd., Paris, 1932.

제 1장

1절

『十三經注疏』

『皇淸經解』　　　淸, 阮元 輯

『皇淸經解續編』　淸, 王先謙 輯

『二十二子』　　　浙江書局刊

『周濂溪集』

『二程全書』

『張子全書』

『朱子文集』

『四書章句集注』

『理學宗傳』　　　清, 孫奇逢 撰

武內義雄『諸子槪說』제3판 京都, 1938.

M. Granet, *La Pensée chinoise*, Paris, 1934.

P. Masson－Oursel, *Esquisse d'une histoire de la philosophie indienne*, Paris, 1923.

P. Deussen, *The Philosophy of the Upanishads*, Engl. tr., London, 1905.

É. Senart, *Chāndogya Upanisad*, Paris, 1923.

É. Senart, *Bṛhad－Āraṇyaka Upanisad*, Paris, 1935.

2절

上原專祿, 古ゲルマアン民族の國家生活, 『一橋論叢』, 1938년 2월호.

M. Croiset, *La Civilisation hellénique*, 2 vols, Paris, 1922.

Th. Gomperz, *Die Griechische Denker*, 2. Aufl., 3 Bde, Leipzig, 1903－1907.

P. Decharme, *La Critique des traditions religieuses chez les grecs des origines au temps de Plutarque*, Paris, 1904.

P. Tannery, *Pour l'histoire de la science hellène*, Paris, 1887, 2e éd., p. p. A. Diés, Paris, 1930.

G. Milhaud, *Les Philosophes géomètres de la Grèce*, Paris, 1934.

A. Rey, *La Jeunesse de la science grecque*, Paris, 1933.

A. Rey, *La Maturité de la pensée scientifique in Grèce*, Paris, 1939.

W. Schultz, *Altgermanische Kultur in Wort un Bild*, 1934.

O. Höfler, *Das germanische Kontinuitätsproblem* ("Historische Zeitschrift", Bd, 157, 1937).

E. Gilson, *L'Esprit de la philosophie médiéval*, Paris, 1931.

P. Hazard, *La Crise de la conscience européenne(1680－1715)*, 3 vols, Paris, 1935.

D. Mornet, *Les Origines intellectuelles de la révolution française*, Paris, 1934.

제 2 장

1절

G. Coédes, *Textes d'auteurs grecs et romains relatifs à l'Éxtrême−Orient*, Paris, 1910.

H. Yule, *Cathay and the Way Thither*, 2 vols, 1866, New ed. revised by H. Cordier, 4 vols, London, 1913−1916.

Marco Polo, *Il Milione*, Prima Edizione Integrale a cura di Luigi Foscolo Benedetto, Firenze, 1928.

G. Chinard, *L'Amérique et le rêve exotique dans la littérature française au XVIIe et au XVIIIe siècles*, Paris, 1913, 2e éd., 1934.

P. Villey, *Les Sources et l'évolution des Essais de Montaigne*, Paris, 1908.

M. Montaigne, *Les Essais, Bordeaux−Paris, 1580−1588* (éd. J. Plattard, 6 vols, Paris, 1931−1933).

R. Descartes, *Discours de la méthode*, Leyde, 1637 (éd. J. Chevalier, Paris, 1927).

2절

黃伯祿, 『西敎奉褒』, 上海, 1883 (1904 제3판 간행).

樊國樑, 『燕京開敎略』, 北京, 1905.

費賴之(著) 馮承鈞(譯), 『入華耶蘇會士列傳』, 上海, 1938.

Le P. J. de Jervière, S. J., *Les Anciennes Missions de la compagnie de Jésus en Chine*, Changhaï, 1924.

F. Strowski, *Pascal et son temps*, 3 vols, Paris, 1921−1922.

V. Pinot, *La Chine et la formation de l'esprit philosophique en France*, Paris, 1932.

3절

Athanasius Kircherus, *China monumentis qua sacris qua profanis illustrata*, Roma, 1664.

Confucius Sinarum philosophus sive Scientia Sinensis latine exposita, studio et opera Prosperi Intorcetta, Christiane Herdrich, Francisci Rougemont, Philippi Couplet, Patrum Societatis Jesu, Parisiis, 1687.

Lettres édifiantes et curieuses écrites des missions étrangères par quelques missionaires de la Compagnie de Jésus, 34 vols, Paris, 1702—1776.

Description géographique, hitorique, chronologique, politique et physique de l'empire de la Chine et de la Tartarie chinoise, par le P. J. B. Du Halde, de la Compagnie de Jésus, Paris, 1735.

4절

B. Pascal, *Œuvres*, p. p. L. Brunschvicg, P. Boutroux et F. Gazier, 14 vols, Paris, 1908—1914.

P. Bayle, *Œuvres diverses*, 4 vols, 1727—1731.

P. Bayle, *Dictionnaire historique et critique*, 5 vols, Rotterdam, 1697, 5e éd., Amsterdam, 1734.

N. Malebranche, *Entretien d'un philosophe Chrètien et d'un philosoph chinois*, Paris, 1708.

N. Fréret, *Œuvres complètes* ⋯ mises dans un nouvel ordre par M. Champollion—Figeac, 8 vols, Paris, 1825.

V. Pinot, *Documents inédits relatifs à la connaissance de la Chine en France de 1685 à 1740*, Paris, 1932.

제 3 장

G. Lanson, *Formation et développement de l'esprit philosophique au XVIIIe siècle* (Influence de l'Orient et de l'Éxtrême—Orient), "Revue des cours Conferences," Mars, 1909, p.65 sq.

A. Reichwein, *China and Europe*, Engl. tr., London, 1925.

後藤末雄, 『支那思想の佛蘭西西漸』, 東京, 1933.

1절

Kortholt, *Viri illustris Godefredi Leibnitii epistuiæ ad diversos*, 4 vols, 1734—1742.

Dutens, *Leibnitius Opera omnia, nunc prima collecta*, ⋯ Tomus 1—6, Genevæ, 1768.

Erdmann, G.−G. *Leibnitii opera philosophica quae exstant ⋯ omnia*, Berlin, 1840.

Foucher de Careil, *Œuvres de Leibniz*, 7 vols, Paris, 1859−1875.

Guhrauer, *Leibnitz's deutche Schriften*, 2 Bde, Berlin, 1838−1840.

Gerhardt, *Die philosophischen Schriften von G. W. Leibniz*, 7 Bde, Berlin, 1875−1890.

Gerhardt, *Leibnizens mathematishe Schriften*, 7 Bde, Berlin−Halle, 1849−1863.

Rommel, *Leibniz und der Landgraf Ernst von Hessen−Rheinfeld*, ein ungedruckter Briefwechsel über religiöse und politische Gegenständ, 2 Bde, Frankfurt−am−Main, 1847.

Bodemann, *Die Leibniz−Handschriften* der kö. öff. Bibliothek zu Hannover, Hannover, 1895.

J. Baruzi, *Leibniz et l'organisation religieuse de la terre*, Paris, 1907.

L. Davillé, *Leibniz historien*, Paris 1909.

F. R. Merkel, *Leibniz und die Chinamission*, Leibzig 1920.

L. Couturat, *La logique de Leibniz d'après des documents inédits*, Paris, 1901.

E. Cassirer, *Leibniz' System in seinen wissenschaftlichen Grundlagen*, Marburg, 1902.

Le Chevalier, *La Morale de Leibniz*, Paris, 1932.

M. Gueroult, *Dynamique et métaphysique Leibniziennes*, Paris, 1934.

B. Getzberg, *Le Problème de la limitation des créatures chez Leibniz*, Paris, 1937.

下村寅太郎, 『ライプニッツ』, 京都, 1938.

3절

F. Quesnay, *Œuvres Economiques et philosophiques*, éd. A. Oncken, Frankfurt−Paris, 1888.

村松恒一郎, フイジオクラト經濟學に顯はるる二つの思想動機と其哲學的基礎, 『商學研究』, 제4권 제3호.

增井幸雄, 『ケネー』, 東京, 1934.

4절

Fénelon, *Œuvres complètes*, 35 vols, Versailles, 1820−1830.

Montesqieu, *Œuvres*, p. p. Laboulaye, 7 vols, Paris, 1875−1879.

Diderot, *Œuvres complètes*, p. p. J. Assézat et M. Tourneux, 20 vols, Paris, 1875 − 1877.

J. − J. Rousseau, *La Nouvelle Héloïse*, p. p. D. Mornet, 4 vols (Les Grands Écrivains de la France).

J. − J. Rousseau, *Du Contrat social*, p. p. Georges Beaulavon, Paris, 1903.

J. − J. Rousseau, *Correspondance général*, p. p. Dufour et Plan, Tome VII, Paris, 1927.

拙著, 『支那と佛蘭西美術工藝』, 東京: 弘文堂, 1937.

1) Gaius Plinius Secundus(Pliny the elder), *Naturalis historia, VI*, p.41. 플리니우스 시대의 중국지식
에 관해서는 다음 글을 참조.
Ce que Pline l'Ancien de ses contemporains connurent de la Chine, *La Chine, no.8*, 1921,
pp.563-574.
고대인의 극동에 관한 일반적인 지식에 대해서는 다음 글을 참조.
G. Coèdes, *Textes d'auteurs grecs et romains relatifs à l'Éxtrême-Orient*, Paris, 1910.

2) Bergeron, *Voyages fait principalement en Asie dans les XII, XIII, XIV et XV siècles*, par
Benjamin de Tudèle, Jean du Plan-Carpin, N. Acelin, Guillaume de Rubruquis, Marc Paul
Venitien, Hiton, Jean de Mandeville et Ambroise Contarini, La Haye, 1735, pp.41-42.(Melle
Belevitch-Stankevitch, *Le goût chinois en France au temps de Louis XIV*, Paris, 1910, p.XVI에
서 인용).
카르피니에 관해서는 다음 글을 참조.
Colonel Yule, *Cathay and the way thither, vol. I*, London, 1915, p.18.

3) Henri Cordier, *Bibliotheca Sinica*, 2^{e}éd., 4vols, Paris, 1904-1907, p.1999.

4) H. Cordier, *Les voyages en Asie au XIVe siècle du bienheureux frère Odoric de Pordenone,
Religieux de Sain-François*, Paris, 1891.
Mirabilia Descripta, Les nouvelles de l'Asie par le P. Jourdain Catalani de Sévérac, evêque de
Colombo par H. Cordier, Paris, 1925, pp.89-90.

5) H. Cordier, *Jean de Mandeville*, Paris, 1891, p.13.
Carlos Pereyra, *La conquête des routes océaniques*, Paris, s. d., pp.25-47.

6) *Histoire du grand royaume de la Chine située aux Indes Orientales*, Paris, 1589, fol.105.

7) P. Cornelius Tacitus, *Germania*, XIX, XXII.

8) C. Pereyra, op. cit., pp.42-43.

9) Gilbert Chinard, *L'Amérique et le rêve exotique dans la littérature française au XVIIe et au
XVIIIe siècles*, Paris, 1913, 2^{e}éd., 1934.

10) *Les confessions*, Partie II, Livre VIII.

11) 이 점에 대해서 가장 시사하는 바가 많은 저술은 다음과 같다.
Virgile Pinot, *La Chine et la formation de l'esprit philosophique en France*, Paris, 1932.
Gilbert Chinard, *L'Amérique et le rêve exotique dans la littérature française au XVIIe et au
XVIIIe siècles*, Paris, 1913, 2^{e}éd., 1934.

12) V. Pinot, op. cit..
Documents inédits relatifs à la connaissance de la Chine en France de 1685 à 1740, Paris,
1932.
石田幹之助, 『歐人の支那研究』, 東京: 共立社, 1932.
L'abbé A. Thomas, *Histoire de la mission de Pékin depuis les origines jusqu'à l'arrivée des
Lazaristes*, Paris, 1923.
Le P. J. de Jervière S.J., *Les anciennes missions de la Compagnie de Jésus en Chine*, Chanhaï,
1924.
G.S. de Morand, *L'épopée des Jesuites français en Chine*, Paris, 1928.

13) 예수회에 관한 많은 저서들 가운데, 가장 종합적이고 신용할 가치가 있다고 생각되는 것은 다음의 두
저서이다.

J. Crétineau‒Joly, *Histoire religieuse, politique et littéraire de la Compagnie de Jésus, 6 vols*, Paris, 1844‒1846.

T.J. Campbell, *The Jesuits(1534‒1721), 2 vols*, London, 1921.

14) L. Blanchet, L'Attitude religieuse des jésuites, *Revue de Métaphysique et de Morale*, 1919, pp.477 sq, 617 sq.

F. Strowski, *Pascal et son temps, tome I*, Paris, 1922, pp.348‒360.

15) 이에 관해서는 우르시스(Le Père Sabatino de Ursis)와 고빌(Le P. Gaubil) 신부의 이름을 들지 않을 수 없다. V. Pinot, op. cit., pp.209, 259‒261.

16) V. Pinot, op. cit., p.72.

Abbé Dubois, *Hindu manners, custons, and ceremonies*, tr. by H. K. Beauchamp, 3rd edition, Oxford, 1906, p.300.

17) *Confucius Sinarum philosophus* sive Scientia Sinensis latine exposita, studio et opera Prosperi Intorcetta, Christiane Herdrich, Francisci Rougemont, Philippi Couplet, Patrum Societatis Jesu, Parisiis, 1687.

18) V. Pinot, op. cit., p.88.

19) Ibid., pp.314‒329.

20) Ibid., p.146.

21) Le P. Régis, *Introduction critique à l'étude des Kings*. 출판되지 않았거나 뒤늦게 출판된 저술에 관해서는 피노(V. Pinot)의 전게서, pp.143‒144를 참조.

22) Le P. Gaubil, *Catalogue des conètes vues à la Chine depuis 613 av. J. C. jusqu'à 1539.*

23) *Recherches astronomiques sur les constellations et les catalogues chinois des étoiles fixes, sur le cycle des jours, sur les solstices et sur les ombres méridiennes du Gnomon observées à la Chine.* 이는 오늘날 전지지 않는다.

24) Le P. de Prémare, *L'Athéisme des chinois.*

25) Antoine Gaubil, *Traité de la chronologie chinoise*, divisé en trios parties, composé par le Père Gaubil, missionaire à la Chine, et publiée pour servir de suite aux mémoire concernant les Chinois, par M. Silevestre de Sacy, Paris, 1814.

26) *Histoire général de la Chine, Annales de cet empire;* traduites du Tong‒Kein‒Kang‒Mou, par le feu Père Joseph‒Anne‒Marie de Moyrac de Mailla, etc, 12 vols, Paris, 1777‒1783.

27) Joseph de Guignes, *Histoire général des Huns, des Turcs, des Mongols et des autres Tartarie occidentaux, 3 vols*, Paris, 1756.

이는 대부분 비들루 신부의 원고를 바탕으로 저술된 것이다. 비들루 신부의 『타타르역사』는 1779년에 재판되어 데르블로(D'Herbelot)의 『동양총서』(*Bibliothèque Orientale*)의 제4권에 수록되어 있다.

28) 푸르몽은 특히 프레마르 신부에게서, 귄느(Guignes)는 특히 고빌 신부에게서 자료의 공급을 의존했다. 이에 대해서는 다음을 참조.

H. Cordier, Fragments d'une histoire des édudes chinoises, *Centenaire de l'École des Langues Orientales vivantes*, Paris, 1845, pp.223‒293.

29) V. Pinot, op. cit., p.142, 452.

30) 마르티니 신부의 저술로는 이외에도 다음과 같은 것들이 있다.

De Bello Tartarico historia, Amsterdam, 1654.

Historiæ Sinicæ decas prima, Amsterdam, 1658.

31) H. Cordier, La question des rites chinois, *Annales du Musée Guimet, Bibliothèque de Vulgarisation, tome 41*, p.153.

32) A. Kircher, *La Chine illustée*, Prèfacee au Lecteur.

33) Athanasius Kircherus, *China monumentis qua sacris qua profanis illustrata*, Roma, 1664.

La Chine d'Athanase Kirchere de la Compagnie de Jésus, illustrée de plusiers monuments tant sacrés que profanes, et de quantité de recherches de la nature et de l'art. Aquoy on à adjousté de nouveau etc. Traduit par E. S. Dalquié, Amsterdam, 1670.

34) *Description géographique, hitorique, chronologique, politique et physique de l'empire de la Chine et de la Tartarie chinoise*, par le P. J. B. Du Halde, de la Compagnie de Jésus, Paris, 1735.

35) A. Kircher, *La Chine illustrée*, p.176, 178, 183, etc.

36) Ibid., IIIe partie, Ch. III, IV, VI.

37) Ibid., IIIe partie, Ch. II.

38) Ibid., Table des Matières.

39) Ibid., IIIe partie, Ch. II, III.

40) Ibid., pp.184－185 사이의 그림.

41) Ibid., pp.190－191 사이의 그림.

42) Du Halde, op. cit., Tome 3, pp.2－42.

43) B. N. Latin 6277.
   이 원고의 말미에는 "Aymon Theologus et Jurisconsultus"라고 서명되어 있는 라틴어 간행기사가 달려있다. 이것에 의하면, 이 원고는 1706년에 로잘리(Rosalie)의 사제 아르투스(Artus de Lionne)로부터 꾸쁠레에게 전해졌다고 되어 있는데, 아르투스는 「외방전도회」에 속해 있어서 태국이나 중국에 파견된 많은 예수회 신부와 격렬한 논쟁을 해 온 경력이 있는 인물이기 때문에, 간행기사에서 말하고 있는 내용을 그대로 다 믿을 수는 없다. 그런데 간행기사를 작성한 에이몽(Aymon)이 루이14세의 문고에서 여러 가지 사본을 훔쳐서 네덜란드로 도주했다는 것은 당시에 유명한 사건이었는데, 아마도 이 원고도 이때 도난당한 것으로 추정된다. 이에 대해서는 다음을 참조.
   V. Pinot, *Documents inédits relatifs à la connaissance de la Chine en France*, p.83; *La Chine et la formation de l'esprit philosophique*, pp.63－64, 67, 152－153.

44) V. Pinot, *La Chine et la formation de l'esprit philosophique*, p.155.

45) 피노(V. Pinot)는 이 원고에 대한 수정·증보가 누구에 의해 어디에서 행해졌는지에 관해서는 연구하고 있지 않다. 그러나 글의 의미를 미루어 추정해 보면, 인토르세타(Intorcetta), 헤르드리히(Herdricht), 루즈몽(Rougemont), 꾸쁠레(Couplet) 등 중국주재 예수회 신부들이 작성한 원고에 손을 댄 것은 파리의 예수회 출판 담당자라고 생각되는데, 증보한 인물이 『시경집전』 등의 중국 원전에 의거하고 있는 부분이 분명히 있다는 점에서 본다면, 개수(改修)한 부분의 어떤 것은 중국주재 신부들이 한 게 아니라고 추정하는 것이 온당하지 않을까 생각한다. 피노가 이런 점을 알아차리지 못했다는 것은 어쩔 수 없는 일이지만, 중국철학에 관한 지식이 모자란 탓에 철저히 연구하지 못한 점은 피노의 이 저서가 가진 미비점이라고 하지 않을 수 없다. 어쨌든 첨삭이 중국 원전에 대한 이러한 용의를 가지고 행해졌다는 사실로부터 생각한다면 그것이 과연 한 사람의 손으로 이루어진 일인지 여부도 의문스러워지는데, 이 점을 해명하기 위해서는 파리국립도서관의 원고를 한층 더 정밀하게 조사해보는 수밖에 없다.

46) V. Pinot, op. cit., p.155.

47) 그러나 피노가 놓치고 있는 것은, 증보된 부분의 "최고의 신의 좌우"라는 말이 「대아·문왕」의 "在帝左右" 및 이에 대한 주자주 "無時不在上帝之左右"라는 자구를 그대로 따르고 있다는 점이다.

48) V. Pinot, op. cit., p.157.

49) Confucius alio nomine honoris ergo Chùm－nhi dictus est: nhî porre montis nomen est, in quo praesidem loci spiritum mater Confucii precata dicitur ut sibi et desederatae proli propitus foret(B. N., Latin 4277, folio 68. 피노의 전게서, p.156에서 인용).

50) V. Pinot, op. cit., pp.153－154.

51) Antoine Arnauld, *La morale pratique des Jésuites, VI－VII*, Amsterdam, 1692－1693.

52) 이 교서의 전문은 다음 문헌에 게재되어 있다.

Abbé A. Thomas, *Histoire de la mission de Pékin*, pp.166－170.

53) Le P. Louis Le Comte, *Nouveaux mémoire sur l'état présent de la Chine, 2 vols*, Paris, 1696.

54) Le P. Le Gobien, *L'Histoire de l'edit de l'Empereur de la Chine en faveur de la religion chrétienne avec un éclaircissement sur les honneurs que les Chinois rendent à Confucius et aux norts*, Paris, 1696.

55) Le P. Le Comte, *Lettre à Monseigneur le Duc du Mayne sur les Cérémonies de la Chine*, Paris, 1700.
   르 꽁트 신부는 이 전후 4·5년간 예전문제에 관해 각지에서 수십 종의 책자를 출판하고 있다.

56) V. Pinot, op. cit., pp.99－103.

57) *Lettres édifiantes et curieuses écrites des missions étrangères* par quelques missionaires de la Compagnie de Jésus, 34 vols, Paris, 1702－1776.

58) Le P. Le Tellier, *Défense des nouveau chrétiens et des missionnaires de la Chine, du Japon et des Indes* contre deux livres intitulés *La morale pratique des Jésuites* et *L'Esprit de Mr. Arnauld*. 1698년에는 2권으로 된 제2판이 출판되었다.

59) *Mémoires concernant l'histoire, les sciences, les arts, les moeurs, les usages, etc., des Chinois par les missionnaires le Pékin*, 16 vols, Paris, 1776－1814.

60) Saint－Simon, *Mémoires, nouvelle éd. collationnée sur le manuscrit autograph* ⋯ par A. De Bioslisle avec la collaboration de L. Lecestre et J. De Boislisle, tome XXV, p.184.

61) Du Halde, op. cit., Tome 1, pp.111－260.

62) Ibid., pp.271－556.

63) Du Halde, op. cit., Tome 2, pp.1－223.

64) Ibid., pp.224－370.

65) Du Halde, op. cit., Tome 3, pp.292－324.

66) Ibid., pp.324－338.

67) Ibid., pp.339－378. 볼테르의 『중국고아』(*L'Orphelin de la Chine*, 1750)는 이것에서 발상한 것이다.

68) Du Halde, op. cit., Tome 3, p.2. 중국 고대의 제식(Du culte des anciens Chinois).

69) V. Pinot, op. cit., p.145.

70) Ibid., pp.176－177.

71) Ibid., p.175.

72) Blaise Pascal, *Les Provinciales, ou lettres écrites* par Louis de Montalte à un provincial de ses amis et aux RR. PP. Jésuites sur le sujet de la morale et de la politique de ces Pères.

73) Thomas Hurtado, *Martyre de la foi*, p.427. 파스칼의 다섯 번째 편지에 인용되어 있다.

74) Le P. Martino Martini, *Historiæ Sinicæ decas prima*, S. I, 1658.

75) Pierre Bayle, *Commentaire philosophique sur ces paroles de Jéjus－Chrit.: Contrain－les d'entrer*. 피노의 전게서, p.317에서 인용.

76) P. Bayle, *Dictionnaire historique et critique*, 2ᵉ éd, 1702, l'article "Cesalpiu", note 18 sur la secte des lettrès de la Chine; *Continuation des Pensées diverses sur les Comètes*, 2ᵉ partie, 1705. (*Œuvres diverses*, éd. 1727－1731, t.III). 피노의 전게서, p.321, note 100, pp.323－327.

77) P. Bayle, *Continuation des Pensées diverses § XXV* (1703). 피노의 전게서, pp.322－323.

78) Le P. Le Gobien, *l'Histoire de l'Edit de l'Empereur de la Chine*, Prèface.

79) P. Bayle, *Réponse aux Question d'un Provincial*(*Œuvres diverses* t.III). 피노의 전게서, p.325에서 인용.

80) Malebranche, *Entretien d'un philosophe Chrètien avec un philosoph chinois sur l'existence et la nature de Dieu*, Paris, 1708.

81) 드 뚜르농은 예전문제에 관한 실정을 시찰하기 위해서 교황 끌레망 11세(Clément XI)가 중국에 파견한 인물인데, 그가 소지하고 있던 「중국예전을 허가하지 않는 1704년 교황칙령」이 강희제에게 불쾌감을 일으켰고, 그의 우두머리 역할을 하고 있던 복건성의 교황 대사 매그로(Maigrot)가 한자를 잘 이해하지 못한 탓에 중국종교를 폄하하여 강희제에게 노여움을 샀고, 중국의 사정에 밝지 못하여 나온 섣부른 행동이 화근이 되어 중국에 있어서 기독교 전도사의 지위를 아주 박약하게 만드는 계기를 조성해 버렸다. 그래서 결국 1706년 12월에, 공자 경배 및 조상숭배의 제반 예전을 승인한다는 내무부(內務府)의 인표(印票)를 받아서 예전을 봉행하고 또 이것 때문에 귀국하지 않겠다는 서약을 하는 전도사에 한해서 각 성에서 거주하며 포교하는 것을 허락하고, 이 인표(印票)를 소지하지 않은 자는 일체 각 성에 거주하는 것을 금지하였던 것이다.

이 사정에 관해서는 피노의 전게서, pp.115−120와 다음을 참고.

失野仁一, 『近世中國外交史』, 京都, 1930, pp.691−699.

G. S. De Morand, *l'Épopée des Jesuites français*, ch.XI, XII.

82) V. Pinot, op. cit., p.330.

83) *Méditations métaphysiques et correspondance de Malebranche et de Mairau p. p. Feuillet De Conches*, Paris, 1841. pp.100−101.

84) V. Pinot, op. cit., pp.340−343.

85) Ibid., pp.344−345.

86) Gonzales de Mendoça, *Histoire du grand royaume de la Chine*, p.8.

87) La Peyrère, Præ−Adamitæ sive exercitato super versibus dudecimo, decimo tertio et decimo quarto capitis quinti Epistulae D. Pauli ad Romanos, *Systema theologicum ex Prae−Adamitarum hypothesi*. S. I. 1655.

88) *Historiæ Sinicæ decas prima*, pp.11, 14.

89) Issac Vossius, *Dissertatio de vera ætate mundi*, Hagæ Comitis 1659, pp.XLIV−XLV. 피노의 전게서, pp.202−205에서 인용.

90) Georges Horn, *Arca Noœ*, Lyon 1666. pp.12−13. 피노의 전게서, p.208.

91) V. Pinot, op. cit., pp.253−256, 352−353.

92) Le P. Gaubil, *Histoire abrégée de l'astronomie chinoise*, p.41. 피노의 전게서, pp.259−260에서 인용.

93) Le P. Gaubil, *Histoire abrégée de l'astronomie chinoise*, p.43. 피노의 전게서, pp.259−260에서 인용.

94) Ibid.

95) N. Fréret, De l'antiquité et de la certitude de la chronologie chinoise, *Mémoires de l'Académie des Inscriptions*, t.X, 1736, p.377 sq. 피노의 전게서, p.261 참조.

96) N. Fréret, Eclaircissement sur le Mémoire lu au moix de novembre 1733 touchant l'antiquité et de la certitude de la chronologie chinoise, *Mémoires de l'Académie des Inscriptions*, t.XV, 1743 et t.XVIII, 1753). 피노의 전게서, pp.269−272 참조.

97) V. Pinot, op. cit., pp.263−264.

98) Gerhardt, *Die philosophischen Schriften von G. W. Leibniz*, 7 Bde, Berlin, 1875−1890, IV권, p.73.

Gerhardt, *Leibnizens mathematishe Schriften*, 7 Bde, Berlin−Halle, 1849−1863, V권, p.50.

99) Gerhardt, *Phil.*, VII권, p.135.

100) Gerhardt, *Phil.*, III권, p.216.

101) Franz Rudolf Merkel, *Leibniz und die Chinamission*, Leibzig 1920, p.28. Adolf Reichwein, *China and Europe, Intellectual and artistic contacts in the eighteenth century*, London, 1925. p.79에서 인용.

102) V. Pinot, op. cit., p.333.

103) Davillé, *Leibniz historien*, Paris 1909, p.385, note 1.

104) F. R. Merkel, *Leibniz und die Chinamission*, Leibzig, 1920, p.28.

105) Davillé, op. cit., p.425.

106) A. Reichwein, op. cit., p.80.

107) Foucher de Careil, *Œuvres de Leibniz*, 7 vols, Paris, 1859－1875, VII권, pp.101－105.

108) Guhrauer, *Leibnitz's deutche Schriften*, 2 Bde, Berlin, 1838－1840, II권, pp.180－182.

109) H. Hoffmann, *Die Leibnizsche religionsphilosophie in ihrer geschichtlichen Stellung*, 1903, p.14 ff. 라이히바인(Reichwein)의 전게서, p.82.

110) Dutens, *Leibnitius Opera omnia, nunc prima collecta*, … Tomus 1－6, Genevæ, 1768, III권, p.346.

111) F. R. Merkel, *Leibniz und die Chinamission*, Leibzig, 1920, p.44, note. 라이히바인의 전게서, p.83에서 인용.

112) V. Pinot, op. cit., pp.335－336.

113) Ibid., pp.336－337.

114) Baruzi, *Leibniz et l'organisation religieuse de la terre*, Paris, 1907, p.98.

115) Louis Couturat, *La logique de Leibniz d'après des documents inédits*, Paris, 1901.

116) V. Pinot, op. cit., p.334.; Davillé, *Leibniz historien*, Paris, 1909, p.586, note 6.

117) Gerhardt, *Phil.*, II권, pp.380, 383－384.

118) Foucher de Careil, op. cit., VII권, p.398.

119) Guhrauer, op. cit., II권, p.270.

120) Dutens, op. cit., IV권, pp.169－210.

121) Kortholt, *Epistulæ ad diversos*, t.II, 1734. pp.420－451. 피노의 전게서, pp.338－339에서 인용.

122) Gerhardt, *Phil.*, V권, p.1, 12, 185.

123) Ibid., VII권, p.11, 15, 25, 204.

124) Gerhardt, *Math.*, V권, p.216.

125) Gerhardt, *Phil.*, II권, p.56.

126) Ibid., p.147, 169.

127) Ibid., *Phil.*, II권, p.51.

128) Louis Couturat, *La logique de Leibniz d'après des document inédits*, Paris, 1901.

129) Gerhardt, *Phil.*, IV권, p.232.

130) Couturat, op. cit., p.475.

131) F. R. Merkel, *Leibniz und die Chinamission*, Leibzig 1920, p.25. 라이히바인의 전게서, p.80 참조.

132) A. Reichwein, op. cit., p.79.

133) J. De La Brune, *La morale de Confucius, philosopne de la Chine*, Amsterdam, 1688. Avertissement, f.6. 피노의 전게서, p.374에서 인용.
일설에 의하면 이 책은 꾸젱(Président Cousin)의 저작이라고도 말하고 있다.

134) Abbé Simon Foucher, *Lettre sur la Morale de Confucius, philosophe de la Chine*, Paris, 1688.

135) F. Bernier, Confucius ou la science des Princes, contenant les Principes de la Religion, de la Morale particulière, du Gouvernement politique des anciens Empereurs et Magistrats de la Chine, abrégée en françois par M. Bernier, Docteur en Médecine. 피노의 전게서, pp.376－384 참조.

136) Bossuet, *Discours sur l'Histoire Universell*, à Monseigneur le Dauphin, pour expliquer la suit de la religion, et les changements des empires, 1681.

137) Voltaire, *Essai sur les mœurs et l'esprit des nations*, 1756, avant-propos.

138) Ibid., 제2장, pp.160-167.

139) Ibid., 서문, 18. 중국에 대하여(Introduction, XVIII. De la Chine).

140) Ibid.

141) Voltaire, op. cit., 제2장 중국의 종교에 대하여(ch.II. De la religion de la Chine).

142) Ibid., 서문, XVIII.

143) Ibid., 제1장 중국의 고대, 국력, 법률, 일용품, 학문 등에 대하여(De la Chine, de son antiquité, de ses forces, de ses lois, de ses usages et de ses sciences).

144) Ibid., 서문, XVIII.

145) Ibid., 서문, XVIII과 제2장.

146) Ibid., 제2장.

147) Lord Anson, *Voyuage autour du monde*, Amsterdam, 1749.

148) Voltaire, op. cit., 제1장.

149) Ibid.

150) Ibid.

151) Ibid.

152) Ibid.

153) Voltaire, op. cit., 서문.

154) J.-J. Rousseau, *Discours sur les sciences et les arts*, Ière partie.

155) *L'orphelin de la Chine*, Tragédie. Représentée pour la première fois à Paris, le 20, Août 1755, La Haye, 1755.

156) Leo Jordan, Voltaire's Orphelin de la Chine, *Gesellschaft für romanische Literatur*, Band 33, Beleg 40, Dresden, 1913. p.90 ff. 라이히바인의 전게서, p.91 참조.

157) Voltaire, op. cit., 제1장.

158) Hong Cheg Fu, *Un siécle d'influence Chinoise sur la litterature française*, p.44, 46.

159) 이는 케네 경제학 체계의 중심을 이루는 것인데, 마담 드 퐁파두(Madame de Pompadour)가 이 글이 난삽한 것을 아쉽게 생각하여 그의 제자 미라보 후작(Marquis de Mirabeau)에게 명하여 대중적 설명을 저술하도록 하였다. 그래서 1760년에 미라보 후작의 저서 『인간의 벗』(*l'Ami des Hommes*)의 부록으로서, 『격언』(*Maximes*), 『질문』(*Questions*)과 함께 합본하여 발표했던 것이다.

160) 이는 1757년 『백과사전』(*Encyclopédie*)의 「곡물」(Grains) 항목 중 케네가 발표한 논문에도 첨부되어 있다.

161) *Questions intéressantes sur la population, l'agriculture et le commerce*, proposées aux Académies et autres Sociétés Sçavantes des Provinces, 1759.

162) 村松恒一郎, 중농주의 경제학에 나타나 있는 두 가지 사상적 동기와 그 철학적 기초(フィジオクラト 經濟學に顯はるる二つの思想動機と其哲學的基礎), 『商學研究』, 제4권 제3호, pp.737-803 참조.

163) A. Reichwein, op. cit., pp.103-105.

164) Edmond et Jule de Goncourt, *Madame de Pompadour*, nouvelle éd., Paris, 1910, pp.236-240. P. de Nolhac, *Madame de Pompadour et la politique*, pp.62-63.

165) 村松恒一郎의 전게논문, p.755.

166) 村松恒一郎의 전게논문, p.797.

167) F. Quesnay, *Œuvres Economiques et philosophiques*, éd. A. Oncken, Frankfurt-Paris, 1888, p.557. A. Reichwein, op. cit., p.109.

168) A. Oncken, op. cit., p.9.

169) A. Oncken, op. cit., p.640. A. Reichwein, op. cit., p.106.

170) A. Oncken, op. cit., p.636. A. Reichwein, op. cit., p.108.

171) F. Quesnay, Du Droit Naturel, 1765. 라이히바인의 전게서, p.107에서 인용.

172) Fénelon, *Les Aventures de Télémaque*, nouvell éd. par A. Cahen(Coll. des Grands Ecrivains de la France), t.I. pp.190－191. 피노의 전게서, pp.392－393 참조.

173) Montesquieu, *De l'esprit des lois*, VIII, xxi.

174) É. Faguet, *Le XVIIIe siècle*, 44e éd., Paris, s. d., p.184.

175) *De l'esprit des lois*, III, ix.

176) *De l'esprit des lois*, VIII, x.

177) Ibid., VII, vi, vii; VIII, vi; IX, xxi; XII, vii; XIV, viii; XIX, xvi, xvii, xviii, xix, xxx; XXIII, xiii.

178) É. Faguet, op. cit., pp.298－303.

179) Diderot, *Fragments politiques: sur les Chinois* (*Œuvres complètes de Diderot*, éd., J. Assézat, Paris, 4e tome, 1875, pp.45－48).

180) J.－J. Rousseau, *Julie, ou la Nouvelle Héloïse*, 1761, 4e partie, lettre III.

181) A. Reichwein, op. cit., p.126.

182) A. Kircher, op. cit., p.176; Du Halde, op. cit., t.3, pp.16－18.

183) Dufour et Plan, *Correspondance général de J.－J. Rousseau*, tome VII, p.50 (Am M. de Malesherbe).

184) *Les Confessions*, Partie II, Livre VIII.

185) *Les Confessions*, Partie I, Livre VI.

186) *La Nouvelle Héloïse*, IVe partie, lettre XI.

187) Gilbert Ghinard, *L'Amérique et le rêve exotique dans la littérature française*, 4e partie, ch.I.

역자 후기

譯
者
後
記

　　이 저술을 번역하게 된 것은 등사우의 글 「서양의 시험제도에 미친 중국의 영향」을 접한 데에서부터 비롯되었다.[역주87] 등사우의 이 연구는, 유럽에서 공무원 임용고시제도의 시발이 영국이라고 알려져 있는데, 영국의 공무원 임용고시제도 출범은 중국의 과거제도를 본뜬 데에 따른 것이라는 요지를 담고 있다. 이 글을 접한 이후로 유럽사회에서 동아시아의 역사나 유교문명을 알고자 했던 노력의 성과물들을 하나하나 수집하기 시작했고 꾸준히 공부해 나아가고 있다.[역주88]

　　고바야시의 이 저술은 그 과정에서 만난 것이다. 등사우의 연구를 접한 덕분에, 상당히 오래 전부터 유교문명이 유럽에 소개되었다는 사실을 알 수 있었다. 이에 대한 사전이해가 없었다면, 고바야시를 미친놈 취급하며 이 책을 던져버렸을지도 모른다. 동서교섭에 대한 나름대로의 공부가 없었다면 이 책을 황당무계한 헛소리로 가득 찬 것으로 비웃으며 외면했을 것이다. 그러나 동서

87　Têng, Ssu-yü(1943), Chinese influence on the western examination system. *Harvard Journal of Asiatic Studies, Vol.7. No.4.*

88　이 과정에서 발표한 논문이 「전근대 서구 지식인의 시험제도에 대한 인식」(『교육사학연구』 제13집, 2003)이고, 『교육비평』 편집진의 게재요청에 따라 이 논문을 수정·보완하여 「합리적 차등주의와 교육 및 시험제도에 대한 구미 지식인의 인식」(제18집, 2005)이라는 제목으로 재차 선보인 바 있으며, 이 책에 부록으로 실어 놓았다.

간에 활발한 교섭작용이 있었다는 것을 여러모로 확인해 가고 있었고, 그 과정에서 이 책도 눈에 들어오게 된 것이다.

　그렇다고 해도, 고바야시의 주장을 모두 다 그대로 수긍하기는 어려웠다. 그의 글은 통상적인 이해를 벗어난 파격적인 내용을 담고 있기 때문이다. 그래서 그의 주장에 전거로 삼은 사료들을 직접 확인해 보기로 했다. 원저에는 주석이 상당히 생략되어 있어서, 당초에는 고바야시가 무엇을 근거로 자기주장을 하는지 그 전모를 파악할 수 없었지만, 이 책의 출간 이전에 저자가 쓴 논문 「18세기 프랑스에서의 中國觀과 프랑스 사상계에 미친 중국의 영향(상·하)」(十八世紀の佛蘭西に於ける支那觀と其國思想界に及ぼせる支那の影響(上·下), 『支那學』 第8卷 第2·3號, 1936년 4월·6월)을 발견하고 여기에 비교적 상세한 각주가 달려 있는 것을 확인하였다. 이것을 참고로 하여 본래 원전에는 생략되어 버린 주석 내용을 상당 부분 복원할 수 있었다.

　이들 주석을 추적하여 고바야시의 주장 가운데에 하찮게 여길 수도 있는 세밀한 부분까지 가능한 한 모조리 확인하려고 노력하였으며, 해당 문구까지 찾아내려고 하였다. 원저나 두 편의 논문에 굳이 전거를 제시해 놓지 않을 만한 주장도 추적하여 그 전거를 상당수 확인하였으며 일일이 역주로 제시해 놓았다. 그 결과 고바야시의 주장은 타당한 근거를 바탕으로 한 것이라고 확신하게 되었다. 이 역주서는 바로 그런 노력의 소산이며, 여기에 소개해 놓은 삽화나 표지 등은 모두 이 과정에서 본 역주자가 직접 확보한 자료로부터 추출한 것들이다. 고바야시의 책을 접하지 못했다면, 그리고 그의 주장에 타당성을 점검해보겠다고 나서지 않았다면, 이러한 자료들이 생산되어 있었다는 사실조차 알 수 없었을 것이다.

　고바야시의 주장에 타당성을 확인하는 과정에서, 우리가 왜 서구인들이 본 동양을 연구해야 하는지 그 까닭을 정리하게 되었다. 간단히 소개하면 다음과 같다.

　　첫째, 서구인들의 눈에 비친 유교문명·동아시아를 통해서 오히려 서구인들
　　　　의 당시 삶과 생각을 알 수 있다.
　　둘째, 그들이 기울인 관심을 통해서 지나치기 쉬운 우리 자신의 소중한 모습
　　　　을 볼 수 있다.
　　셋째, 서양이 동양에 대해서, 동양이 서양에 대해서 갖고 있는 잘못된 시각
　　　　과 인식을 바로잡을 수 있다.
　　넷째, 결국은 동양이든 서양이든 가릴 것 없이 인류 자신의 모습을 제대로
　　　　보는 계기가 된다.

　남들이 진정 매력으로 여기고 있는 내 자신의 모습이나 특성 등에 대해서 나는 과연 얼마나 알고 있는가? 이 의문을 풀고 정리하는 것도 나에 대해 반성하고, 참된 자아를 인식하는 데에 중요한 과업이다. 그것은 인간이란 무엇인가 하는, 인간만이 스스로 던질 수 있는 질문에 대한 답을 찾아가는 노력의 일환이다.
　유교사상과 이에 터한 생활양식 등은 지극히 상식적이고 자연스럽고 이성적이고 따라서 보편성이 매우 강하다. 그것은 家를 출발점으로 하고 있기 때문일 것이다. 유교의 상식적·자연적·이성적 특성이나 보편성 때문에, 즉 유교에서 강조하는 것은 어느 곳, 어느 시대에도 있을 수 있는 것이기 때문에, 유럽사회가 유교의 영향

을 어느 정도 받았는지 명확하게 밝히기는 불가능 할 것이라고 말하는 인물도 있다. 그러나 이런 인물조차도 유교문명과의 조우로 인하여 유럽사회가 17 · 18세기에 상상 이상으로 급격한 생활양식의 변모를 겪게 되었고, 그것은 이전과 상당히 다른 것이었다고 인정한다.^{역주89}

유럽사회가 겪은 유교의 영향을 따지는 것은 오래 걸리고 지루한 작업일지는 모르지만 그리 어려운 일이 아니다. 유럽사회가 유교의 영향을 얼마만큼 받았는가를 밝히는 것보다 더 중요한 일은 이런 과제에 임하는 자세와 시각이다. 어느 쪽이 우월하냐를 따지는 것은 무의미하고 불필요할 뿐만 아니라 해롭다.

이 책에 의하면, 유럽사회는 자연스럽고 상식적이고 이성적이어서 보편성을 가지는 삶의 양식을 영위하는 것이 지극히 곤란한 상황에 오래도록 갇혀 있다가, 동서교섭의 강력한 계기로써 비로소 보편적 삶의 양식의 마당으로 나아갈 수 있었다고 볼 수 있다. 유럽사회를 뒤덮고 있던 기독교의 암운은 그만큼 매우 특수한 것이

---

89 공자와 맹자가 유럽의 사상과 제도에 어느 정도 영향을 미쳤는지 정확하게는 밝혀지지 않을 것이다. 왜냐하면, 그들의 글 대부분은 유쾌한 상식 이상의 것이 아닌 것처럼 보이기 때문이고, 또한 상식은 어디에서든 나타날 수 있기 때문이다. 그러나 유럽에 보고된 중국의 제도들은 개혁을 추구하는 많은 서구 지식인들의 규합점이 될 만했다. 확실히 그 유행은 극도에 달했다. 중국과 중국인들의 좋은 특성이 과장되었고, 궁정에서는 중국 예법과 중국 물건들을 열광적으로 흉내냈다. 기실 많은 사람들이 중국에 대한 과장된 묘사와 그에 동반된 열광을 하나의 꿈이라 했다. 중국에 대한 꿈!(중국에 대한 동경! 차이니스 드림!).
Maverick, Lewis A.(1946). *China a model for Europe, Vol.I*: *China's economy and government admired by seventeenth and eighteenth century europeans*. San Antonio: Paul Anderson Company. p.60.

었으면서도 동시에 묵직하고 끈질긴 것이었다. 유럽사회의 이런 특수성을 서양인들 스스로 특이하다고 자각할 수 있도록 한 것이 바로 중국문명의 발견이었다. 그리고 그 특수성이 발휘하고 있던 광폭성을 둔화·순화·정화해 나아간 과정이 서양의 근대화 과정이었다고 나는 본다. 그러니까 유럽사회는 유교문명권의 골간인 보편성의 무대로 뒤늦게 진출한 것이다.

당시 유럽인들의 중국이해가 올바른 것이었느냐, 그른 것이었느냐를 검토하는 일 못지않게 중요한 것이 있다. 그 이해가 옳건 그르건, 그렇게 이해한 중국이 장구한 세월이 지나서도 여전히 현존하고 있다는 사실, 서양인들이 그 사실에 접하여 받은 충격의 의미를 고구考究하는 것이 중요하다. 그 충격의 정체는 무엇이었는가? 서양인에게는 그것이 왜 충격이었는가? 그들의 그릇된 중국 이해마저도 현금의 인류사를 이해하는 데에 중요한 열쇠가 된다. 문제는 당시에 유럽인들이 이해한 중국의 모습이 실제와 얼마나 부합했는지 여부와 무관하게, 중국의 문명과 그 역사 속에서 그들이 중요하다고 생각한 것은 무엇이었으며, 왜 거기에 주목했느냐는 것이다.

이 책에는 중국사와 양립할 수 없는 역사, 중국사가 동의해 주지 않는 역사는 세계사로 등록될 자격이 의심스럽다는 것을 서양인들이 자각하게 된 과정, 그리고 이 과정에서 서양인들 자신이 갖고 있던 독단적이고 폐쇄적인 세계이해를 스스로 반성하고 재검토하고 정화해 나아간 내력이 실려 있다. 중국에 기독교를 전도하려다가 발생한 예전논쟁은 포교방법론의 문제를 벗어나 유럽사회에 획기적인 전환점이 될 수밖에 없는 신학적·역사적·학문적 논쟁으로 비화되었다. 이 논쟁은 그 논쟁점이 되었던 문제들이 어떤 결말을 보든지 간에 필연적으로 기독교의 근본, 유럽역사의 정체성, 유럽인들의 세계관 등을 뿌리째 뒤흔드는 계기가 되었다.

유교경전에 나타나 있는 천天이나 상제上帝가 기독교의 초월적이고 인격적인 신(God)과 동일시 할 수 있느냐 없느냐의 문제는 중국인이 유신론자인가 아니면 무신론자인가 하는 문제로 번졌고 어느 쪽으로 결론이 나든 기독교는 곤혹스러운 입장에서 벗어날 수 없었다.

　　상제가 곧 기독교의 신과 같다고 한다면, 중국인에게도 기독교의 하나님이 있다는 셈이다. 이렇게 되면 기독교 사회와 교섭이 거의 없던 지구 반대편에서도 오래 전부터 많은 사람들이 유일신을 숭배하며 풍요롭고 거대한 제국을 건설하여 지금껏 잘 살고 있다는 말이 된다. 이런 사실은 유대인에게만 신의 계시가 내려졌고, 유럽의 기독교인만이 신의 축복·은총 아래 윤리·도덕·행복을 추구할 수 있다는 신념에 치명적인 타격을 준다.

　　반대로, 상제를 기독교의 신과 같다고 볼 수 없다고 한다면, 중국에는 기독교의 하나님에 대한 신앙이 없으며 그들이 믿는 것은 미신일 뿐이라고 판정내리는 것이다. 이렇게 중국인들을 무신론자라고 몰아붙이는 것 역시 곤란한 처지에 빠진 기독교를 도울 수 없었다. 기독교의 하나님 없이도 오래 전부터 위대한 문명국가를 건설하여 행복과 윤리·도덕을 추구하였고 대제국으로 발전하여 지금까지도 유지되고 있다는 사실은, 신의 은총에 의해서만 윤리·도덕적일 수 있고 행복을 누릴 수 있으며 기독교를 떠나서는 이런 추구가 불가능하다는 기독교의 토대를 근원적으로 뒤흔들게 되기 때문이다.

　　예전논쟁은 중국이 유럽에 영향을 미친 사건이 아니라, "중국문명의 역사적 현존성"으로 인한 당혹감으로 인해 유럽사회에서 빚어진 자기부정과 자기반성의 계기

였다. 중국문명은 있던 그대로 그저 가만히 있었을 뿐이다. 천天이나 상제上帝가 기독교의 초월적 인격신과 같은 것이든 다른 것이든, 중국인들이 기독교와 관련해서 어떤 입장·관계에 있든 상관없이, 정작 큰일이 난 쪽은 기독교 포교대상이었던 중국인·중국사회가 아니라 오히려 기독교를 포교하려 했던 유럽인·유럽사회였다. 예전논쟁의 방향이 어디로 번지고 무엇으로 귀착되든 간에, 이 과정에서 유럽인들은 불가피하게 기독교 교리의 독선적인 오만함이나 자신들 세계관의 협소함과 편벽됨을 뼈저리게 자각하지 않을 수 없게 되었다. 따라서 유럽인들은 자신들이 가지고 있는 상당한 부분에 대해서, 특히 기독교와 얽혀 있는 모든 신념·지식 등을 재검토하고 조정하지 않을 수 없었다. 기독교의 종교적 도그마를 순화·정화하는 것을 동반한 보편성·합리성의 추구는 이렇게 해서 가능해진 것이다.

기독교의 신을 전제로 하지 않고서도, 인간의 자연적 천성만으로도 선善과 행복의 추구가 가능하다는 새로운 인간이해! 당시로서는 위험을 무릅쓴 이런 도발적 시도가 소위 "계몽주의"의 발단은 아니었을까? 계몽주의 시대에 자연철학, 자연종교, 자연도덕 등의 용어에 붙어 있는 "자연적"(natural)이라는 한정사는 "기독교를 전제로 하지 않는"의 의미를 품고 있다고 할 수 있다.

계몽시대 서구는 동서의 상이성을 인정하고 거기에 자극받음으로써 발전할 수 있었다. 그러나 제국주의 시대에 접어들어서 서구는 저들만의 역사, 그 국지성·독특성을 세계사적 보편성으로 변질시켜 그것으로 '동'을 조작·처리해 버림으로써 '서'는 '서' 자신도 '동'이라는 상대도 모두 옳게 이해하지 못하게 되었다.

이 책의 내용에 대한 이해를 가지고 본다면, 기독교인이 유교 경전에 나타난 천天이나 상제上帝를 기독교의 하느님과 동일시하여 "하느님은 동서고금을 막론하고 가엾은 어린양 우리 인류와 함께 계셨다"는 식으로 말하는 것은 결국 기독교의 하느님을 부정하는 것이나 마찬가지이다. 기독교를 성심성의껏 믿는 것은 좋다. 그러나 믿더라도 이런 엄연한 역사를 알고 나서 믿어야 하지 않을까? 서양의 기독교는 유교문명과의 조우를 통해서 순화되어 갔는데, 유교문명을 방석으로 깔고 앉아 있는 한반도에서 오히려 기독교가 난폭해져 가고 있지는 않은가 하는 자성의 목소리를 기독교인들 스스로 내고 있는 까닭은 무엇일까? 그것은 예전논쟁에 얽힌 신학적·역사적·학문적 문제의 진면목을 잘 모른다는 단순한 사실 때문일 수도 있다.

왜 이렇게 독선적이고 난폭해지고 있는가 하고 자성해야 할 것은 한반도의 기독교뿐만이 아니다. 기독교가 순화됨으로써 발전 가능했던 근대과학은 그 출발점과 배양의 조건을 망각하고, 보편성을 추구하는 본연의 과학에서 크게 벗어나는 데까지 치닫고 있지는 않은가? 과거에 도그마적 기독교가 지상에 암운을 드리워놓았던 섬뜩함을 고스란히 그대로 연상시키기에 손색이 없을 만큼 맹위를 떨치고 있는 과학이라는 새로운 종교! 거칠 것 없이 마구 치달리며 흉포화 해가는 과학의 만용과 독선성을 인류는 어떻게 해소해 나갈 수 있을 것인가? 이것도 역시 근대과학의 발전이 어떤 계기로서 가능했는지, 무엇에 대한 반성을 추구한 성과인지, 어떤 사회를 열망하며 이루어졌던 일인지 바르고 정확하게 아는 데서부터 출발할 것이다.

서구의 근대 자연과학이 자신의 합리성만으로 그 존재가치를 인류에게 입증시켰고, 인류는 그것을 수용하게 되었다고 보는 것은 참으로 단순하고 안일한 이해방식이다. 어리석기 짝이 없는 순진한 생각이다. 근대 자연과학의 합리성이 인류의 삶에 가치 있는 것으로 수용하게 되기까지는 과학 이외의 조건 변화가 나타났던(특히 과학적 합리성을 용인할 수 없거나, 용인해서는 안 되는 종교적·사회적 조건에 나타난 변화)

복잡한 사정이 있다. 과학 그 자체에는 인류에게 수용될 만하다거나 그렇지 않다고 판정할 수 있는 기준 같은 것이 들어 있지 않다. 그럴 만한 기준을 과학 안에서는 도출해 낼 수 없다.

　돌이켜보아 "굳이 꼭 그랬어야만 했는가?"[역주90] 하고 지난날을 반성할 줄 모른다면, 그건 사람이 아니다. 제국주의, 침략과 약탈, 제압과 굴복, 전쟁과 살육 등등 최근세 인류의 역사는 광기와 오욕으로 점철되어 있고 그 관성은 아직도 여전하다. 이를 제지하고 인류사의 향방을 다시금 모색할 계기를 고바야시의 저술에서 읽어낼 수 있다면, 그것은 인류문명사에 대한 정확한 이해가 주는 축복일 것이다. 미술사학자였기에 가능했던 그의 시각과 주장은 담백하고 적확하다고 나는 믿는다. 이 번역서와 관련된 내 논문의 한 문단을 소개하면서 역자후기를 마무리하고자 한다.

　지금 우리는 여전히 제국주의 패권경쟁의 논리, 문명의 본질에 대한 망각 안에 갇혀서 우리의 과거를 포폄하고 현재 자화상을 그리고 있지는 않은지 면밀히 성찰해 봐야 한다. 아직도 인류문명의 전승·유지·전변 등에 대해 착각과

---

90 이 글을 다듬고 있는 오늘이 하필이면 8월 6일이다. 1945년 미국의 B29 전투폭격기 「에놀라게이」가 히로시마에 원폭을 투하한 바로 그 날이다. 그 지옥불을 민간인 거주 지역에 떨어뜨린 일에 대해 "굳이 꼭 그랬어야만 했는가?" 하고 인류는 영원히 고민하지 않으면 안 된다. 당시 일제강점 사태에 시달리고 있었던 조선인민의 후예인 우리들도 역시 이런 고민으로부터 벗어나 있어서는 안 된다. 우리는 외부로 인해 시달리긴 했어도 남을 괴롭힌 적이 없는 족속이기 때문이다.

오해로 점철된 나머지, 수탈과 전쟁으로 얼룩진 19·20세기 비극의 시대 논리에 주저앉아 있으면서도 여기에서 한 치도 벗어나지 못한다면, 우리는 폭력과 전쟁을 정당화하거나 부추기는 일을 교육이라는 미명 아래 모르는 사이에 하고 있는 것이나 다름없다. 상대와 맞서 싸울 힘을 갖지 못한다면 나를 지킬 수 없다는 제압과 굴복의 논리, 우위와 열세라는 힘(군사력·경제력 모두)의 강약을 기준으로 설정된 목적을 추구하는 일을 교육으로 오인하여 하염없이 매진하고 있는데도 그런 폭력적 난동을 미처 깨닫지 못하면서 지속하는 정신적 마비상태에서 벗어날 수 없을 것이다. 교육의 목적은 "물리적 힘"이 아닌 다른 것을 기준으로 해야 한다. "무력"을 기준으로 설정된 목적은 절대로 교육의 목적 아니, 인류의 지향점이 되어서는 안 된다. 인류의 지향점은 교육으로써 문명을 이루어나가는, 즉 무武가 아닌 문文으로써 세상을 밝히는(明) 것이어야 한다.91

동양과 서양은 어느 쪽도 서로한테 이기거나 진 적이 없다. 양자는 자기 자신을 크게 변화시키지 않을 수 없었던 영향을 서로 주고받은 큰 빚을 제각기 지고 있을 뿐이다. 고바야시가 서문에서 "결국 문화는 하나라는 감상感想에 이르지 않을 수 없다"고 토로한 것처럼, 유교사상이나 과학이나 동서양 모든 인간의 것이다. '동'이든

---

91 김경용(2011). 18세기 프랑스 왕립대학 교수의 유교문명 개설서와 유교의 6고전 번역,『한국교육사학』제33권 제2호.

'서'든, 인류는 근대과학뿐만 아니라 유교사상의 우산 아래에 있으며 동시에 유교가 추구하는 것과 근대과학이 추구하는 것이 달라야 할 이유가 없다. 종교나 인종, 민족과 국가 간 구별을 떠나, 서로 어우러져 도우며 화목하게 살아 나아가는 인류사회의 고운 미래를 염원한다. 이는 우리의 아이들을 바르게 가르치는 교육으로써만 가능하다.

비록 실천은 담보하지 못하더라도, "리利/불리不利"가 아닌 "의義/불의不義"를 기준으로 살아가는 삶의 길이 마땅하다고 모두가 동의하는 세상, 아직까지 그런 세상을 실현시키지 못하고 있기 때문에 인류가 오늘도 전쟁을 준비하거나 일삼고 있는 것이라고 나는 판단한다. 내 마음에 들고 이익이 될 만한 것이라도 옳지 않다면 반드시 기피해야 하고, 내 마음에 들지 않고 손해가 날 만한 것이라도 옳다면 기어이 감행하는 삶에 길을 닦아 나아가고, 타인도 이 길을 걷도록 권고하는 일이 곧 사람만이 할 수 있는 배움(學)과 물음(問)의 길잡이요 인류문명의 바탕이다. 아직 인류는 문명세를 이루었다고 볼 수 없으며 문文으로써 밝은(明) 세상은 인류의 영원한 추구 대상이다.

유교무류有敎無類! 종교·인종·민족·국가와 무관하게 차별 없이 더불어 잘 살아 나아가는 고운 세상을 만들자고 우리의 아이들을 가르친다면 결국 우리는 그런 고운 세상에 있는(내가 죽고 나서라도) 자신을 보게 될 것이라고 나는 믿는다. 아무 근거 없는 순진한 믿음일지도 모르지만 반드시 그리 될 것이라고 … . 그리 가르치면 그런 세상이 온다!

2000년 여름에 초역을 해 두었고 틈틈이 수정·보완 작업을 거듭하여 17년만에 이 번역서를 세상에 내놓게 되었다. 열악한 출판환경에도 불구하고 이 책을 선보일 수 있도록 해 준 박영스토리 편집진에 감사드린다.

역주의 참고문헌 ^{역주92}

『사서집주』, 『예기』, 『사기』, 『노자』, 『장자』, 『구약성경』.

김경용(2011). 18세기 프랑스 왕립대학 교수의 유교문명 개설서와 유교의 6고전 번역, 『한국교육사학』 제33권 제2호.

김기협(1993). 「마테오 리치의 中國觀과 補儒易佛論」. 연세대학교 박사학위논문.

나정원(역)(2014). 『중국의 계몽군주정』. 도서출판 엠―애드.

신복룡(역주)(1999). 『조선전』. 집문당.

이동희(2003). 『라이프니츠가 만난 중국』. ㈜이학사.

한상범(역)(1975). 『법의 정신』. 대양서적.

小林太市郎(1936).　十八世紀の佛蘭西に於ける支那觀と其國思想界に及ぼせる支那の影響(上・下), 『支那學』 第8卷 第2・3號.

小林太市郎(1937). 『支那と佛蘭西美術工藝』, 東京: 弘文堂.

Bacon, F.(1605). *Advancement of Learning*, edited by Joseph Devey, M.A. (New York: P.F. Collier and Son, 1902).

Diderot(1875). Fragments politiques: sur les Chinois. *Œuvres complètes de Diderot, Tome 4.* éd., par J. Assézat. Paris.

Fénelon(1898). *Dialogues des morts*. Avec une introduction et des notes par C. Galusky et S. Roger(Nouvelle Edition). Paris.

---

92 단순히 자료 소개에 참고한 문헌은 일일이 여기에 제시하지 않았다.

Le Comte, L.(1696). *Nouveaux mémoire sur l'état présent de la Chine, T.2.* Paris.

Lach, Donald F.(1957). *The preface to Leibniz's Novissima Sinica.* Honolulu: University of Hawaii Press.

Maverick, Lewis A.(1946). *China a model for Europe, Vol.I. : China's economy and government admired by seventeenth and eighteenth century europeans.* San Antonio: Paul Anderson Company.

Montesquieu(1752). *The spirit of laws.* translated by Thomas Nugent.

Mungello, D.(1985). *Curious land: Jesuit accommodation and the origins of sinology.* Stuttgart: Franz Steiner Verlag Wiesbaden GMBH.

Quesnay, F.(1765). Le Droit Naturel Paris. Ed. by Auguste Oncken(1888). *Œuvres economiques et philosophiques de F. Quesnay fondateur du système physiocratique.* Paris.

Quesnay, F.(1767). *Le despotisme de la Chine.* Paris. Ed. by Auguste Oncken(1888). *Œuvres economiques et philosophiques de F. Quesnay fondateur du système physiocratique.* Paris.

Quesnay, F.(1767). *Le despotisme de la Chine.* Paris. tr. by L. A. Maverick(1946). *China a model for Europe, Vol.II : Despotism in China.* San Antonio: Paul Anderson Company.

Sand, G.(ed.)(1841). *Les Confessions de J.-J. Rousseau* (Nouvelle Edition). Paris.

Têng, Ssu-yü(1943). Chinese influence on the western examination system. *Harvard Journal of Asiatic Studies*, Vol.7. No.4.

Van Kley, E. J.(1971). Europe's Discovery of China and the Writing of World History. *The American Historical Review, Vol.76, No.2.*

Voltaire, A.(1752). *Poeme sur la loi naturelle.*

Voltaire, A.(1756). *L'Orphelin de la Chine, Tragédie par Mr. Arouet de Voltaire.* Représentée pour la première fois à Paris, le 20. Août 1755. Haye.

Yule, C. H.(tr.)(1863). *Mirabilia Descripta,* The wonders of the East. London.

부 록

합리적 차등주의와 교육 및 시험제도에 대한
구미歐美 지식인들의 인식[1]

1. 서 론

휴대전화를 이용한 조직적인 수능시험 부정, 수능시험 대리수험, 입학처장이 개입된 대입전형 부정, 고교 내신성적 조작, 교사의 시험답안 대리작성, 대학생들 간의 학점 대리이수 등 개탄스러운 작태와 풍조를 접하면서, 우리에게 시험과 성적, 학위란 도대체 무엇인가 질문하지 않을 수 없다. 입시부정과 내신조작은 성적 지상주의 때문에 발생하는 것인가? 학위, 대학입시라는 공공시험, 학교성적 등은 당사자가 실제 발휘할 수 있는 실력과 무관하게 겉으로만 꾸미고 포장하는 도구에 불과한 것으로 전락하고 말 것인가? 시험제도가 갖는 사회적 의미와 위력은 구체적으로 무엇인가?

"입시지옥이다", "시험 없는 세상에서 살고 싶다", "시험에 대한 부담 때문에 창의성 계발이 저해된다" 등등 우리 사회에서 시험제도에 대한 인식은 그리 긍정적이지 않다. 그러면서도 시험에 대한 지극히 모순적 태도가 한 몸에 공존한다. 시험제도를 이용하여 그에 상응하는 사회적 혜택과 권한을 누리려고 하면서도, 한 사람의 인생에 그렇게 엄청난 영향을 미치는 시험이 부담스럽지 않기를 바라고 있는 것이다. 자극적인 정보상품의 판매로 이윤추구에 급급한 대중매체, 무분별하고 무책임한 저널리즘 탓만은 아닐 것이다. 시험제도의 성립과 발전·확산에 어떤 내력이 깃들어 있는지, 그 과정은 어떠했는지 헤아리지 못한 무지와 그로 인한 편견에 책임을 묻는 것이 바른 길인 것 같다.

---

[1] 이 글은 『교육사학연구』 제13집(2003, 교육사학회)에 실린 논문 「전근대 서구 지식인의 시험제도에 대한 인식」을 약간 수정·보완하여 전재(轉載)한 것이다.

시험이 지옥이라고, 시험 없는 세상에 살고 싶다고 푸념하는 사람에게 "그런 사회가 있었다"고 솔깃한 얘기를 들려 줄 수 있다. 그 얘기 중에 이런 내용을 반드시 들려줘야 할 것이다. 그런 세상은 선발이 필요 없는 세상이었다. 선발해야 할 극소수의 대상이 선천적으로 이미 결정되어 있었기 때문이다. 나의 후천적 노력 여부로 그 선발의 대열에 동참하거나 제외되는 세상이 아니었다. 따라서, 시험이 없는 세상은 지옥과 다를 바 없는 세상인데도 그 지옥을 모르는 세상이었다. 내가 아무리 소원하고 노력하더라도 정상적인 방법으로 지금의 처지를 개선하거나 변경시킬 수 없는 지옥과도 같은 현실이었지만 사람들은 그것을 당연하게 받아들이면서 살았기 때문이다.

민중들 위에 고고하게 군림하고 있던 귀족들은 민중들의 숙명에 대해서 마치 양치기가 양떼에 대해서 느끼는 것과 같은 관심, 능청스럽고도 동정어린 관심을 기울였다. 귀족들은 가난한 사람들을 자신들과 마찬가지 사람이라고 인정하지 않은 채 그들의 운명을 감독했으며, 가난한 자의 복리를 돌보는 일은 신이 귀족들한테 맡긴 것이었다. 자신들이 현재 처해 있는 것과는 다른 사회적 조건을 생각해 본 적이 전혀 없고, 자기들 지도자들과 동등해진다는 것을 기대해 본 적도 전혀 없는 민중들은 자신들의 권리를 거론하는 일 없이 묵묵히 귀족들이 베푸는 시혜를 받을 뿐이었다. 귀족들이 관대하고 정당할 때 민중들은 귀족들에게 애착을 가졌으며, 귀족들의 수탈에 대해서는 마치 신이 내리는 피할 수 없는 재앙을 받아들이는 것이나 마찬가지로 **저항이나 굴욕조차 없이** 복종했다. … 귀족은 자기 스스로 정당하다고 믿는 특권을 누구도 빼앗아가려 하지 않는다는 것을 의심치 않았고, 농노는 자신의 열등한 처지를 **움직일 수 없는 자연질서의 결과**로 보았다.[2]

2 Tocquville, A.(1954), **Democracy in America, Vol.I.** tr. by Henry Reeve, New York: Vintage Books, pp.8-9.

이런 세상에서 벗어나는 데에 결정적인 몫을 한 것이 바로 시험제도였다. 시험제도가 역사적으로 존재해 본 적이 없다면, 따라서 지금 인류가 시험제도 없이 살고 있다면, 자신이 노력한 만큼, 발휘하는 능력만큼, 성취하는 업적만큼 대접받고 보상받아야 마땅하다는 원칙과 기준이 왜 합당한 것으로 인류에게 수용되고 있는지를 논의하기가 어렵다. 능력대로, 업적대로 대접받지 못했을 때, 그 부당성을 지적하는 것도 불가능하다. 부당하다고 느끼는 것조차 불가능할지도 모른다. 공공시험제도라는 사회적 기제를 전제로 하지 않고서는, 나의 인생이 나의 배경(인종, 민족, 종교, 아비의 지위·재산 등)에 따라 좌우되는 게 아니라, 궁극적으로 나 자신의 노력과 실력에 달려 있다는 삶의 가치를 추구할 길이 없다. 그런 삶의 가치가 아예 조성되지 않는다.

유럽 사회가 공공시험제도가 없던 세상, 혈통에 의한 권리부여의 질서에서 벗어나 교육적 성장에 따라 차등적으로 권리를 획득해 가는 삶의 얼개를 갖추게 되기까지 어떤 과정을 거쳤는지 살펴보는 것은 현대사회에서 시험제도가 갖는 사회적 의미를 분명히 해 줄 것이다.

2. 능력주의와 평등 추구에 있어서 유럽의 역사적·사회적 조건

영국의 사회학자 마이클 영(Michael Young)은 『능력주의의 발흥』(The rise of the meritocracy, 1958) 첫머리에서 "일반적으로 1870년을 근대사회의 기점으로 삼아왔다"고 말했다. 그 이유를 다음과 같이 설명하였다. 1870년 영국에서는 「포스터법」(Foster Act)에 의해 의무교육 제도를 정비하였다. 동시에 공무원 임용에 있어서 서임제를 폐지시키고 경쟁시험에 의한 관리등용을 정식화했다. 즉, 좋은 직업을 획득하고 승진하는 데에 능력이 결정적인 성취기준이 되었다.[3] 이 경쟁의 원칙은 사회

---

3 Young, M.(1958), *The rise of the meritocracy 1870－2033,* Thames & Hudson, p.19.
   마이클 영은 이에 관련된 「트레블리안－노오스코트 보고서」(Trevelyan－Northcote Report)의 요지를 각주에 소개하고 있다. 공무원임용 고시제도의 도입을 골자로 하는 이 보고서는 가히 혁명적인 정책변화를 요구하는 것이었으며, 이를 시발점으로 해서 영국 공무원제도에 엄청난 개혁이 가해지기 시작했다. 그러나 1870년 서임제가 완전히 폐지되었다고 보기는 힘들다. 1855년부터 영국령 인도에만

각 분야로 확산되었다. 그러나, 마이클 영은 교육부문에서만큼은 새로운 공무원제도의 원칙, 즉 공개경쟁에 의해서 운영되지 않았다고 했다. 교육은 능력주의와 조화를 이루기에는 너무도 멀리 있었다는 것이다.[4] 다음과 같은 기술은 유럽 사회의 이런 뿌리 깊은 사회적 관성을 이해하는 데 도움을 준다.

> 공무원제도 개혁 이전까지는 정실주의(nepotism)가 사회의 대부분을 지배하였다. 19세기에 들어서도 상당 기간 동안 농경이 지배적이었던 사회에서, **지위는 재능에 의해 획득되는 것이 아니라 출생신분에 귀속**되어 있었다. 계급은 계급으로, 지위는 지위로, 직업은 직업으로 이어졌다. 아들은 아비의 발자취를 충실히 따랐고, 그 아비 또한 할아비의 뒤를 충실히 따랐다. **사람들은 아이에게 커서 무엇이 되겠느냐고 묻지 않았다.** 사람들은 그 아이가 자기 조상과 마찬가지로 땅에서 일할 것임을 이미 알고 있었다. 대개의 경우, 직업 선택이란 없었다. 단지 세습이 있을 뿐이었다.[5]

마이클 영 자신도 능력주의(meritocracy)에 대해서 별로 흔쾌한 입장은 아니었던 것 같다. 그는 "이 달갑지 않은 용어는 '기회의 평등'이란 말과 마찬가지로 그 기원이 여전히 모호하다. 아마도 1860년대에 노동당과 밀착된 소량발행 잡지에서 처음 사용되다가 한참 지난 후에 폭넓게 유포된 듯하다"고 했다.[6] 그는 또한 "수백년 동

적용되었던 공무원임용 고시제도가 1870년부터 영국 본토에도 적용되기 시작했으나, 한정된 범위와 자리의 공무원에 대해서만 고시제도가 적용되었기 때문이다. 이 보고서에 대해서는 다음을 참조.
Hart, J.(1972), The genesis of the Northcote-Trevelyan Report. in Gillian Sutherland(ed.), *Studies in the growth of nineteenth-century government,* London: Routledge & Kegan Paul, pp.63-81.
Hans-Eberhard, M.(1984), *Bureaucracy, education, and monopoly: civil service reform in Prussia and England*, Berkeley and Los Angeles: University of California Press, pp.167-234.

4　Young, M., Ibid., pp.19-20. 마이클 영의 이런 발언은 영국의 학제가 가지고 있는 문제 때문이다. 영국뿐만 아니라 미국을 제외한 서양 각 국이 현재까지 여전히 유지하고 있는 복선형 학제는 오랫동안 각 국을 시달리고 고민하게 만들고 있는 도전과 극복의 과제, 난제 중의 난제이다. 필자는 졸저를 통해서 학제에 대한 동서비교의 필요성을 제기한 바 있다. 이 글은 그 기초 작업도 겸하고 있는 셈이다. 졸저(2003), 『과거제도와 근대한국교육의 재인식』, 교육과학사, p.354.

5　Ibid., p.22.

6　Ibid., p.21, footnote 1.

안 사회는 혈통·가문에 의한 선발과 능력에 의한 선발, 이 두 원칙 간의 각축장이었다. 그 어느 쪽 원칙도 완전히 승리해 본 적이 없다"고 했다.[7] 그러나 이런 각축의 역사는 유럽에서 그리 오래되지 않았으며, 그가 말한 시험제도가 도입되기 이전에는 혈통주의가 여타 원칙들을 압도하고 있었다. 마이클 영 스스로 1860년대 이전에는 능력주의라는 말 자체가 쓰이지 않은 것 같다고 했다.

1848년 당시, 토크빌(A. Tocquville)이 평등원칙의 점진적인 전개는 "신의 섭리적인 사실"이요, "의심할 바 없는 신의 의지의 표지"라고 신을 빌어 표현할 수밖에 없었을 만큼[8] 평등원칙의 내력은 유럽인들에게 모호한 것이었다. 도어(R. Dore)는, 평등주의의 성장은 그 경향을 가장 잘 설명한 토크빌에게조차도 미스테리로 남아 있다고 했으며, "개인적 자질이나 그의 사회적인 기능이 권력·지위·부를 누릴 만큼 명확한 탁월성이 있다고 정당화되지 못했는데도 갖게 된 그 어떤 권력·지위·부에 대해서도 의문을 제기하고 분개하는 경향의 성장"이라고 풀이했다.[9]

유럽 사회에서 평등을 말할 때, 결정적인 사건으로 1789년 프랑스대혁명을 들 수 있을 것이다. 이때 채택한 「인간과 시민의 권리에 관한 선언」을 보면, "법 앞에 평등인 모든 시민은 본인의 능력에 따라 모든 지위와 모든 공직 및 직업에 나아갈 자격을 동등하게 가지며, 덕성과 재능에 따른 차별 이외의 차별을 하지 않는다"고 선언하고 있다.[10] 이는 대혁명 이전에는 민족·종교·종족·가문 등 불합리한 기준에 의해서 사회적 차별을 가하는 경우가 흔하고 그 정도가 극심했지만, 앞으로는 이런 불합리한 기준에 의한 차별을 용인할 수 없고 덕성과 재능이라는 합리적 기준에 의한 차별만이 인정된다는 선언으로 풀이할 수 있다.

7　Ibid., p.30.
8　Tocquville, A., Ibid., pp.6−7.
9　Dore, R.(1976), *The diploma disease: education, qualification and development,* Berkeley and Los Angeles: University of California Press, p.181.
10　Déclaration des l'homme et du citoyen(Adoptée par l'Assemblée constituante du 20 au 26 août 1789): Article VI−La loi est l'expression de la volonté générale. Tous les citoyens ont droit de concourir personnellement, ou par leurs représentants, à sa formation. Elle doit être la même pour tous, soit qu'elle protège, soit qu'elle punisse. **Tous les citoyens, étant égaux à ses yeux, sont également admissibles à toutes dignités, places et emplois publics, selon leurs capacités et sans autre distinction que celle de leurs vertus et de leurs talents.**

그런 의미에서 이것은 무조건적 평등주의의 선언이 아니라, **덕성과 재능에 따른 불평등만을 사회적으로 용인해야 한다는** 합리적 차등주의의 선언인 것이다. 흔히 프랑스대혁명 「인권선언문」이라고 불리는 이 선언문은 사실 '인간'에 대한 권리와 '시민'에 대한 권리를 구분하여 명기하고 있으며, 여기에 소개한 조항은 '인간' 일반에 대한 권리 선언이 아니라 '시민'에 국한된 권리 선언이었다는 것도 주목해야 할 점이다.

라스키(H. Laski)는 『사회과학사전 5』(Encyclopedia of Social Science V., New York, 1937)의 「민주주의」항에서 다음과 같이 말했다. "프랑스혁명이 민주주의 이론에 기여하였다고 말해도 좋은 것은, 재능 있는 사람에게 출세 길을 열어주어야 한다고 주장하였기 때문인데, 이것은 아무리 한계가 있다 하더라도 가문도, 인종도, 신조도 모두 평등에의 길을 가로막을 수 없다는 것을 의미하는 것이다"고 지적하였다.[11]

합리적 차등주의의 사회적 실현은 선언과 이론으로 성립할 수 없다. 거기에는 이를 추구할 공공제도의 구비가 전제되어야 한다. 혈통에 따른 차등보다 능력에 의한 차등이 더 합리적인 차등이라고 사회적으로 폭넓게 인지되고 있다고 하더라도, 사람마다 발휘하는 능력에 어떤 차이가 있고 또 누가 더 탁월한 능력을 갖고 있는지 사회적으로 확인할 수 있는 공공제도가 마련되지 않는다면 합리적 차등주의의 선언과 이론은 공허한 것에 그칠 수밖에 없다. 공공시험제도 나아가 이와 관련된 학교체제를 합리적이고 체계적으로 구성해 놓아야 합리적 차등주의의 추구와 실현은 가능하다.

마이클 영은 능력주의의 기원이 모호하다고 했고 도어는 평등주의의 성장에 대한 설명이 어렵다고 했지만,[12] 그리니와 캘라한(V. Greaney & T. Kallaghan)은 평등주의와 능력주의를 시험제도와 관련하여 풀이하고 있다.

---

11   Creel. H. G.(1949), *Confucius: the Man and the Myth,* New York: John Day, 이성규 (역)(1983), 『공자: 인간과 신화』, 지식산업사, p.301.

12   Dore, R., Ibid., pp.186−187.

평등과 능력주의의 개념은 시험제도와 밀접하게 맞물려 있다. 중화제국에서 가장 우선적인 관심은, 정부의 모든 중요 업무는 혈통과 재산이라는 우연성에 의거하여 맡겨져서는 안 된다는 것이었다. 이런 이상은 시험제도가 유럽에 도입될 때도 역시 유지되었다. 프랑스대혁명 이후 평등의 원리는 다음과 같은 것을 의미한다: 모든 시민은 누구나 자격획득, 취직, 재산형성을 향한 경쟁에 나설 수 있는 위치에 있다. 그리고 **출세는 집안의 사회적 지위에 의해서가 아니라 학교교육과 시험을 통해서 보여주는 성취에 기초를 두어야 한다.**[13]

평등과 능력주의, 더 엄밀히 말해서 재능에 따른 합리적 차등주의를 추구하기 위해서는, 개인적 자질이나 그의 사회적인 기능이 권력·지위·부를 누릴 만큼 명확한 탁월성이 있다고 정당화될 수 있는 사회적인 공인기제가 존재해야 하며 그 공인기제에 동등하게 다가설 수 있어야 한다. 그것은 바로 학력·학위·자격 등의 공인제도이며 이를 판가름짓는 공공시험제도이다. 공공시험제도의 존재는 평등사회의 추구, 근대의 출발 여부를 가늠할 만큼 핵심적인 사회적 기제인 것이다.

위 인용문에서 엿볼 수 있듯이, 공공시험제도에 대한 유럽 지식인들의 관심은 중국의 제도와 문물에 대한 정보를 접하게 되면서 촉발되었으며, 그 역사를 살펴보는 것이 간단치 않을 만큼 다양한 사안과 얽혀 있는 복합적인 문제이고 오래된 일이다. 공공시험제도가 존재하지 않았던 시기, 유럽에 중국의 사회질서, 정치 철학·제도, 행정·사법 체제, 교육·문화 수준 등이 소개되면서 유럽의 지식인들이 주로 무엇에 주목하였으며, 이들이 중국의 관리선발 제도에 대한 평가가 어떠했는지, 이와 관련하여 중국 사회를 어떻게 평가했는지를 검토하는 것은 공공시험제도의 성립과 발전이 근대사회에 미친 영향, 근대적 질서의 추구와 공공시험제도의 관계, 현대사회에 있어서 공공시험제도의 의의 등을 정리하는 데 필수적인 작업이다.[14]

---

13 Grenney, V. & Kallaghan, T.(1996), The integrity of public examination in developing countries, in Harvey Goldstein & Toby Lewis(eds.), *Assessment: Problems, developments and statistical issues,* Chichester: John Wiley & Sons, Ltd., pp.167–168.

14 중국의 과거제도가 서양에 미친 영향을 다룬 선행연구가 이미 있다. 떵쓰위(Têng, Ssu-yü), 창

3. 유럽에 소개된 중국의 제도·문물과 유럽 지식인의 인식관심

유럽에서 공공시험제도에 대한 사회적 관심이 고조되기 시작한 것은 대항해 시대를 거치며 유럽과는 다른 사회의 존재가 소상히 알려지게 된 이후의 일이다. 유럽 사회의 지식인들이 고도의 관심을 기울인 대표적인 비유럽 사회는 중국이었다. 중국의 역사, 철학, 사회, 제도·문물 등이 유럽에 비교적 상세히 알려지기 시작한 것은 우리가 일반적으로 알고 있는 것보다 훨씬 더 오랜 역사를 가지고 있다. 1768년 당시 유럽의 다른 지방보다 중국이 프랑스에 더 잘 알려져 있다고 말할 정도였다.

일찍이 완전히 무시되었던 나라, 그 다음에는 오랫동안 우리의 눈에 왜곡되었던 나라, 그러나 결국은 유럽의 여느 지방보다 우리에게 더 잘 알려진 나라, 이 세상에서 가장 인구가 많고 가장 풍요롭고 가장 오래된 제국, 그것은 바로 중국이다.[15]

(Chang, Y. Z.), 히라카와 스케히로(平川祐弘) 등에 의한 연구가 그것이다. 대개 떵쓰위의 연구가 답습되고 있으며, 유럽 지식인의 시험제도에 대한 인식의 문제를 천착했다고 보기에는 아직 미진한 점이 없지 않다. 중국사상과 근대 서구사상, 특히 계몽사상과의 관계를 검토한 국내의 연구물도 있으나 시험제도에 초점을 맞춘 것은 아니다.

Chang, Y. Z.(1942), Notes and suggestions−China and English civil service reform. *The American Historical Review, Vol.XLVII. No.1.*

Têng, Ssu−yü(1943), Chinese influence on the western examination system. *Harvard Journal of Asiatic Studies, Vol.7. No.4.*

平川祐弘(1969), 「東西兩洋における試驗制度の變遷」, 『紀要比較文化研究』 第10輯, 東京大學校教養學部.

平川祐弘(1974), 「東西兩洋の試驗制度−勤勉の傳統と近代化の起動力−」, 『西歐の衝撃と日本』, 東京: 講談社.

平川祐弘(1981), 「試驗の文化史」, 天城 勳(編), 『大學の入口と出口』, 東京: サイマル出版會.

변규룡(1975), 「근대 서구사상의 형성과 동양정신」, 『성균관 근대교육 80주년 기념 동양학학술회의 논문집』, 성균관대학교.

변규룡(1988), 「신유학과 17·8세기의 불란서 계명철학−비교사상의 방법론적 접근의 한 시도−」, 『철학』 제29집, 한국철학회.

유병구(1992), 「서구근대사에 있어서의 중국사상의 역할−18세기 프랑스 계몽사상을 중심으로−」, 성균관대학교 대학원 박사학위논문.

15 Voltaire, F. M. A(1829), Relation du Bannissement des Jésuites de la Chine(1768), *Œuvres Complétes de Voltaire XXIX,* Paris, p.344.

마르코 폴로의 『동방견문록』을 비롯하여 몇몇 여행기, 견문록 등이 있으나, 중국 사회의 겉모습뿐만 아니라 중국의 철학, 정치·행정 제도, 학문 등에 대한 비교적 학술적이고 상세한 내용을 담고 있는 선구적인 저술은 곤잘레스 멘도사(Gonzalez Mendoça, 1545-1618)의 『중화제국사』(1585)라고 할 수 있다. 이 책은 "중국에 대한 종합적 역사를 정리해 오라"는 교황 그레고리 13세(Pope Gregory XIII, 1572-1585 재위)의 명에 따라 저술한 것이다.[16] 특히, 이 저서의 제1부 제3권에는 중국의 행·재정 제도, 중앙·지방 행정조직, 사법·감찰 제도, 학교·학위 제도, 관리임용 제도, 서책 및 인쇄술, 축제, 해상·하천 운송체계 등에 대해 24개 장章에 걸쳐 상세히 소개하고 있다.[17] 이 책은 16세기가 채 저물기도 전에 유럽 각국의 언어로 번역되어 (이태리어판, 스페인어 개정판, 독일어판, 라틴어판, 화란어판, 불어판, 영어판 등) 보급되었으며 당대 유럽의 베스트 셀러가 되었다.[18]

유럽인들이 특히 높은 관심을 기울인 것은, 중국에서는 관직이 세습될 수 없으며 학식의 탁월성에 따라서 공직에 임용한다는 것, 그러므로 세습귀족은 있을 수 없다는 사실이었다.[19]

16 Lach, D.F.(1965), *Asia in the making of Europe. Vol.I. The century of discovery, Book Two,* Chinago and Lodon: The University of Chicago Press, p.743.
    Mackerras, C.(1989), *Western Image of China,* Oxford: Oxford University Press, p.24.
17 Mendoça, J. G. de(1585), *Historia delas cosas mas notables, ritos y costvmbres, del gran reyno dela China*, Roma, pp.57-151.
    Parke, R.(tr.)(1588), *The historie of the great and mightie kingdome of China, and the situation thereof, Togither with the great riches, huge citties, politike gouernement, and rare invantions in the same*, London. Edited by Sir Georgy T. Staunton, Bart. with an introduction by R. H. Major, Esq., Hakluyt Society, 1853, pp.69-172.
    長南 實(譯), 矢沢利彦(譯·注)(1965), 『シナ大王國誌』(大航海時代叢書Ⅵ), 東京: 岩波書店, pp.135-250.
18 Lach, D.F., Ibid., pp.743-745.; Parke, R., Ibid., pp.lxxx-lxxxⅲ.; 長南 實·矢沢利彦, 전게서, pp.36-40.; 後藤末雄(1969), 『中國思想のフランス西漸, 1』, 東京: 平凡社, p.41, 補注7.
    이 책의 저술에 사용된 참고자료 등 더 상세한 정보는 다음을 참고. Mackerras, C., Ibid., pp.22-27.; Lach, D.F., Ibid., pp.746-750.
19 Parke, R., Ibid., p.97.

매우 많은 학생들이 고등교육기관에 모여들어 유용하다 싶은 모든 것을 공부한다. 이는 로이샤(Loytia, 老爹: 관리), 즉 신사(紳士, gentleman)나 여타의 칭호를 획득하는 데 가장 빠르고 확실한 길이기 때문이다. 로이샤 칭호를 수여하는 방법은 유럽에서 박사 칭호를 수여하는 방법과 유사하다. … 순찰사巡察使는 능력이 우수하다고 인정된 학생에게 학위를 수여하고, 사법, 행정을 맡을 만한 능력이 있는 사람이라면 그들을 신사가 될 수 있도록 한다. … 시험으로 능력을 확인했으니 만큼 각료들은 급제자에게 관직을 부여하며, 나아가 급제자의 사려 분별과 일 처리에 대한 조심성 등을 지켜보고 책임을 맡겨 본 다음에, 더 좋은 지위와 영예로운 자리에 발탁하게 된다.[20]

곤잘레스 멘도사의 『중화제국사』가 유럽 각국의 언어로 번역되어 당대의 베스트셀러로 이름을 날리고 있을 때, 지오반니 마페이(Giovanni Pietro Maffei)는 『중국사』(*Historiarum Indicarum*, 1589)[21]에서 중국의 관인 생활에서 볼 수 있는 임용 및 승진 방식에 대해서 매우 높이 평가하였다. 그는 또한 중국에는 세습 귀족이 없다는 점을 지적했다. "모든 사람은 자기 자신 운명의 창설자[22]이다. 법적으로 직함, 관직, 그에 따른 녹봉 등이 결코 다음 세대로 세습될 수 없기 때문이다".[23]

중국에 대한 소개가 더욱 자세해지고 정확해진 것은 오랫동안 중국에 체류하면서 중국사회를 직접 체험하고 조사·연구한 마테오 리치(Matteo Ricci, 1552-1610)의 공이 가장 크다.[24] 마테오 리치의 『중국에서의 기독교 전교사』 제1권 제5장에는

---

20 Parke, R., Ibid., pp.122-123, 128.
21 문자 그대로 번역한다면, 이 책의 제목은 『인도사』라고 해야 할 것이나, 이 책은 중국의 역사를 기록한 책이다. 책 제목이 이런 것은 이 당시 유럽에서는 중국과 인도를 동일시 했었기 때문이다. 콜럼버스가 대서양을 건넜던 것은 인도가 아니라 중국으로 가는 새로운 뱃길을 개척하기 위한 모험이었으며, 그는 풍요의 나라 중국을 향한 죽음을 무릅쓴 모험을 감행케 만든 동인이었던 마르코 폴로의 『동방견문록』을 항상 곁에 끼고 있었다. 요즘도 인디아 잉크(India ink)는 먹(Chinese ink), 인디아 페이퍼(India paper)는 한지(漢紙, Chinese paper), 인디아 실크는 중국 비단을 지칭한다.
22 "founder of his own fortune" 출생 이전부터 그 인생행로가 정해진 것이나 다름없는 세습적 질서가 없기 때문에, 자기 배경에 따른 피할 수 없는 운명을 안고 사는 게 아니라, 누구든지 제 인생을 스스로 개척해야 한다는 것을 강조한 말이다. 중국에 대한 전근대 유럽 지식인들의 저술에 빈번하게 등장한다.
23 Lach, D.F., Ibid., p.804.

문·무과거, 수재秀才·거인擧人·진사進士, 공원貢院(과거시험장), 과거시험 과정·절차, 초·중·종장, 과시課試내용, 답안작성, 봉미封彌·역서법易書法, 채점, 합격자 발표, 인 사고과, 승진 등에 대해서 매우 상세하게 소개하고 있다. 제6장에는 중앙과 지방의 문·무관직, 이·호·예·병·형·공 6부, 도찰원都察院, 한림원翰林院, 주州·부府·군郡· 현縣 행정조직, 관등, 문관우위 등에 대한 설명이 있다.[25]

1630년 앙리 페인느(Henry de Feynes, 1573-1647)는 『파리에서 중국까지의 육 상 여행』(*Voyage fait par terre depuis Paris jusqu'à la Chine*, Paris, 1630)에서 중국의 정치와 과거제도에 대해서 다음과 같이 평했다.

중국에서는 철인이 정치한다. 따라서 학자가 행정권과 관직을 점유하고 있다. 정부가 관직을 수여할 때에는 다수의 학도를 공당公堂에 모아서 의논議論에 경쟁을 시키고 가장 현명한 답안을 낸 자를 선발, 요직을 맡긴다. 중국의 국 정國情을 기록한 역사가의 통설에 따르면, 중국인은 세계에서 정치규칙을 가 장 엄격하게 지킨다고 한다. … 중국은 무단정치보다 문치주의를 이상으로 삼고 있기 때문에, 청년들은 다투어 대학에 들어가고 장래에 묘당廟堂의 높 은 자리에 오르려고 국법이나 국속의 연구에 몰두하고 있다. 그래서 중국의 대학은 세상에서 견줄 데가 없다고 한다.[26]

24 마테오 리치의 행적과 활약, 저술, 영향에 대해선 동경대학 명예교수 히라카와의 저서(전 3권)가 매 우 상세하며, 최근 전권이 번역되어 합본 출간되었다.
    平川祐弘(1967), 『マッテオ·リッチ傳 1』, 東京: 平凡社.
    平川祐弘(1997), 『マッテオ·リッチ傳 2, 3』, 東京: 平凡社.
    노영희(역)(2002), 『마테오 리치, 동서문명교류의 인문학 서사시』, 동아시아.
25 Trigault, N.(tr.)(1616), *Histoire de l'expedition Chrestienne au Royaum de la Chine*, Lyon, pp.38-99.
    Ricci, M., *Della entrata della compagnia di Gesù e christianità nella Cina.* 川名公平(譯), 矢沢 利彦(注), 平川祐弘(解説)(1982), 『イエズス会によるキリスト教のチ一ナ布教について』(中國キリ スト教布教史1), 東京: 岩波書店, pp.29-76.
    Gallagher, L.J.(tr.)(1942), *The China that was, China as discovered by the Jesuits at the close of the sixteenth century*, Milwaukee: The Bruce Publishing Company, pp.30-97.
    Gallagher, L.J.(tr.)(1953), *China in the sixteenth century: The Journals of Matthew Ricci: 1583-1610*, New York: Random House, pp.26-59.
    신진호와 전미경(2011), 『마테오 리치의 중국견문록』, 도서출판 문사철, pp.51-85.

알바레즈 세메도(Alvarez Semedo, 1585-1658)의 1642년 저작『중화제국』의 제7장~제11장에는, 공부, 수험생활, 과거시험(시행방식, 절차, 기간, 봉미·역서법), 수재·거인·진사 등의 학위, 사서·오경 등의 경전과 학문, 문예(문법, 산술, 천문학, 음악, 시, 회화, 의학) 등에 대한 내용이 담겨 있다.[27]

존 웹(John Webb, 1611-1672)은 1669년에 쓴 에세이(*An historical Essay Endeavoring a Probability that the Language of the Empire of China is the Primitive Language*) 전편에 걸쳐서 중국의 문인文人에 대한 능력평가 체제를 칭송했으며, 가난한 인물이라도 학문수행으로 자격을 갖춘다면 가장 높은 관직에까지 오를 수 있다고 했다.[28] 또한, 그는 중국 고대의 철인왕(philosopher-king)을 모범으로 삼는 것으로부터 오는 이점을 영국의 국왕 찰스 2세에게 납득시키려고 했다.[29]

루이 르 꽁트(Louis Le Comte)는 1696년 과거제도의 이점에 대하여 다음과 같이 평가했다.

이런 과거제도는 좋은 정치에 많은 기여를 한다. 나태함에 빠져 타락하기 쉬운 젊은이들을 학업에 매진하도록 함으로써 악덕에서 벗어나도록 한다. 한숨 돌릴 시간이 거의 없다면 격정에 빠질 틈이 없을 것 아니겠는가? 둘째, **공부는 기품과 예절을 기른다.** 사람이 학문을 닦지 않으면 언제나 함부로 군다. 셋째, 관직이 노련한 인물로 가득 찬다. 탐욕스런 마음과 타락한 마음이 습관이 된 탓에 나타나는 부정부패는 저지할 수 없지만, 적어도 정신의 **무지와 몽매에서 오는 부정부패는 막을 수 있다.** 넷째, 관직을 맡긴 것이므

26 後藤末雄, 전게서, p.22.

27 Semedo, A.(1642), *Imperio de la China, I cultura evangelica en el por los religiosos de la compagñia Jesus*, Madrid. 川名公平, 矢澤利彦(譯)(1983),『支那帝國誌』(中國キリスト教布教史2), 東京: 岩波書店, pp.331-369.

28 Ramsey, R.(2001), China and the Ideal of Order in John Webb's An Historical Essay..., *Journal of the History of Ideas, Vol.62. No.3.* p.500.

29 Maverick, L. A.(1946), *China a model for Europe, Vol.I. China's economy and government admired by seventeenth and eighteenth century europeans*, San Antonio: Paul Anderson Company, p.12.
Davis, W. W.(1983), China, the Confucian ideal, and the European age of Enlightenment. *Journal of the History of Ideas, Vol.XLIV. No.4.* p.537.

로, 무능하여 해임하는 것이 적당하다고 판단될 때, 황제는 그 일을 용이하게 할 수 있다.[30]

그는 또한 관직이 세습되지 않고 당대에 한정되는 것이 갖는 사회적 의의에 대해서 다음과 같이 정리했다.

> 사람들은 세습귀족을 전혀 인정하지 않으며, **관직 위계 이외에 사람들 사이에 다른 신분지위를 인정하지 않는다.** ⋯ 여기에서 오는 첫째 이점은, 귀족이 나태하여 와해되기 십상인 상업을 번성하게 한다는 것이다. 둘째, 국고 수입의 증가이다. 왜냐하면 모든 토지에서 조세가 걷히기 때문이다. 도시에는 납세의무가 규정되어 있고, 납세가 면제된 사람은 아무도 없다. 셋째, 여러 가문들이, 지체가 낮은 가문이나 마찬가지로, 귀족이 누리는 것과 같은 영예를 전혀 지니지 않으므로, 혹시 어떤 가문이 군주가 합법적이라고 인정하기 곤란한 위험한 세력을 그 영내에 조성할지도 모른다는 걱정을 아무도 하지 않는다.[31]

지금까지 살펴본 것처럼, 이미 16세기 말부터 중국에 대한 비교적 상세하고 정확한 정보들이 유럽 사회에 유통되고 있었으며,[32] 이러한 내용들은 당시 유럽 사회의 수준을 스스로 가늠하고 평가하는 데 영향을 미쳤다고 볼 수 있다. 좀 더 엄밀히 말한다면, 유럽과 전혀 교섭이 없는 동떨어진 데에서 유럽 전체보다 더 넓은 광대

---

30 Le Comte, P. L.(1696), *Nouveaux mémoires sur l'état présent de la Chine, T.II.*, Paris: J. Anisson, pp.75－76.

31 Ibid., pp.78－80.

32 중국에 대한 유럽인의 지식이 얼마나 정확한 것이었느냐, 과연 당시의 중국이 유럽인들이 인식하고 있던 것과 동일한 사회였느냐 여부는 그리 중요한 문제가 아니다. 정작 중요한 초점은 유럽인들이 그렇게 인식하고 있었다는 것, 그리고 왜 거기에 주목했느냐는 점에 있다.

사실, 현재 중국이 취하고 있는 행보는 과거 구미(歐美)에 합리적 사회상의 모델을 제시했던 것과는 다분히 동떨어진 면을 보이고 있으며, 기대보다는 우려의 소지가 더 많다. 미국이라는 한 마리 공룡도 버거운 게 지구촌의 현실인데, 중국은 미국에 필적하는 또다른 거대한 공룡이 되고자 으르렁 대는 꼴을 하고 있다.

한 지역에 걸쳐 수천 년 전부터 거의 동일한 정체政體가 계속 유지되며 현존하고 있다는 상세한 내용들을 접함으로써 유럽 사회는 경악을 금치 못했으며 비로소 스스로를 평가하는 데 필요한 외재적인 비교대상을 찾았다고 할 수 있다.

18세기에는 이런 현상이 유럽 사회에 대한 자기반성과 비판의 강도를 더 높이는 데로 발전하였고, 유럽 사회를 비판하는 데 동원하는 비교대상은 여전히 주로 중국이었다. 즉, 중국을 전거로 하여 유럽 사회의 문제점을 지적하였고, 중국의 사례를 바탕으로 그에 대한 시정을 촉구했던 것이다.

1731년 벋젤(Eustace Budgell)은 영국이 중국의 관행을 채택할 것을 제안하였다.[33] 그는 "선정善政이 이루어지고 있는 모든 국가에서 반드시 준수되는 격률이 있다. 그것은 명예가 되거나 이익이 되는 **국가의 모든 직위는 진정한 공적에 대한 보상으로 수여**하지 않으면 안 된다는 것"이라면서 다음과 같이 말했다.

> 이 격률이 그 자체로서는 훌륭하나 대영제국처럼 아주 넓은 지역을 포괄하고 있고 인구도 많은 나라에서는 추구할 수 없는 것이라고 생각하는 사람이 만약 요즈음 정치가 중에 있다면, 그런 정치가들에게 실례를 무릅쓰고 알려드려야겠다. 세계에서 가장 크고 가장 인구도 많으며, 최상의 선정이 행해지고 있는 제국인 중국에서는 바로 지금 이 순간에도 이 빛나는 격률이 가장 엄격하게 준행되고 있다. … 중국에서는 정말 **재능이 있고 학식이 많은 사람이 아니면 누구도 관인, 즉 신사紳士가 될 수 없으며 어떤 관직에도 나아갈 수 없다.**[34]

중국에 대한 이런 정보는 당시 영국 사회의 유력한 잡지에서 거의 동일한 내용을 접할 수 있을 만큼 주목받는 것이었다.

---

33 이미 17세기 후반에 영국의 찰스 2세에게 중국의 철인왕을 모범으로 삼을 것을 권유했다는 연구도 있다.
    Ramsey, R., Ibid., pp.483－503.; Maverick, L.A., Ibid., p.12.; Davis, W.W., Ibid., p.537.
34 Creel. H. G., Ibid., p.302.
    Leites, E.(1978), Confucianism in eighteenth－century England: Natural morality and social reform. *Philosophy East and West 28, No.2*, p.148.

중국에서는 작위와 직함이 세습적이 아니다. **쓸모없는 인물은 자기 선조의 공적을 이유로 존중받지 않으며,** 보잘 것 없는 공인工人보다 더 멸시 당한다. 능력 있고 학식이 많은 사람이 아니면 어떤 사람도 관인, 즉 신사(gentleman)가 될 수 없으며 나라의 어떤 관직도 맡을 수 없다.[35]

중국에 대한 전문적 정보의 보급은 주로 프랑스를 기점으로 했다. 그것은 프랑스에 예수회 본부가 있었기 때문이다. 예수회 신부 르 꽁트의 저서는 예전禮典논쟁(Rites Controversy)[36]이 격화된 1700년대에 들어서 소각명령을 받았음에도 불구하고,[37] 그가 말한 과거제도의 이점이 영국의 잡지에 고스란히 그대로 소개되기도 했다.[38] 트리고, 세메도, 르 꽁트, 나바레트(Domingo Fernandea Navarrete) 등 중국에 대한 저서를 낸 초기 인물들이 영국에도 잘 알려져 있었을 뿐만 아니라, 1735년 뒤 알드(Du Halde)의 『중화제국지』(전4권)가 출판되었을 때, 그 사실은 즉각 영국에 알려졌고 이듬해 영역판이 출간되었다.[39]

뒤 알드의 이 저서야말로, 영어·독어·러시아어 등으로 번역되고 일반인들도 읽을 만큼 유럽에서 가장 주목받고 가장 폭넓게 읽힌 중국관계 전문서적일 것이다.[40]

---

35 Anonymous(1733), The Chinese Gentleman, *Gentleman's Magazine, Vol.III.* p.112.

36 이는 중국에 기독교를 전교(傳敎)하는 과정에서 발생된 문제로서, 기독교 전교사(傳敎史)에 국한된 문제가 아니라, 기독교 문명권의 환골탈태에 지대한 영향을 미친 기나긴(거의 400여 년간 지속) 논쟁이다. 유럽 문명의 현주소를 파악하는 데 반드시 고려해야 하는 핵심적 주제이며(예컨대, 파스칼의 『팡세』도 이와 관련하여 집필된 기독교 호교론이다), 전교 관련 당사국 중국의 역사에 미친 영향은 오히려 미미하다. 중국은 예전처럼 그대로 거기 있을 뿐이었다. 이 문제에 관한 각종 저서들이 일반적으로 예수회 측에 대한 옹호와 반대라는 입장으로 갈려서 종파에 따라 편차가 큰 해석을 가하고 있으나, 중국과 프랑스의 미술·공예를 비교 연구한 바 있는 일본인 문화사학자의 다음 저서는 기독교 문명권 밖에서 제3자의 눈으로 예전논쟁을 해석한 내용을 담고 있으며 가장 편파성이 적다고 판단된다. 小林太市郎(1939), 『支那思想とフランス』, 東京: 弘文堂. 보주(補註): 이것을 번역한 것이 바로 이 책이다.

37 Maverick, L., Ibid., pp.19-20.

38 Têng, Ssu-yü, Ibid., pp.285.

39 Anonymous(1735), Extract of a Letter from a Gentleman at Paris to his Friend in London, *Gentleman's Magazine, Vol.V.* p.668.

40 小林太市郎, 전게서, pp.80-84. 이 책은 한국에서도 어렵지 않게 접할 수 있다. 영역본(연세대학교, 이화여자대학교, 서울대학교)은 물론 불어 원본(서울대학교, 고려대학교)도 대학도서관에 소장하고 있다. 이 정도로 뒤 알드의 『중국사』는 널리 유포되었다는 것을 알 수 있다. 그리고 이외에 여기에

이 네 권의 책은 르 꽁트, 마르티니(Martine Martini),[41] 부베(Joachim Bouvet),[42] 꾸쁠레(Philip Couplet),[43] 페르비스트(Ferdinando Verbiest),[44] 노엘(Francis Noël),[45] 드 마이아(Joseph‒Anne‒Mary de Mailla),[46] 고빌(Antony Gaubil)[47] 등 중국에 대한 혁혁한 저서를 낸 예수회 신부 27명의 저술(인쇄물 및 필사본)을 두루 망라하여 종합 정리한 중국 소개서이다.[48] 특히, 제2권에는 중국의 정체政體, 여러 관부官府, 관리, 관리에게 주어지는 영예와 권력과 직무 등을 소개하고 있고, 중국인의 교육과 학위·시험 제도에 대해 기술하고 있다.[49]

소개된 각종 서양 서적·잡지들도 상당수가 인터넷을 통해서 그 원문을 확인할 수 있다.

41 『中國新圖』(*Novus Atlas Sinensis*, 1655), 『중국상고사』(*Historiæ Sinicæ decas prima*, 1658)의 저자. 小林太市郎, 전게서, pp.63‒68 참조.

42 『강희제전』(*Portrait Historique de l'Empereur de la Chine*, 1697)의 저자.

43 『중국의 철학자 공자』(*Confucius Sinarum philosophus*, 1687)(『맹자』를 뺀 『사서』의 번역서)의 역주자. Heyndrickx, J.(ed.)(1990), *Philippe Couplet, S.J.(1623‒1693), The Man Who Brought China to Europe‒Monumenta Serica Monograph Series XXX‒*, Nettetal: Steyler Verlag. 참조.

44 『康熙帝 통치기의 유럽 천문학』(*Astronomia Europaea sub Imperatore tataro‒sinico Cam‒hy appellato*, 1687)의 저자.
   Witek, J. W.(ed.)(1994), *Ferdinand Verbiest(1623‒1688) Jesuit Missionary, Scientist, Engineer and Diplomat‒Monumenta Serica Monograph Series XXX‒*, Nettetal: Steyler Verlag.

45 『중국의 6고전』(*Sinensis Imperii libri classici Sex*, 1711)(논어·맹자·대학·중용·소학·효경 6개의 경전을 라틴어로 번역한 것)의 필자. 後藤末雄, 전게서, p.284 참조.

46 『통감강목』의 불역본인 『중국통사』(*Histoire général de la Chine*, 1777‒1783, 12vols.)의 필자.

47 『불역 서경』(1770)의 필자. 小林太市郎, 전게서, 참조.

48 Brookes, R.(tr.)(1736), The Preface, *The general history of China, containing a geographical, historical, chronological, political and physical description of the Empire of China, Chinese‒Tartary, Corea and Thibet. Vol.I.*, London.

49 이외에도 중국의 귀족제도, 비옥한 농토, 농업과 농부에 대한 존중, 중국인의 민족성과 풍습, 의·식·주, 교량·성곽 등 공공시설, 혼례·상례 등 예절과 형벌제도, 물자·통화와 상업, 강·운하·도로 등의 운송체계, 칠과 도자기, 비단과 양잠, 중국의 언어와 문법, 지·필·묵, 인쇄술과 제본기술 등에 대해 소개하고 있다.
   Du Halde, P. J.‒B.(1735), *Description géographique, historique, chronologique, politique et physique de l'empire de la Chine et de la Tartarie chinoise, Tom. II.*, Paris.
   부룩스의 1736년 영역본에는 불어 원본의 내용을 상당 부분 누락시키고 있는데, 그 주요 내용을 보면 다음과 같다.
   「공립학교를 세워 백성을 행복하게 하는 방법」이라는 제목의 글에 대한 발췌, 동일한 제목의 주자의 논문, 『사략(史略)』 발췌, 수재(秀才: 중국 과거제도 상의 호칭) 또는 이를 준비하는 젊은 학도들이 거치는 시험, 강학(講學), 오경(시·서·예·역·춘추), 공자의 생애, 『사서』(대학·중용·논어·맹자),

계몽사상가들의 눈에 비친 유교문명

영역자 부룩스(R. Brookes)는 제2권의 첫머리, 영국 하원 대변인 아더 온슬로 경 (Arthur Onslow, Esq; Speaker of the House of Commons)에게 바치는 헌사에서 다음과 같이 말했다.

아마도, 그들(중국인)이야말로, 가장 높은 출신성분은 물론, 가장 낮은 부류라고 해도 **자기 학식의 발전에 따라서 나라의 관직에 진출할 수 있는 유일한 인민**일 것이다. 사람들 사이의 가장 본질적인 차이는 타고난 지성에 자리 잡고 있다는 것이 그들의 오래된 격언이다.[50]

뒤 알드 역시 중국에는 세습귀족이 없다는 점을 강조하고 있으며, 하나의 章을 할애하여 중국의 귀족이 유럽의 귀족과 어떻게 다른지 상세히 설명하고 있다.

중국에서는 귀족이 세습되지 않는다. … 사람들은 능력과 공적이 있을 때에만 지위에 오른다. 제국의 가장 높은 지위에 오른 제아무리 저명한 인물이라고 해도, 그 자식들한테는 (스스로 개척해야 할) **자기 자신의 운명**이 있으며, 만약 그 자식들이 재능이 결여되어 있거나 편하게 놀기를 좋아한다면 그들은 평민들과 함께 복종하는 삶을 살게 되며 대개 가장 낮은 직업을 취하지 않을 수 없게 된다. 사람들은 자기 아비의 재산을 이어 받을 수 있으나, 아

『효경』, 『소학』 등에 대한 소개와 발췌(특히, 『소학』에 대해서는 입교(立敎)·명륜(明倫)·경신(敬身)·계고(稽古)·가언(嘉言)·선행(善行) 등 전편에 걸쳐서 그 주요 내용을 발췌 번역해 놓고 있다), 역대 왕조의 칙령과 법규 및 유훈(諭訓), 선정과 폭정에 대한 명신(名臣)들의 상소와 논의, 강희제의 명상록, 명대(明代) 유명한 선비들의 저작, 열녀전(이 중 공자의 생애와 대학·중용·논어 등은 부룩스의 영역판 3권에 실려 있으나 나머지는 모두 누락되어 있다).
제3권에는 도교·불교 등 중국의 종교와 제례, 도덕철학, 오륜·숭문(崇文)·권리·의무·주거 등 중국 사회의 특성과 풍속, 논리학·수사학·수학·음악·측량·천문학 등의 여러 학문, 금언집, 시·역사·희곡 등에 대한 취향, 『장자』, 원곡(元曲)「조씨고아」, 중국의 의술, 『맥경』, 『본초강목』 등에 대한 소개와 발췌 번역이 실려 있으며, 이 중 「조씨고아」는 1755년 코메디-프랑세즈에서 초연된 볼테르의 유명한 희곡 「중국고아」(L'orphelin de la Chine)의 저본이 되었다.
제4권은 만주와 몽골, 만주어, 한국(Corea)의 지리와 역사, 시베리아, 티벳 등에 대한 내용이며, 한국에 대한 내용은 신복룡의 역주(『조선전, 한말 외국인 기록 10-12』, 집문당, 1999)로 출판된 바 있다.
50 Brookes, R.(tr.), *Vol.II.*

비의 지위와 명성을 물려받지는 않는다. 그러기 위해선 그 자신이 아비와 같은 정도의 지위에 올라야 한다. 바로 이런 이유 때문에 사람들은 아주 집요하게 학업에 매진하며, 학문에 재능을 가지고 있다면 틀림없이 어떤 지위까지 진출한다.[51]

남다른 사회적 혜택과 권한을 누리려는 데 있어서, 자신이 직접 발휘하는 역량 이외에 그 무엇도 기댈 데가 없는 사회적 얼개를 갖추고 있는 나라에서는 본인이 원한다고 해서 아무나 그 사회적 혜택과 권한을 누릴 수 없다. 동시에, 그런 사회라야만 어느 누구든 그 사회적 혜택과 권한을 누릴 희망을 품을 수 있고, 그 소망을 이루기 위해 노력할 수 있다. 그것은 학문에 매진하여 학식과 덕망을 높이는 것이다.

모든 관직은 그 인물의 능력을 고려해서 수여되기 때문에 학생은, 비록 농부의 자식이라고 하더라도 지체가 높은 집안의 자식이나 마찬가지로 총독, 심지어는 재상의 지위에 오를 수 있다는 희망을 갖는다.[52]

뒤 알드의『중화제국지』는 이후 많은 저서에 인용되며 중국의 제도와 문물을 근거로 한 구미歐美 지식인들의 소견에 진앙지 역할을 하였다. 특히, 세습귀족 제도의 부재, 모두가 자기운명의 창설자, 본인 재능에 따른 출세 등에 대한 내용은 강한 관심 아래 지속적으로 등장한다.

프랑스 왕립학교 교수를 역임한 쁠뤼케(l'abbé Pluquet)는 뒤 알드의『중화제국지』를 참고로 하여 다음과 같은 점에 주목하였다. 인간애·우의·친절 등의 감정은 본래 인간이 평등하다는 관념에서 발원하는 것이며, 정치가 이 평등 관념을 손상시켜서는 안 된다는 것이다. 그러므로 이 관념의 힘을 순수하게 그대로 보존하기 위

---

51 Du Halde, P. J.−B., Ibid., p.58. De la Noblesse.
52 Du Halde, P.J.−B., Ibid., p.257. De quelle maniere on fait étudier les jeunes Chinois; des divers détrez par où ils passent, & combient ils ont d'examens à subir pour parvenir au Doctorat.
Brookes, R., *Vol.III.*, p.12.

해, 국가의 관직에서 발생하는 차별 이외의 어떠한 차별도 인정하지 않았다고 했다.

중국의 경세가들은 단지 관직(법적 지위)에서 발생하는 차별만을 존중할 뿐 그 이외에는 사람들 사이에 어떠한 차별도 인정하지 않으며, 이런 지위가 부 富의 소산이나 출생에 따른 특권이 아니라 당사자의 지식·선함·덕성에 따라서 차지하도록 하는 것이다. 그렇기 때문에, 최고의 지위에 올랐던 관직자라도 품성이 타락한다면 평민계층으로 전락하고 만다. … 이렇게 중국의 경세가들은 사회의 질서를 유지하는 데에 차별이 필요하다고 인정하면서도, 타인과는 다른 천성을 타고났다고 가정하는 위험한 오해에 빠지는 사람들이 생기지 않도록 했던 것이다. 그러므로, **사회가 사람들 사이에 불가피하게 요구하는 차별에도 불구하고, "자연적 평등"의 감정(sentiment)은 모든 중국인의 마음속에 강하게 살아 있고,** 따라서 이런 감정의 필연적인 발로인 인간애·친절·우의의 감정도 역시 그들의 마음속에 약동하는 것이다. 그런데 인간애는 우리로 하여금 타인의 아픔을 같이 느끼게 하고, 타인이 고통스러워하는 것을 볼 때에는 그 고통을 덜어주려 하게 만들고, 또한 타인의 고통을 야기할 일이 생기지 않을까 염려하게 만들므로, 인간애야말로 화합과 평화의 토대이다.[53]

중국에 대한 생생한 정보가 폭넓게 확산되고, 주요 내용이 반복적으로 강조되는 이런 과정을 거치면서 중국에 대한 이해는 훨씬 더 구체화 되었으며, 그 이해에 따른 느낌은 더욱더 강렬해졌다. 중국의 문물과 제도, 특히 정치제도와 과거제도가 유럽에 소개되면서 인간의 권리에 대한 인식의 변화를 초래했다. 유럽인들과는 다른 사회질서, 인간에 대한 능력에 따른 대접 등을 실천하면서 살고 있는 사회가 오래전부터 지금까지 현존하고 있다는 사실을 확인하는 데서 그들이 받았던 영향은 상상 이상으로 컸던 것 같다. 그것은 거의 충격에 가까운 것이었다.

---

53 Pluquet, l'abbé(1784), *Obervations sur l'origine, la nature, les effets de la philosophie morale et politique dans l'empire Chinois*, (Les Livres Classigues de l'Empire de la Chine, T.1) Paris. pp.178－180.

주로 뒤 알드의 저서를 통해서, 중국의 관리 선발·승진 제도, 황태자 교육, 감찰·간언 제도, 경보京報·조보朝報, 상피相避제도, 농부·농업 존중, 곡물저장 체제 등에 대해 깊은 관심을 갖게 된 유스티(Johann Heinrich Gottlib von Justi, 1720−1771)는 이와 관련된 자신의 저술을 남겼다.[54] 그는, **"세상에서 가장 합리적이고 현명한 헌장은 세습적인 귀족제도를 모른다는 것"**이라고 했으며, 중국의 경우가 그렇다고 주저 없이 단언할 수 있다고 했다.[55] 중국을 지배하는 정체政體, 국가고시에 의해 선발된 학자에 의한 귀족정치는 유럽의 정치체제와 사회에 드러나 있는 세습적 귀족정치와 극명하게 대비되었던 것이다.[56] 영국의 사무엘 존슨(Samuel Johnson, 1709−1784)은 뒤 알드의 『중화제국지』에 대해 다음과 같이 소감을 밝혔다.

> 전 세계를 통틀어서 중국보다 사람들의 입에 더 많이 회자되고 더 알려진 나라도 없다. … 주의 깊은 독자라면 귀족이라는 것과 지식을 획득한다는 것이 동일한 나라, 학문적 성취에 따라서 지위가 올라가며, 도덕적 성실함에 따라 승진이 이루어지는 나라, 무사와 안일이 고귀함의 상징이거나 높은 신분의 특권이라고 여기지 않는 나라, 그런 나라가 현존하고 있다는 것을 확인하고서는 놀랄 것이다.[57]

---

54 Menzel, J. M.(1956), The Sinophilism of J.H. Justi, *Journal of the History of Ideas, Vol.17. No.3.*, pp.300−310.
55 Ibid., p.307.
56 Van Kley, E. J.(1971), Europe's Discovery of China and the Writing of World History, *The American Historical Review, Vol.76. No.2.* p.372.
57 Eubulus[Samuel Johnson](1738), Reflections on Du Halde's History of China, whith a remarkable Example nearer Home, *Gentleman's Magazine Vol.VIII.* p.365.
    Greene, D. J.(1977), *Samuel Johnson Political Writings*, New Haven and London: Yale University Press, pp.15−16.

계몽사상가들의 눈에 비친 유교문명

중국의 제도와 문물 중에서 유럽인들에게 가장 깊은 감명을 준 것은 과거제도였다.[58] "학식이 부富와 고위직에 이르는 유일한 길인 나라 중국!"[59] 중국에 대한 이런 평가가 가능했던 것은 공직자 임용을 위한 국가고시제도, 즉 과거제도가 있었기 때문이다.

이런 정황 속에서, 중국에 대해 매우 비판적인 입장을 갖고 있던 루소도 "아시아에는 **명망 높은 학식이 나라의 최고 지위로 이끄는 광대한 나라**가 있다"고 학식에 따른 지위상승의 원칙을 인식하고 있었으며,[60] 볼테르는 "중국의 정치보다 더 나은 것을 인류는 상상할 수 없을 것"이라고 평가했다.

> 인간정신은 중국의 정치보다 더 나은 것을 상상할 수 없을 것이다. 중국에
> 서는 상호구속성을 갖는 조정朝廷·관부官府에서 모든 것이 결정되는데, 수차
> 례의 엄격한 시험을 통과하지 않고서는 그 구성원이 될 수 없다.[61]

영국에서, 재능과 학식이 있는 사람들이 권한을 행사하는 자리를 차지해야 한다는 신념은 중국의 예에 의해서 뒷받침되었으며,[62] 유스티는 그 자신과 다른 여러 지식인들이 독일에 권유하고 있던 **계몽적 전제주의의 실제 사례**를 중국에서 발견하였다고 생각했다.[63] 간혹 유럽의 사상가들이 이론적으로 언급했던 정치적 지혜의 통시대적인 원리는 유럽의 역사에 드러나 있는 것도 아니고 유럽 군주들의 실제 행위에

58 Bodd, D.(1957), *China's cultural tradition, what and wither?*, New York: Holt, Reinehart & Winston. 이명수(역)(1991), 『중국인은 무엇을 생각하고 어떻게 살아왔는가』, 여강출판사, p.128.

59 Anonymous(1742), The Account of China, *Gentleman's Magazine, Vol.XII*. p.353.

60 Rousseau, J. J.(1750), *Discours qui a remporte le prix a l'Academie de Dijon en l'année 1750, Sur cette Question proposée par la même Académie: Si le rétablissement des sciences et des arts a contribué à épurer les moeurs*, Geneve: Barillot et fils, pp.16－17.

61 Voltaire, F. M. A.(1756), *Essay sur l'histoire générale et sur les moeurs et l'esprit des nations, depuis Charlemagne jusqu'à nous jours*, Genève: Cramer, pp.308－309.

62 Leites, E., Ibid., p.149.

63 Lach, D.F.(1968), China in western thought and culture. in Philip P. Wiener(ed.), *Dictionary of the history of ideas; Studies of selected pivotal ideas. Vol.I.* New York: Carles Scribner's Sons, p.355.

서도 발견할 수 없어서 확연하지 않았었는데, 중국의 정치철학과 제도에서 그런 원리의 확증적 사례를 발견하였다고 유스티는 생각했던 것이다.[64]

피노(Virgil Pinot)는 『프랑스에서의 철학사조 형성과 중국』(*La Chine et La Formation de l'Esprit Philosophique en France*, 1640-1740, paris, 1932)에서 중국에 대한 예수회 신부들의 보고서가 소개되고 있던 당시 유럽의 사회상을 이렇게 말했다.

> 중국예찬론자들은, 누구나 공적만 있으면 국가의 최고지위에 오를 수 있으며, 사회계층상의 구분도 각자의 공적에 따라 이루어지는 반면, 군주의 총애나 가문이란 이점을 가졌을지라도 덕망과 학식이 있어야만 오를 수 있는 자리에 부정한 수단으로 들어갈 수가 없는 나라를 중국에서 발견하였다고 생각하였으며, 더욱이 그런 나라는 중국밖에 없다고 생각하였다. 유럽에는 이런 일이 드물었거나 전혀 없었기 때문에 국적 여하를 불문하고 모든 선교사들은 오로지 공적만을 기초로 조직된 이 경이로운 중국의 관계조직官階組織을 열광적으로 찬양하였던 것이다.[65]

중국의 사례를 바탕으로 한 유럽 사회의 자기반성과 비판은 본보기에서 한 걸음 더 나아가 본받기로 발전하게 된다. 유럽인들로 하여금 자신들의 사회를 스스로 반성케 하는 창구요, 거울이었던 중국은 이제 본받아야 할 모델로 부각되었다. 실례를 찾을 수 없는 이상적 담론이 아닌, 오랜 기간 동안 중국에서 실제로 추구되어 온 합리적 제도를 유럽에도 도입하여 시행하자는 주장이 나타나게 된 것이다.[66]

---

64 Ibid., p.310.
65 Creel, H.G., Ibid., p.301에서 재인용.
66 중국의 제도와 문물로부터 영향을 받은 유럽 사회에 구체적으로 어떤 변화(제도적 변화까지 동반하는)가 있었느냐 하는 문제, 즉 본보기에서 더 나아가 실제로 이루어진 제도적 본받기 내지 본뜨기까지 다루는 것은 다음으로 미룰 수밖에 없다. 이 글에서는 시험제도에 대한 인식과 그 형성배경을 헤아리는 데 그친다. 1855년 영국령 인도에, 1870년 영국 본토에, 1883년 미국에 공무원임용 고시제도가 성립하는 데에 중국으로부터 어떤 영향을 받았는지, 공무원임용 고시제도의 도입과 교육제도 및 학교체제의 변화 등을 검토하는 별도의 연구를 기약한다. 영국의 공무원임용 고시제도 성립에 미친 중국의 영향에 대해서는 앞에서 소개한 떵쓰위의 논문이 유명하다.

중농주의의 비조鼻祖, 프랑소와 케네(François Quesnay, 1694-1774)도 역시 마페이, 르 꽁트, 뒤 알드 등으로 이어지면서 주목받아 온 내용을 강조하였으며, 특히 교육에 주목하였다.

중국에는 세습 귀족이 전혀 없고, 그 사람이 **발휘하는 능력과 재주만이 자기가 차지할 지위를 정해줄 뿐**이다. 중국에서는 재상의 자식들도 **스스로 만들어가야 할 자신의 운명**이 있고, 어떠한 배려도 누리지 않는다. 만약 나태의 나락에 빠지거나 능력이 떨어진다면, 평민의 지위로 강등되며 대개 비속한 일을 해야만 한다. 아비의 재산을 물려받는 아들이 아비가 지녔던 위신과 평판도 역시 계속 유지하고 누리려면 그 또한 동일한 지위까지 올라가야만 한다. **영예에 이를 수 있는 유일한 통로인 학업**에 모든 열망을 붙들어 매는 것은 바로 이런 이유 때문이다.[67]

그는 『중국의 전제주의』에 자신이 소개한 중국의 정치적·도덕적 헌장을 모든 국가가 본받을 만한 중국의 교의(*doctrine* chinoise qui mérite de servir de modèle à tous les Etats)라고 강조했다.[68]

프랑스대혁명이 발발하기 5년 전인 1784년 아르장송 후작(René-Louis de Boyer, Marquis d'Argenson, 1694-1757)의 『고금古今 프랑스 정부에 대한 고찰과 새 행정 계획』이 출간되었는데,[69] 제3장 20절 중국에 대한 내용에서, 뒤 알드가 강조했던 세습귀족이 없다는 점, 어떤 공적 권한도 아비로부터 자식에게 승계되지 않는다

---

67 Quesnay, F.(1767), *Le despotisme de la Chine*, Paris. in Auguste Oncken(ed.)(1888), *Œuvres economiques et philosophiques de F. Quesnay fondateur du système physiocratique*, Paris, p.582.

68 Quesnay, F., Ibid., p.636.

69 이는 『고금(古今) 프랑스 정부에 대한 고찰』(*Considérations sur le gouvernement ancien et présent de la France,* Amsterdam, 1764)의 개정판이다. 이 개정판은 당시 널리 유포되어 있던 저자의 여러 가지 필사본 육필유고들을 비교·분석하여 오류와 미비점을 수정·보완한 것이다. 여기에는 초판에 없던 「중국」(La Chine)에 대한 내용이 제3장에 추가되어 있고, 제7장 「프랑스를 위한 정부 계획안」이 「프랑스를 위한 새 행정계획안」(Plan d'une nouvelle Administration proposée pour la France)으로 변경되어 있으며, 초판과는 매우 다른 새로운 제안들을 싣고 있다.

는 점, 따라서 자신의 운명을 스스로 개척해야 한다는 점 등이 강조되어 있으며, 유럽국가가 활용할 수 있는 모델(중국의 정치를 바탕으로 한 약간의 변용)을 제안한다고 했다.[70]

내가 중국의 정부에 대해 묘사한 것은 정확하다고 생각한다. 우리 선교사들의 서술과 부합된다. 만약 불행히도 내가 거기에 약간의 뉘앙스를 가했다면, 그것은 중국인들에게는 나쁠 것이다. 그러나, 그것이 바로 내가 *유럽 각국에 제안하는 모델*이며, 유럽 각국은 그것을 활용하는 것이 더 좋을 것이다.

제7장 「프랑스를 위한 새 행정계획안」을 보면, 그동안 중국의 사례에서 집중적으로 주목해 왔던 내용들을 고스란히 담고 있다. 향후 프랑스에도 중국에서 추구하고 있는 원칙을 적용할 것을 제안하는 계획을 내놓고 있는 것이다.

사법·행정에 관한 모든 직책과 직무에 요구되었던 귀족 칭호를 전혀 요구하지 않을 것이며 허용하지도 않을 것이다. *관직에 부여되는 영예는 그 직책을 맡는 당사자에게만 국한될 뿐이며 그 자식에게 절대로 승계할 수 없다.* 또한, 어떤 직책·직무·권한이든 그것을 수행하려면 모든 귀족 공히, 보유하고 있는 귀족자격의 포기를 선언해야만 한다는 생각은 조금도 하지 않는다. 오히려 반대로, 우리 왕국의 귀족에게 그런 책무를 수행하고 싶은 욕구를 불어넣으려는 것이다. 그러나, 우리는 무엇보다 *자신의 덕성과 재능, 그리고 성실성으로 책무를 수행할 만한 인물에게만 그 직책을 맡기려 한다.*[71]

70　Marquis d'Argenson(1784), *Considérations sur le gouvernement ancien et présent de la France, comparé avec celui des autres États; suivies d'un nouveau plan d'administration*, Deuxième Edition, Amsterdam, pp.105−109.

71　Ibid., p.239.

유럽 사회의 문제점을 분명히 하고 이를 바로 잡는 데 본보기가 되는 실제 사례를 중국의 역사에서 발견하고, 그러한 새로운 원칙을 도입해야 한다는 움직임은 유럽에서 건설하지 못한 새로운 세계와 질서를 창출해 보고자 했던 미국에서도 다르지 않았다. 르 꽁트와 뒤 알드, 볼테르 등의 중국관련 저서를 탐독한[72] 토마스 제퍼슨(Thomas Jefferson, 1743－1826)은 자신이 제출한 교육법안의 적실성을 존 아담스(John Adams, 1735－1826)에게 설득시키기 위해 다음과 같은 내용의 편지를 보냈다.

> 나는 인간사회에 자연적인 귀족제도가 있다는 당신의 견해에 동의합니다. 이것의 근거는 덕망과 재능입니다. … 그러나 덕성도 재능도 아닌 재산이나 혈통에 기초한 인위적인 귀족제도도 있습니다. … 나는 자연적인 귀족제도를 사회의 교육·믿음·통치를 위해 자연이 준 가장 귀중한 선물이라고 생각합니다. … 깨끗한 선발제도로 이 자연적인 귀족들을 가장 효과적으로 정부의 관직에 나아가도록 하는 정부야말로 가장 훌륭한 정부형태라고 말할 수 있지 않겠습니까?[73]

제퍼슨은 재산이나 혈통에 의해 귀족들이 공직을 맡는 기존의 세습적 제도에서, 공정한 선발제도를 갖추어 덕망과 재능에 따라 선발된 인재(소위 자연적 귀족)들이 공직을 담당하는 데로 나아가는 게 옳지 않겠느냐고 아담스를 설득하고 있는 것이다.

중국의 사회제도, 교육 그리고 이와 밀접한 시험제도에 대한 유럽 지식인들의 인식이 하나같이 유사했던 것은 아니다. 프랑스의 사회철학자 브륀느띠에르(Ferdinand Brunetiére, 1849－1906)의 발언을 보면, 시험제도가 호감을 준 게 아니라 오히려 격렬한 반감을 불러 일으켰다는 것을 알 수 있다. 그러나, 우리는 그 반감의 이유에 대해 주목해야 한다. 그가 가졌던 반감은 시험제도로 인해 세습신분제 질서가 붕괴되고 말 것이기 때문에 비롯된 것이었다.

---

72 Creel, H.G., Ibid., pp.309－310, 414.
73 Bergh, A. E.(ed.)(1907), To John Adams(October 28, 1813), *The Writings of Thomas Jefferson, Vol.XIII.* Washington, D.C.: The Thomas Jefferson Memorial Association, p.396.

관리등용법이나, 100년 전부터 프랑스를 지배하며 맹위를 떨치고 있는 관료 통치, 그리고 모든 발의(發議)가 마치 시험체제, 경쟁체제, 교육과정 체제(물론, 경쟁에 매달리고 시험을 통과하는 데에 프랑스 젊은이들을 빠지게 하는 목적 밖에는 없는)의 속박에 묶여 있는 것 같다. 이것보다 더 중국적인 것은 없다! 혁명으로 인해 이 제도가 만들어졌지만, 거기에 원리를 제공한 것은 바로 중국을 찬양하고 칭송해 마지않는 철학자와 그 철학이다. 모든 게 경쟁이고, 특전도 전혀 없고, **무엇보다 세습이 전혀 안 된다니!** 부러움에 가득 찬 그들의 영혼이 관료통치라는 개념에 농락당한 것이다.[74]

"시험을 통한 경쟁"의 원리가 정착되기에 얼마나 힘든 역사적 관성, 사회적 조건을 유럽이 갖고 있었는지 짐작할 수 있다. 그러나, 시험제도 없는 근대사회는 상상할 수 없을 만큼 시험제도는 전 세계 거의 모든 분야로 확산되었다. 이런 비난과 반발을 무릅쓰고서 시험제도가 정착·발전되지 않았더라면 사회적 특권을 혈통에 따라 세습하는 전근대인들의 삶의 얼개는 변경되기 어려웠을지도 모른다. 유럽 사회에서 과거 신분제 사회에 대한 향수는 계층의 상하를 막론하고 전 인민에 걸쳐서 아직도 만만치 않을 만큼 신분제 질서의 잔향은 끈질기며, 여기에서 벗어나는 작업은 아직 미완의 과제에 속한다.

4. 맺음말

우리는 유럽에서 중국을 모델로 하여 추구하고자 했던 합리적 질서, 다음과 같은 열망에서 얼마나 빗겨서 있는가? 아니면 다가서 있는가?

중국의 국가 관리들은 세습적 신분지위를 가진 사람이 아니며, 이들의 승진은 군주의 은혜 덕분도 아니고, 동료 관리들의 투표 덕분도 아니다. 이들은

---

74 Brunetière, F.(1910), L'orient dans la littérature Française. *Études critiques sur l'histoire de la littérature Française*, Huitième Série 2e Édition, Paris, p.199.

　　　계몽사상가들의 눈에 비친 유교문명

스스로 뽑힌 인물이며, 사람들은 이들을 깊이 존경한다. 이들이 **자기 지위를 지적인 노력으로 획득**했다는 것을 알기 때문이다. … 여기에, 부자라고 해서 권력을 행사하는 자리에 오르는 것을 허용하지 않는 나라, 황제가 총애하는 사람이라고 해도 교육받지 않은 자라면 관직을 수여할 수 없는 나라, 줏대 없이 오락가락하는 대중 덕분에 역량미달의 선동가에게 국가의 영예가 주어지는 것을 허용하지 않는 나라, 그런 나라가 하나 있다.[75]

미국의 스피어(W. Speer)는 서양 각국을 향하여 다음과 같이 외쳤다.

들어 보라, 서양의 모든 나라들이여! 중국에서 **"너의 희망을 바로 여기에 두라"**고 사람들이 고취하는 것은 세습도 아니요, 부富의 위력도 아니요, 정실주의의 요구도 아니요, 이익에 눈 먼 대중적 편견에 영합하는 것도 아니다. **그것은 바로 교육이다!**[76]

이 외침을 들어야 할 사람들은 비단 서양인들만이 아닐 것이다. 21세기 대한민국 사회에서 살아가고 있는 우리들은 과연 어떤가?

현재 우리가 가지고 있는 지식관이나 지적 탁월성의 추구에 대한 사회적 인식이 교란된 데에서 오는 문제도 많다고 본다. 우리는, 유럽인들이 중국에서 배우고자 열망했던 지식관과 교육관, 본받고자 했던 그 건전성에서 다시 배울 것을 찾아야 하는 아이로니컬 한 상황에 있지는 않은가? 그들은 중국에서는 **사회적 지위와 차등이 거의 전적으로 교육으로 획득한 재능에 의해서만 발생**한다는 점을 배우려 했고,[77] 다른 것이 아닌 바로 교육으로 형성된 지식을 권력과 부에 이르는 길로 삼고자 했다.[78]

75 Martin, W. A. P.(1870), Competitive examination in China. *The North American Review, Vol. Ⅲ*. p.65.

76 Speer, W.(1870), *The oldest and the newest Empire: China and the United States*, Hartford, Conn: S. S. Scranton and Company, pp.538-539.

77 Anonymous(1854), The past and future of China. *Blackwood's Edinburgh Magazine, Vol.LXXV*. p.63.

78 Clarke, J. F.(1871), *Ten great religions; an essay in comparative theology*, Boston and New

부 록   189

만약 시험제도가 문제라면, 전근대 사회에 인류가 겪었던 부당한 억울함을 시험제도가 해소해 주는 것 없이 그저 인류를 괴롭히고 있다면, 시험 때문에 인류의 삶이 지옥이라면, 인류는 왜 지금껏 시험제도의 확충을 위해 그토록 힘써 왔겠는가? 선거에 기여한 바에 따라 관직을 나눠 갖는 엽관제도가 엄연한 정치 · 행정 질서로 자리 잡고 있던 미국의 경우, 관직 지명에서 탈락한 엽관 구직자에 의해 대통령(미국의 제20대 대통령 가필드: J. A. Garfield, 1831 – 1881)이 암살당하는 데 이르러서야 20여 년의 지루한 줄다리기를 마감하고 비로소 공무원임용 고시제도를 골자로 하는 공무원법(Pendleton Act)의 성립을 보게 되었다.[79] 그만큼 공공시험제도가 구미인歐美人들에게 생소한 것이었음에도 불구하고, 그런 공공시험제도의 성립을 보지 않으면 안 될 정도로 시험제도는 근대사회에 긴요한 것이었다.

지난 60년 동안 영국의 공무원은 공개경쟁시험의 원리를 바탕으로 해서 채용되어 왔으며, 미국에서는 1882년 이후 능력 · 업적제가 엽관제를 압도하고 있다. 상설 행정 관직은, 단지 왕실의 정실주의나 신분적 특권에 따라 임용되도록 놔둘 수 없다는 인식에 그친 것이 아니라, 더 이상 정당의 후원에 의한 임용에 내맡겨질 수 없다는 것을 인식하게 되었다. 근대국가의 방대한 복잡성 때문에 **지적인 자격 검증을 통한 가장 엄격한 선발이 필요**하다는 것을 사람들은 깨달았다.[80]

York: Houghton, Mifflin and company, p.43.
프란시스 베이컨이 말한 "아는 것이 힘이다!"라는 말에서 힘이란 '사회적인 힘'을 말하며, 이 말은 가문, 종교, 인종, 빈부격차, 성별, 신분 등에 의해 발생하는 사회적인 힘을 부정하고 개인의 교육적 성취에 따른 "아는 것"이야말로 '사회적인 혜택과 권리를 누리도록 해 주는 힘'이라는 점을 강조한 말이라고 풀이할 수 있다.

79 United States Civil Service Commission(1941), *History of the Federal Civil Service 1789 To the Present*, Washington: U.S. Government Printing Office.
80 Hudson, G. F.(1961), *Europe & China, A survey of their relations from the earliest times to 1800*, Boston: Beacon Press, p.328.

내 아비의 재산에 의해서도 아니고, 내 아비의 권력에 의해서도 아니고, 내 아비의 종교·종파에 의해서도 아니고, 내 아비의 민족·종족에 의해서도 아니고, **나 자신의 교육적 성취, 사회적으로 발현할 수 있는 능력과 업적에 의해 합리적으로 계층이 구분되는 사회!** 공공시험제도는 그런 사회의 성립과 지속에 필수적인 전제조건이다. 능력의 추구, 그 능력의 사회적 공인, 그에 따른 사회적 역할의 담임, 차등적 권리의 부여, 차등적 권리의 상호 인정 등의 원리를 형성하고 추구하고 보편적으로 정착시킨 사회를 마련하기 위해 인류가 기울인 노력은 결국 **합리적이고 타당하고 공정한 시험제도**의 성립을 매개로 한 것이다.

지금 우리가 겪고 있는 문제는 시험제도의 문제가 아니라 시험제도를 운영하고, 시험제도에 가담하는 사람들의 태도와 자세 때문에 비롯된 문제이다. 우리 사회에 나타나고 있는 작금의 시험제도에 대한 신경질적인 반응은 시험제도가 본래의 취지를 살리지 못하고 있는 데 따른 것이지, 시험 없는 세상, 혈통주의가 판을 치는 그런 세상을 희구해서 나타나는 현상이 아님을 명백히 준별해야 할 것이다. 시험제도의 운영에 있어서 우리가 관심을 기울여야 할 초점은 그 룰이 어느 계층에 유리한가를 따지는 데에 있는 게 아니라, 그것이 과연 합리적이고 타당하고 공정한 룰을 가지고 있는가, 또 그대로 지켜지고 있는가에 있다.

중국의 文人은 비록 가난하더라도 존경받았고 더 실질적인 영향력을 발휘했다는 데 주목했던 유럽인들, 중국인들의 교육과 배움에 대한 깊은 존중에 대해 칭송해 마지않았던 유럽인들[81] 그들이 왜 그랬는지 정확히 아는 것은 우리의 현재 삶과 결코 무관하지 않다.

평등의 문제에 대해서도 우리는 인류가 지향했던 바를 명확히 해 둘 필요가 있다. 인류는 그동안 모든 차별의 철폐를 외치며 무차별한 사회를 희구했던 게 아니다. 그래서는 아니 된다. 다만, 부당한 차별과 부정부패에 맞서야 할 뿐이다. 오늘날에 이르기까지 인류는 불합리하고 부당한 차별에 항거하여 평등을 외친 것이지, 모든 차별을 혁파시켜 상하관계도 없고 장유관계도 도외시되는 무차별한 세상을 이루

---

81 Mason, M. G.(1939), *Western concept of China and Chinese, 1840–1876*, New York: The
    Seeman Printery, Inc., p.168.

기 위해 피땀을 흘린 게 아니다.

과도한 교육이니 지나친 배움이니 하는 비판과 마주해서, 과연 우리는 교육과 배움의 본래 의미를 탈색시켜버린 그런 세상에 살고 있는지 어떤지도 반문해 볼 일이다. 그런 비난을 받을 만큼 무모한 행위에 가담한 사람이나, 교육에 대한 열성에 대해 경우를 가릴 것 없이 무차별하게 비난하는 사람이나 모두 반성해야 한다. 그러나, 무엇을 근거로 건강하고 정직하게 자성할 것인가? 정확한 앎만이 그것을 가능케 할 것이라 믿는다.

다음 글에서 우리 사회가 표류하고 있는 문제점을 명확하게 읽을 수 있을지도 모르겠다.

> 우리가 이미 살펴본 바, 경쟁은 공직에 가장 재능 있는 인물을 뽑도록 한다는 일차적인 목적을 넘어서, 경쟁은 인민의 교육과 정치의 안정에 깊은 영향을 미친다. … 우리나라의 공직자들이 사회공동체의 가장 지적인 계층으로부터 아주 멀리 있다는 것을 생각하면 치욕스럽기 짝이 없다.[82]

우리는 지금 무엇을 치욕적으로 생각하고 있는가? 우리 사회의 지식인·학자·정치가·행정관료는 물론 일반대중들이 여기에 어떤 대답을 하느냐에 따라 우리 사회의 미래는 향방을 달리 할 것이다.

---

82 Martin, W.A.P., Ibid., pp.72, 77.

계몽사상가들의 눈에 비친 유교문명

역자 소개

김 경 용(金敬容)

약 력
1962년 제주産
연세대학교 물리학과·교육학과 졸업(이학사·문학사)
연세대학교 교육학 박사
교육사학회 회장 역임

현 재
한국교원대학교 교육학과 교수
한국교육사학회 편집위원장

계몽사상가들의 눈에 비친 유교문명

초판발행   2017년 11월 8일

지은이   고바야시 타이치로
옮긴이   김경용
펴낸이   안상준

편 집   배근하
기획/마케팅   이선경
표지디자인   김연서
제 작   우인도·고철민

펴낸곳   ㈜ 피와이메이트
               서울특별시 마포구 월드컵북로 400, 5층 2호(상암동, 문화콘텐츠센터)
               등록 2014. 2. 12. 제2015-000165호
전 화   02)733-6771
f a x   02)736-4818
e-mail   pys@pybook.co.kr
homepage   www.pybook.co.kr
I S B N   979-11-88040-41-4   93100

박영스토리는 박영사와 함께하는 브랜드입니다.